潘雨廷/著

典藏本

潘雨廷著作集

第十二册

易则

神形篇

《内经》七篇大论述义

上海古籍出版社

引　言

　　潘雨廷先生(1925—1991)，上海人，当代著名易学家。生前担任华东师范大学古籍研究所教授、中国《周易》研究会副会长、上海道教协会副会长。潘雨廷先生早年就读于上海圣约翰大学教育系，毕业后师从周善培、唐文治、熊十力、马一浮、杨践形、薛学潜等先生研究中西学术，专心致志于学问数十载，融会贯通，自成一家，在国内外有相当的影响。潘雨廷先生毕生研究的重点是宇宙与古今事物的变化，并有志于贯通东西方文化之间的联系，对中华学术中的《周易》和道教，有深入的体验和心得。潘雨廷先生著述丰富，其研究涉及多方面内容，具有极大的启发性。他的著作是二十世纪中国文化所取得的重要成果之一。本书由张文江根据潘雨廷夫人金德仪女士保存的遗稿整理而成。

　　《易则》展示了河图、洛书的先后天体用变化，其中的《易范合论》尤其有重要价值。《神形篇》是以五进制撰写的"拟经"，堪比汉代扬雄的《太玄经》。《〈内经〉七篇大论述义》阐发了《易》与中医的关系，追溯了中医的理论根源。

目次

易　　则

神　形　篇

《内经》七篇大论述义

目次

易　　则

自　序

　　河图、洛书者数也，先天、后天者象也。数象各有体用之辨，象数自然有相合之几。乃有象有数，有体有用。以先天配河图者，象数之体。以后天配洛书者，象数之用也。然既有同其体用而相合，复有异其体用而相吸。盖河图未尝不可当后天，洛书亦未尝不可当先天。所妙者，图书自有互变之法，以示朋之得丧。先后天更呈生生之化，三索之次在其中矣。宜象数之变化万端，其可执一乎哉。

　　若图之十数，有百物不废之本。书之九畴，亦有周行不殆之变。以卦而言，非八八六十四卦之象乎。然《易》准河图，准洛书者《洪范》也。夫十而八，其用在九。故先天六十四卦方阵，赖一画开天而九，又可变为后天八卦。信然，八卦九畴之相为表里，《易》与《洪范》二而一、一而二者也。《系》上曰："河出图，洛出书，圣人则之。"玩《易》者于象数之天则，宜慎思明辨焉。

岁次丙午二观二玩斋主自序

论先天当河图后天当洛书

先天为体，其卦象当河图之数。后天为用，其卦象当洛书之数。盖图书之数，亦河图十数为体，洛书九数为用也。体用相同，宜象数相合。下分二节论之，一论先天当河图，二论后天当洛书。

一、论先天当河图

观先天之象，消息也。由震而兑而乾为息，由巽而艮而坤为消。此消息之中，有坎离主之。汉易之纳甲，即准此象。虞氏曰："坎象流戊，离象就己。"盖坎位阴仪而与于消，实为阳息之主，故曰"流戊"。戊者中之阳，犹太极图中黑中之白也。离位阳仪而与于息，实为阴消之主，故曰"就己"。己者中之阴，犹太极图中白中之黑也（另详《说太极》）。故先天之阴阳以两仪论，乾兑离震为阳，巽坎艮坤为阴。以消息言，震兑乾坎为阳，巽艮坤离为阴。乃坎离者阴中之阳，阳中之阴，阴阳互根之本也。下图示先天之阴阳（图见下页）。

凡两仪之阴阳，于震巽间变其向，成半圆二。消息之阴阳，于震坤乾巽间转其消息而成一圈。一圈中消之半圆为阴，犹阴仪，其向同，是

4

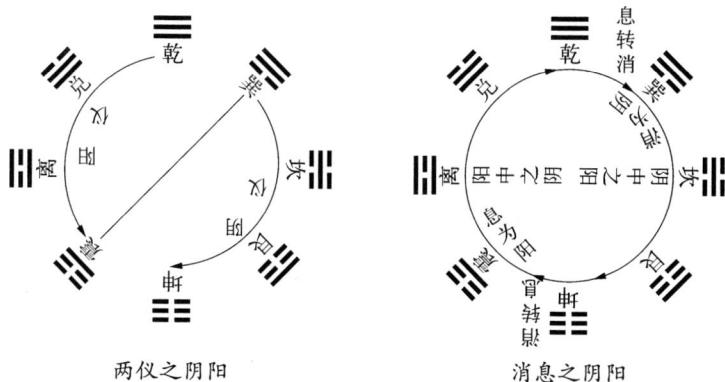

先天阴阳图

两仪之阴阳　　　　　　消息之阴阳

谓顺。息之半圆为阳,犹阳仪,其向异,是谓逆。虞氏曰:"坤消从午至亥,上下故顺也。乾息从子至巳,下上故逆也。"盖以六十四卦言,其义一也。此消息顺逆之阴阳,无与于坎离而坎离互根,以先天当河图,实则此象。夫河图之十数,奇数为阳,《系》上曰:"天一、天三、天五、天七、天九。"偶数为阴,《系》上曰:"地二、地四、地六、地八、地十。"其间天五地十处中,无卦象,其他八数,恰为八卦消息之次。天一者,震一阳也。天三者,息成兑二阳也。天七者,又息成乾三阳也。天九者阳之究,而为息象之原坎也。地二者,巽一阴也。地四者,消成艮二阴也。地六者,又消成坤三阴也。地八者,阴之极,而为消象之原离也。上述之象数,乃阴阳消息之自然配合。今以河图之方位移生数于四隅,则河图之数即先天之象,可云妙焉,详见下图。其一河图十数之消息。其二移生数于四隅,消息仍同。其三河图之数即先天之位。于消息之理,密合无间。

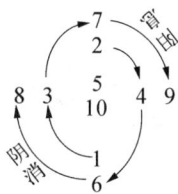

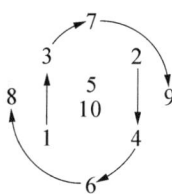

一、河图之消息　　　二、生数当四隅　　　三、先天当河图

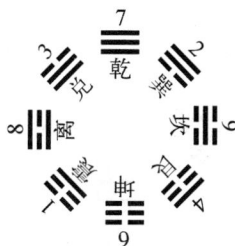

5

　　至于生数移于四隅，消息之几也。缘震初一阳，潜藏于坤者也。巽初一阴，又渐积于乾者也。当河图之一六北二七南，消息尚未见，其几一动，自然因消息之向而移。则坤之出震，一由北而至东北。乾之入巽，二亦由南而至西南。且三画八卦之消息，当二画之艮兑当中。故河图之八三，离寄位于息象之中兑。九四者，坎寄位于消象之中艮也。今由一二之移，三亦自然由东而至东南，四亦自然由西而至西北。故生数之移，非消息之几乎，复卦曰"出入无疾"是其义。当生成数合而未分，则乾巽为姤，坤震为复。姤复者，乾坤消息之本也。又离兑为睽，坎艮为蹇。睽蹇者，既济未济消息之本也。此两种消息，时位纷若之情见矣，其先天则河图之大义欤（另详《易与消息》等）。

二、论后天当洛书

　　后天者，先天之用，象可由先天变成后天。洛书者，河图之用，数又可由河图变成洛书。当体之相合，即上节所述，以消息为主。若用之后天象，以配于洛书，则另有其义。盖先天变后天之象，河图变洛书之数，各有所主。或执于卦象，于所成之后天，数非洛书。或执于数，于所成之洛书，象非后天。示如下图：

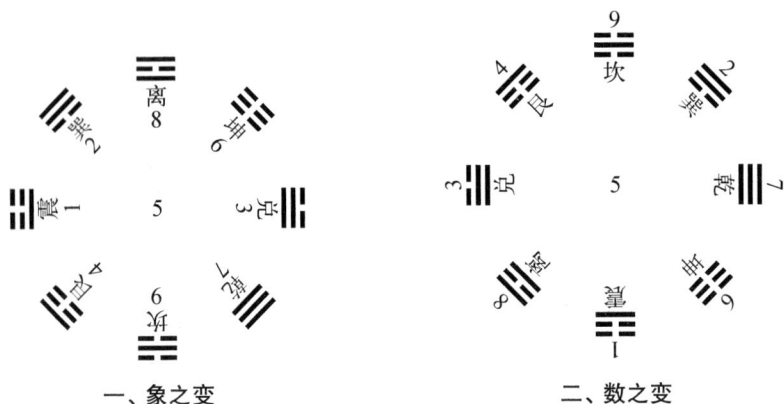

一、象之变　　　　　　　　二、数之变

　　上图一曰象之变,其变法另详《先后天卦变考原》。当既成后天,仍执于先天配河图之数,则其数绝无意义,此不知数变之失。上图二曰数之变,其变法另详《原河洛之变》。当既成洛书,仍执于河图合先天之象,则其象绝无意义,此不知象变之失。故象数之体变用,宜分而言之。象既成后天,不必言数;数既成洛书,又不必言象。唯其不言数,则不执先天之象。唯其不言象,则不执河图之数。由是,后天洛书之象数,庶能舍体而全其用,见下图:

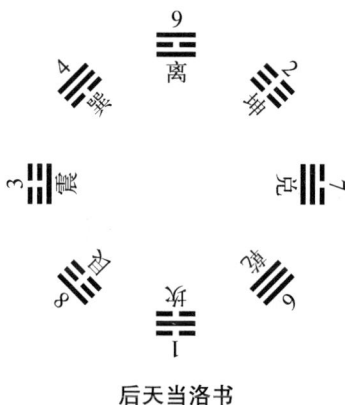

后天当洛书

　　此象数之用,《易》之大用在焉。原卦象之本数,乾阳为一,坤阴为二。盖两仪犹乾坤,画象乾连为一,坤断为二,当三画成卦所谓"乾三连,坤六断"是也。且以画象之面积论,其比为连三断二,是谓"参天两地而倚数"。乃乾三连其数九,坤六断其数六,是以乾用九,坤用六。用者,乾用成坤,坤用成乾,阴阳变通之谓也。再者卦象间,有相对之体用,凡乾为体则坤为用。又乾坤为体,则坎离为用。坎得乾之中,故为乾之用。离得坤之中,故为坤之用。今观此后天洛书,实以用为主。曰"乾阳一,坤阴二",其间乾体坤用,体以成用,其象坎,故为坎一坤二。曰"乾用九成坤,坤用六成乾",其间之用九成坤,实本乾体,则坤亦为体,体以成用,其象离,故为离九乾六。此一二九六之象当坎坤离乾,非《易》之大用乎。以下震三巽四者,长男长女之继乾父阳一坤母阴二也。兑七艮八者,少女少男之当八数之终也。其间震阳数奇,巽阴数偶,合其阴阳者也。兑阴数奇,艮阳数偶,交其阴阳者也。盖九六之用,体诸七八,于九六宜变通其阴阳,故七八亦交其阴阳。至于洛书之用,其间又有体用。用之体参天两地以当先天之四正四隅也,用之用七蓍八卦以当后天之兑艮也。凡以七数乘之,其末必为七、九、三、一,是当洛书四正之位而与参天异其向。以八数乘之,其末数必为八、四、二、六,是当洛书四隅之位而与两地异其向。异其象者,体之变也。详见下图:

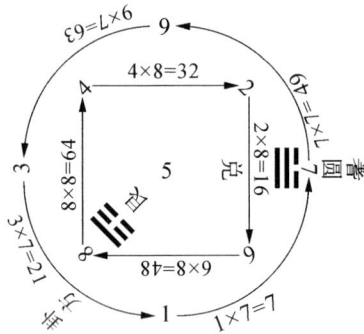

蓍圆卦方当洛书

《系》上曰:"蓍之德圆而神,卦之德方以智。"圆神者,七七四十九蓍也。方知者,八八六十四卦也。七八两数之连乘,其末位数与三二两数之连乘同,唯异向以辨其体用,此洛书之妙也。考零至九之十数中,其连乘而末位数不变者为零一五六之四数,其末位数二变者为四九二数,其末位数四变者为二三七八四数。示如下表(乘方末位数循环表):

乘方末位数循环表		
本数	连　　　乘	末　位　数
0	0×0=0……	0……
1	1×1=1……	1……

本数	连 乘	末 位 数
2	$2×2＝4$，$4×2＝8$，$8×2＝16$，$16×2＝32$	2，4，8，6……
3	$3×3＝9$，$9×3＝27$，$27×3＝81$，$81×3＝243$	3，9，7，1……
4	$4×4＝16$，$16×4＝64$……	4，6……
5	$5×5＝25$……	5……
6	$6×6＝36$……	6……
7	$7×7＝49$，$49×7＝343$，$343×7＝2\,401$， $2\,401×7＝16\,807$……	7，9，3，1……
8	$8×8＝64$，$64×8＝512$，$512×8＝4\,096$， $4\,096×8＝32\,768$……	8，4，2，6……
9	$9×9＝81$，$81×9＝729$	9，1……

乘方末位数变化表
末 位 数

不变数 $\begin{cases}$ 中不变 $\left.\begin{cases}0^x＝……0\\5^x＝……5\end{cases}\right\}$ 土（五行之终）

奇数不变 $1^x＝……1\Big\}$ 水（五行之始）
偶数不变 $6^x＝……6$

二变数 $\begin{cases}$ 奇数＝变 $9^x＝……\left.\begin{cases}9（x＝奇数）\\1（x＝偶数）\end{cases}\right.$
偶数＝变 $4^x＝……\left.\begin{cases}4（x＝奇数）\\6（x＝偶数）\end{cases}\right\}$ 金

四变数 $\begin{cases}$ 奇数四变 $3^x＝……\left.\begin{cases}3\left(\dfrac{x}{4}之余数＝\dfrac{1}{4}\right)\\[4pt]9\left(\dfrac{x}{4}之余数＝\dfrac{1}{2}\right)\\[4pt]7\left(\dfrac{x}{4}之余数＝\dfrac{3}{4}\right)\\[4pt]1\left(\dfrac{x}{4}之余数＝0\right)\end{cases}\right\}$ 木

末　位　数

偶数四变 $8^x =$ …… $\begin{cases} 8\left(\dfrac{x}{4}\text{之余数}=\dfrac{1}{4}\right) \\ 4\left(\dfrac{x}{4}\text{之余数}=\dfrac{1}{2}\right) \\ 2\left(\dfrac{x}{4}\text{之余数}=\dfrac{3}{4}\right) \\ 6\left(\dfrac{x}{4}\text{之余数}=0\right) \end{cases}$

奇数四变 $7^x =$ …… $\begin{cases} 7\left(\dfrac{x}{4}\text{之余数}=\dfrac{1}{4}\right) \\ 9\left(\dfrac{x}{4}\text{之余数}=\dfrac{1}{2}\right) \\ 3\left(\dfrac{x}{4}\text{之余数}=\dfrac{3}{4}\right) \\ 1\left(\dfrac{x}{4}\text{之余数}=0\right) \end{cases}$ 　火

偶数四变 $2^x =$ …… $\begin{cases} 2\left(\dfrac{x}{4}\text{之余数}=\dfrac{1}{4}\right) \\ 4\left(\dfrac{x}{4}\text{之余数}=\dfrac{1}{2}\right) \\ 8\left(\dfrac{x}{4}\text{之余数}=\dfrac{3}{4}\right) \\ 6\left(\dfrac{x}{4}\text{之余数}=0\right) \end{cases}$

数唯十,河图十数是也。以十为周期,十犹零,或不言零,洛书九数是也。然九数中零仍在,即此十数以连乘,连乘犹乘方也,其数激增不已,若观其末位数,能见其循环之变。凡零与五属土位于中,其数不变。一与六属水,一当四正位中奇数之不变者,六当四隅位中偶数之不变者。一六水为五行之始,五十土为五行之终,宜其数不变。四九者,全数也,其变二,当洛书之对方。九变及一,奇数为圆,犹圆之直径。四变及六,偶数为方,犹方之对角线。此外二七火三八木皆四变,犹周围也。二八偶数,所变之四数,即洛书四隅之次而顺逆异向,方围也。三七奇数,所变之四数,即洛书四正之次而顺逆异向,圆围也。凡此乘方末位数之变化,更可以上表示之。

今本其数而明其象。于二变数九一,当后天之离坎,用以归体,先天之乾坤也。乾坤者,参天两地之象,四变数中三二当之。于二变数之四六,当先天之艮兑,体以成用,兑四位七,艮六位八,七著八卦,四变数中之七八也。上兑下艮其卦为咸,山泽通气,著卦之用也。若乾坤天地,《序卦》《杂卦》皆次于上经之首体也。咸者人也,《序卦》《杂卦》又皆次于下经之首也。人参天地而体用一,唯此方圆顺逆之辨耳。至于不变数,义尤精微。凡五行之生,曰"水生木,木生火,火生土"。木、火、土三者,皆自水取不变数一六,依次而木数一,火数六,土皆一六。又曰"土生金,金生水",金、水二者皆承于土,取不变数五金水同。是分五行为三二,亦参天两地之义。三者天也,其用在水,宜为一六。二者地也,其用土,故为五。合诸卦象言,乾兑金坎水数皆五,震巽木数一,离火数六,艮坤土,艮阳数一,坤阴数六。此一六五三数中,尚有正负之辨,犹分阴阳也。木土一于五行为木克土,凡克者当阴,被克者阳,故震巽之一为负一,艮一为正一。火土六于五行为火生土,凡生者阳,被生者阴,故离之六为正六,坤六为负六。金水五,于五行为金生水,亦生者阳,被生者阴,故乾兑之五为正五,坎五为负五。此金水之正负五合为零,木之正一合木之负一为零,土之负六合火之正六亦为零。是乃不变数自然合于五行卦象之理,下以后天卦位示其数。

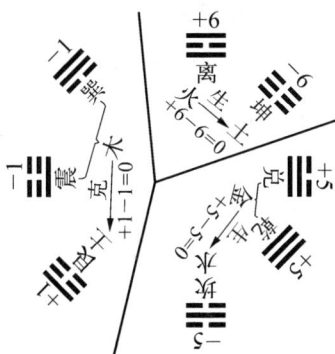

不变数后天卦位

上图示不变数当后天卦位，即后天当洛书之根。唯不知此数，故于后天配洛书之数皆知其然而不知其所以然。今得此正负之水土不变数，乃合以先天乾一至坤八之本数，则后天卦位之象，不期而成洛书之数矣。盖先天本数，以先天卦位为次，当卦位变成后天，其次已不齐，然仍为体数，体以化用，犹连乘不已，得种种数量级，此物之不可穷也。而洛书者，已得其末位数变化之理，实能穷其不可穷。且因其不变者，如减于先天本数，非体化为用，而为用之原乎。此即洛书之象也，详见下图：

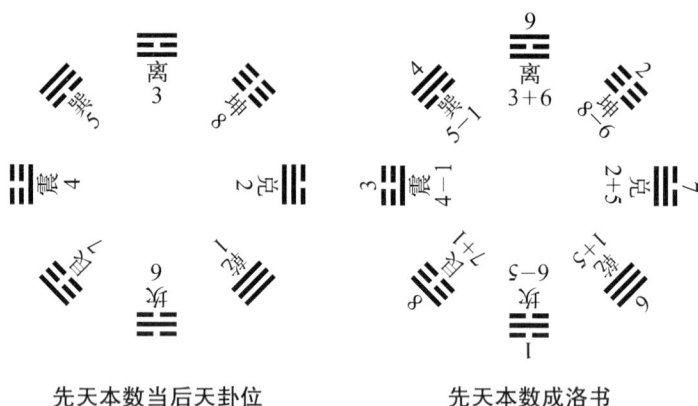

先天本数当后天卦位　　　　　　先天本数成洛书

以上二节论体用同者相合，故为先天当河图，后天当洛书。若体用者又有相交之理，则先天亦可当洛书，后天亦可当河图，其说另详《论图书与先后天卦位》。此体用与象数之或同或交，各有所当。此文论其同者，确有至理，非原有此变化，何能穿凿而妄言哉。

论图书与先后天卦位

　　《系》上曰："河出图、洛出书，圣人则之。"则之者，则河图洛书以作先后天之卦位也。河图数十为体，洛书数九为用。于卦则先天为体，后天为用。凡图书之数，先后天卦象之位，皆可互变而通，以见体用合一。另详《原河洛之变》及《先后天卦变考原》。若先后天卦位与图书之间，殊有则之之迹，此象数之本也。

　　观先天卦象，盖以太极生生之次，故自然有乾一至坤八之数，示如下：

坤	艮	坎	巽	震	离	兑	乾	
八	七	六	五	四	三	二	一	八卦
☷	☶	☵	☴	☳	☲	☱	☰	四象 两仪

太　极

　　此八数者，先天体数也，体以成用，有则乎洛书之九畴。考《洪范》之中五皇极，犹太极，今八数以配九畴宜加之。乃太极为五，于阳仪四卦之数不变，阴仪四卦之数顺序加一，即巽六坎七艮八坤九。又先天者，阴阳之自然消息也。凡乾坤之三画皆可变，其数八。消息至震巽，有中上二画可变,其数四。又消息至兑艮,仅上画可变,其数二。于坎离当消息之主,故不与焉。此消息之数,于阳仪为正,阴仪为负。由之以变,此先天体数,即成洛书之用。见下图,参阅"论先天图之摩荡消息"。

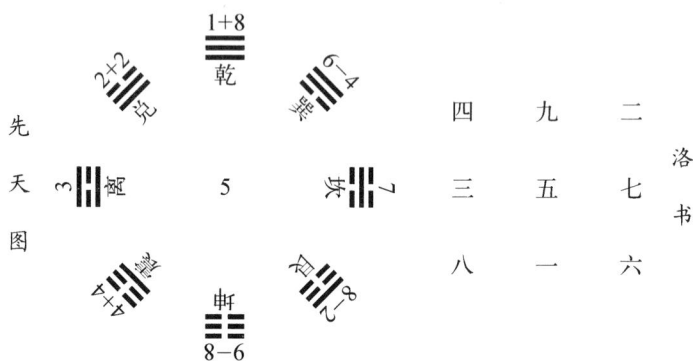

先天则洛书图

　　至于先天则洛书所成之用,乃一二三四生数为阴,六七八九成数为阳。阴阳者,由先天两仪之分变成乾坤三索之次,少长不紊,彝伦攸叙之象也。

一	二	三	四	五	六	七	八	九
坤	巽	离	兑	太极	艮	坎	震	乾
地	一索	再索	三索	皇极	三索	再索	一索	天
母	长女	中女	少女		少男	中男	长男	父

彝伦攸叙图

　　考洛书有二八易位之本象,当一至九之顺序排列,形为⌒,是即三索图之卦位云。此先天三索之合乎洛书,明卦象之体以通数之用也。

14

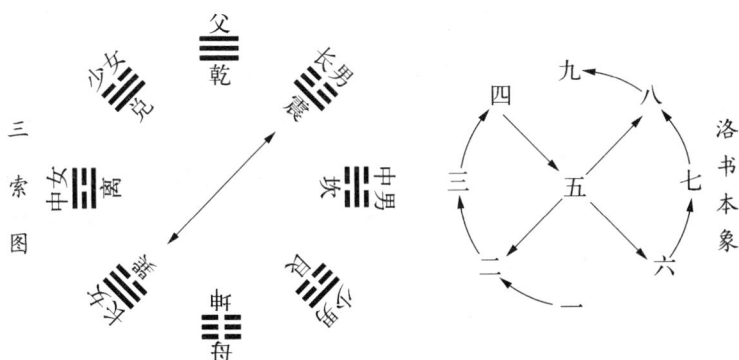

三索则洛书本象图

若卦象与数,皆有五行之配合。《说卦》曰"乾为金","坤为地","巽为木","坎为水","离为火"。于震曰"为苍筤竹为萑苇",亦木也。于艮曰"为山",山属地,皆土也。于兑曰"为毁折为附决",明金之性,犹金也。故八卦之配五行,《说卦》明言者也。唯水火当一卦,兼阴阳之象。其他三行之六象,恰各分阴阳。乾阳金、兑阴金,艮阳土、坤阴土,震阳木、巽阴木是也。由是以观先后天之卦位,于先天当五行相克,后天当五行相生,详见下图。相克之形如 ⌒ ,二圈连环之象也。相生之次,恰一圆也。

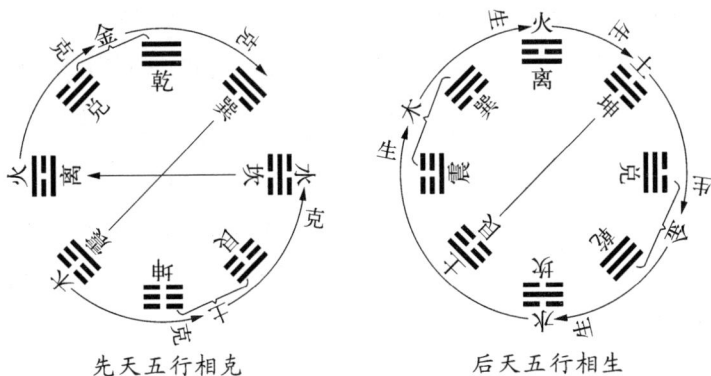

先天五行相克　　　　　　　后天五行相生

先后天五行生克图

15

数则本诸《洪范》"一曰水、二曰火、三曰木、四曰金、五曰土",是谓
五行之生数。继之六犹一为水,七犹二为火,八犹三为木,九犹四为
金,十犹五为土,是谓五行之成数。其间奇数为阳五行,偶数为阴五
行。由是以观图书,乃河图当五行相生,洛书当五行相克,示如下图。
相生之形,于一圈阙西南,相克则阙东北,于卦象乃先天木后天土,于
其位亦皆变,是即"得朋"、"丧朋"之义乎。

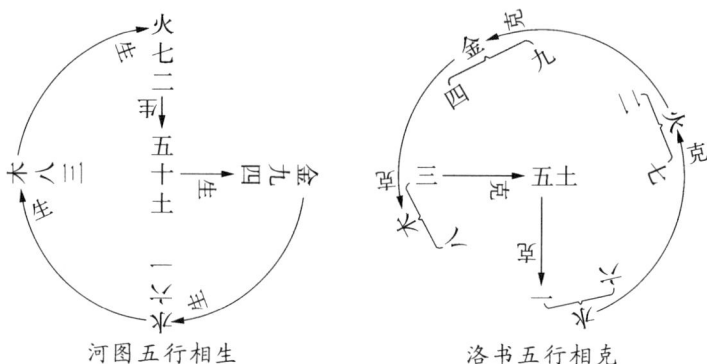

河图五行相生　　　　　　洛书五行相克

图书五行生克图

《汉书·五行志》曰:"天以一生水,地以二生火,天以三生木,地
以四生金,天以五生土。五位皆以五而合,而阴阳易位,故曰妃以五
成。然则水之大数六、火七、木八、金九、土十。故水以天一为火二
牡,木以天三为土十牡,土以天五为水六牡,火以天七为金四牡,金
以天九为木八牡,阳奇为牡,阴偶为妃。故曰水,火之牡也;火,水妃
也。于易坎为水为中男,离为火为中女,盖取诸此也。"按此明奇偶
数之五行生克。若一与二、三与十等,准相克而言。上文于图书五
行生克图,皆合奇偶论。今更推广《汉书·五行志》之义,宜详述分
阴阳之五行生克。

观阳数相生之次为一、三、七、五、九,阴数则加减五而为六、八、
二、十、四(凡生数加五,成数减五)。于相克之次,阳数为一、七、九、

三、五,阴数为六、二、四、八、十。若于阴阳数之间,生克之理显矣。以下图示之:

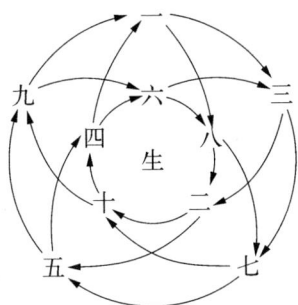

奇偶数五行相生　　　　　　奇偶数五行相克

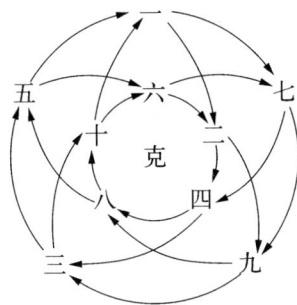

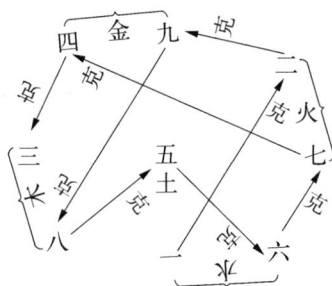

奇偶数五行生克图

由上图可见,《汉书》所言之牡妃,盖以相克中以奇数为主者。或以偶数为主,则为六与七、二与九、四与三、八与五、十与一是也。又以相生论,凡奇为主,则为一与八、三与二、七与十、五与四、九与六。凡偶为主,则为六与三、八与七、二与五、十与九、四与一。由是图书之生克,更当分辨奇偶数以示之:

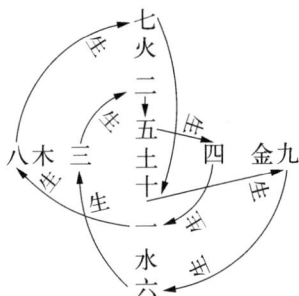

河图奇偶数五行相生　　　　　洛书奇偶数五行相克

图书奇偶数五行生克图

上图洛书无阴土十,故阳木三克土于虚无之乡,即此虚无之乡以

17

克天一之水,则奇偶数之五行相克,亦周流不已焉。若此虚无之乡,乃洛书之体,相对两数之和也。盖中五为皇极,犹太极。十者,散于四周,其易无体之无极乎。其于河图十数本全,故为体,体以生用,后天八卦当之。下先示卦象与十数之配合。

卦象	䷜ 坎	（䷝ 离）	䷲ 震	䷀ 乾	䷳ 艮
天数	一	七	三	九	五
五行	水	火	木	金	土
地数	六	二	八	四	十
卦象	（䷜ 坎）	䷝ 离	䷸ 巽	䷹ 兑	䷁ 坤

　　因数成象,位诸河图,即一六坎、二七离、三八震巽、四九兑乾,四方也。五十艮坤而中移于周,则阴阳互寄。艮五位六,阳土而阴水,土克水也。坤十位七,阴土而阳火,火生土也。若河图成数,依相克之向旋45°而当四维,此八卦之位曰后天图。

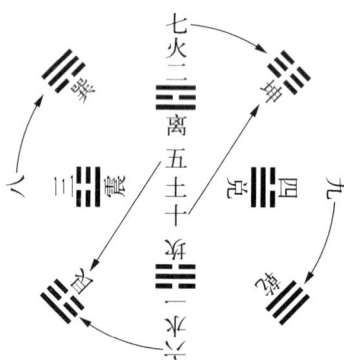

后天则河图图

　　至于十数间之奇偶生克,亦可以卦象象之。艮坤为土,坎离当阴阳二数。盖坎象中男也,又为月阴也,离象中女也,又为日阳也。《系》上曰:“阴阳之义配日月。”有互根之妙矣。

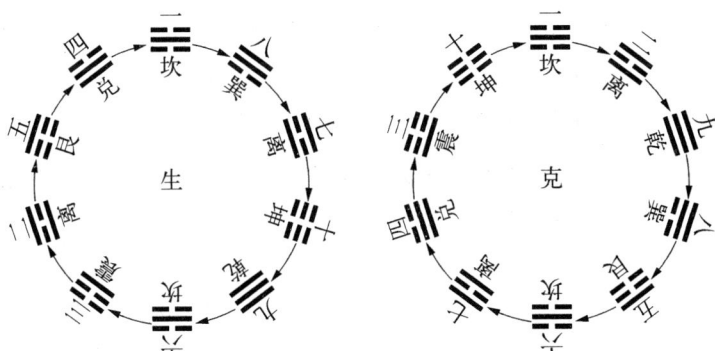

卦象生克图

以相生言,乾兑皆生坎,震巽皆为坎生而又皆生离,坤艮者,皆为离生,唯于所生之乾兑宜辨焉。盖艮土生兑金,坤土生乾金,于象为错。或于艮土中以求乾金,其可得乎,必艮而坤,硕果反生而乾金成。凡兑之决成乾,本诸艮上之藏于坤,非消息之蕴邪。以相克言,坤艮皆克坎,坎克离,乾兑皆为离所克。若乾兑之克巽震,巽震之克艮坤,亦不可混。乾巽艮者消也,坤震兑者息也,而其次相倒,顺逆之理睹矣。此卦象生克,后天之用也,合乎河图,用象以通数之体。舍克言生,生生之谓易也。

总上所述,图书于先后天之关系,乃以下表示之:

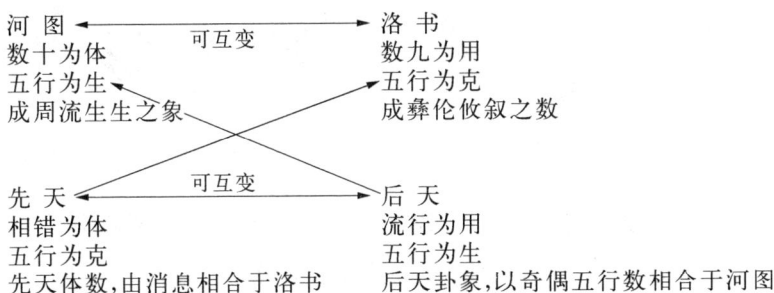

图书先后天变化表

配合既明,乃于后天与河图,分其奇偶数,则象为乾坤三索。先天与洛书,亦分其奇偶数,则象为自综卦与综卦。此尤见配合之自然,岂有求而为哉。图中数五与十,阳一阴二之义。书中数唯五,隐十于四周也。偶数无中数,即四周之十。奇数有中数五,加四周之十为十五。十五与十,参天两地之义。故以三数乘奇,二数乘偶,皆能周流无穷,此书之大用也。详见下图:

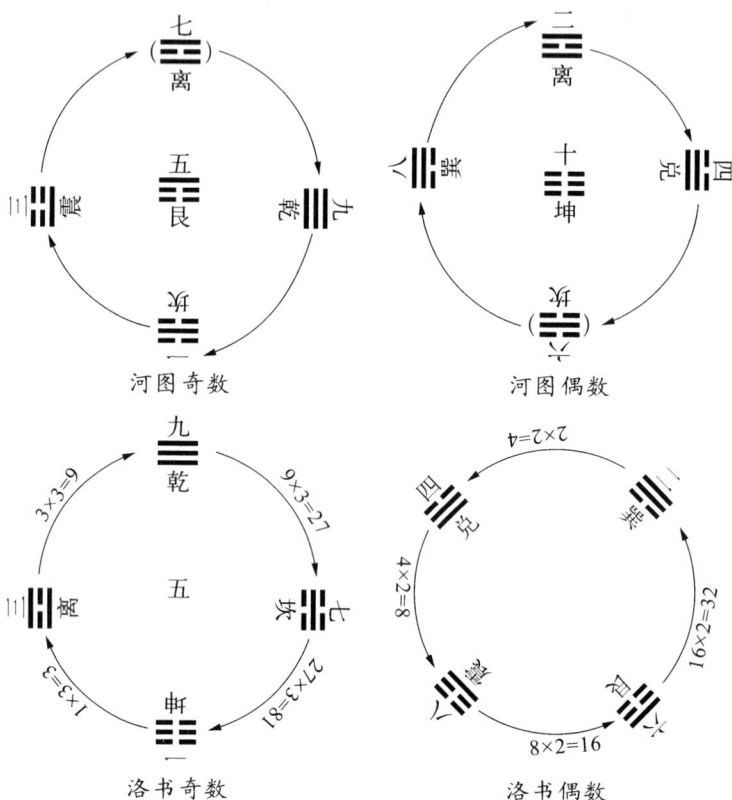

河图奇数　　　　　河图偶数

洛书奇数　　　　　洛书偶数

五行者,以五为周期,故五数为一,谓一周也。河图奇数中五当阳一,卦象艮,艮为仁,此显诸仁也。偶数中十当阴二,卦象坤,坤为用,此藏诸用也。其奇偶数之增加,旋转同向,犹后天之五行相生,成一圈之象。洛书奇数中五,加九与一或三与七,其数十五为参天,凡以三乘四周之数,其末位即此一三九七四数之循环。于象为乾坤坎离,综而

20

不变,得阳之道焉。偶数无中五,计以四加六或二加八,其数十为两地,凡以二乘四周之数,其末位即此二四八六四数之循环。于象为震巽艮兑,因综而变,得阴之道焉。若参天两地之旋转,其向相反,则犹先天之五行相克,成二圈之象也。

原河洛之变

河图者,其数一至十。洛书者,其数一至九。二图之结构,如尽其妙。究河图之数,四方与中心,各具二层,内层为一至五之生数,外层为六至十之成数。其次由纵横而中,纵则下而上,横则左而右。内外之数各差五,故下为一六上为二七当纵,左为三八右为四九当横,中为五十当纵横之交。《系》上曰:"天数五,地数五,五位相得而各有合。"是其象。天数谓一三五七九,地数谓二四六八十。五位谓五行之位,相得谓五行之五,相得于天地皆五数之五。各有合者谓天数地数各差五,以合于五行之位,即河图之内外二层也。至于五行之位,《洪范》九畴之初一曰五行,"一曰水、二曰火、三曰木、四曰金、五曰土"当其序。故一六合水、二七合火、三八合木、四九合金、五十合土。详如下示(图见下页):

《系》上继之又曰:"天数二十有五,地数三十,凡天地之数五十有五,此所以成变化而行鬼神也。"盖天数一三五七九五数之和为二十五,地数二四六八十五数之和为三十,天地十数之和为五十有五,故天地之数即河图之数。此十数之所以成变化,谓河洛之变化。而行鬼神者,谓五行之生克也。

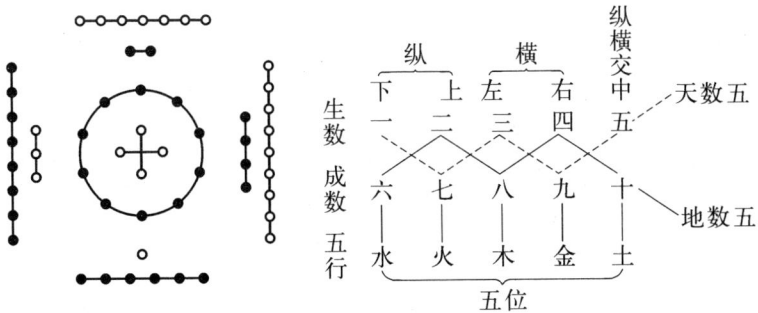

河　　图

夫天地十数,备阴阳之理焉。天数奇为阳,地数偶为阴。然以生成数视之,生数为阳,成数为阴,故二四者当阳中之阴,七九者当阴中之阳。唯以阳观阴或以阴观阳者,势所不能明辨。为生数之能辨一三五,必明等视二四,成数之能辨六八十,又明等视七九。是以生成数以观其阴阳,二与四,七与九,殊可易位而仍同,名之曰《河洛之变图》。示之如下:

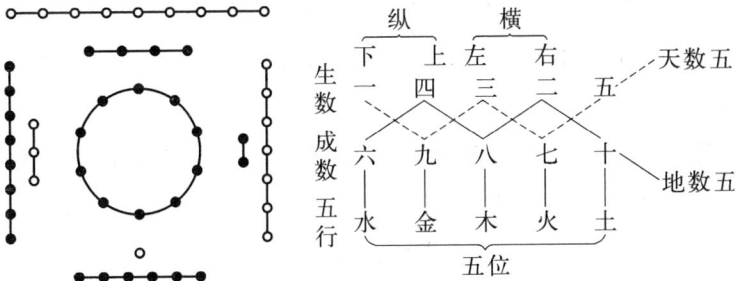

河洛之变图

此河洛之变,其四方七九八六之次,即四营变通之次。由之而使偶数旋转45°以当四维,所以合生成数以观天地之奇偶,则四方之内外二层,已合而为一。且四正四维相对两数之和皆为十,犹中心之外层,故中心之成数,隐此而藏也,是即洛书。见下:

23

生数　成数　五行

纵　　横　　纵横交

下　上　　左　右　　中
一　四　　三　二　　五　————天数五
　（左之）　　（上之）
六（右之）　九　八（下之）　七　十（隐而藏）　　天地十数各有合
　　　　　　　　　　　　　　　　　　地数五

水　金　　木　火　　土

洛　书

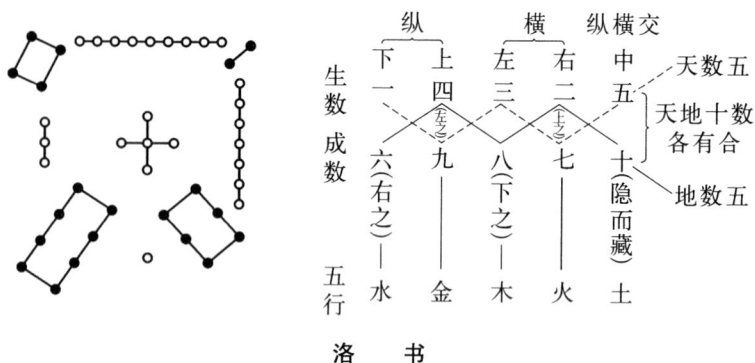

　　观洛书之中心与四正四维,皆一层而共为二层,此二层即河图中心之二层,乃洛书之三纵三横及二对角线,其数之和皆为十五,非河图中心五与十之和乎。舜之"执其两端,用其中于民"实法于此,两端者,纵横也,纵之两端上下也,横之两端左右也。庄子曰"其数一二三四是也"。用中用中数五、十之和十五,由是以"配神明,醇天地,育万物,和天下",此之谓"彝伦攸叙"。故知河图为体而洛书为用,用在体中而已备两端之执,体藏于用而已融生成为一。河洛之体用,实一而二,二而一者也。若体而用,则河图由河洛之变而成洛书为化。若用而体,则洛书由河洛之变而成河图为化。此所以成河洛之变化而体用一矣。

　　再者,以五行合后天地数,五行有生克焉。克以行鬼,生以行神。鬼神之情状,其生克之谓乎。生者,水生木,木生火,火生土,土生金,金后生水。克者,水克火,火克金,金克木,木克土,土后克水。或生或克,在乎时位耳。物当衰当生,行神之仁也。物过盛而当克,行鬼之义也。此否泰之反类,损益之上下,大人与鬼神合其吉凶,并行而无碍。凡生克之变,所以归游魂而为物,害盈福谦,所以醇精气而为神。洞察为物为变之道,虽克而犹生。明此不亢有生之理,于生克之道已思及其源,鬼神之情状,不亦显乎哉。

　　若五行以相生次之,环而为圆,则中心成一五角星为相克之次。

24

又以相克次之,环而为圆,则中心成一五角星为相生之次。凡二圆之旋同向,其中心五角星必异向。或中心之五角星同向,其二圆之旋必异向。合言之,必一同一异。乃同以合鬼神,克之即生之,仁之至也。异以行鬼神,准天地以施仁义,济其偏也。相反相成,盖有象可观,有理可则,有数可循,岂虚语哉。见《五行生克图》。

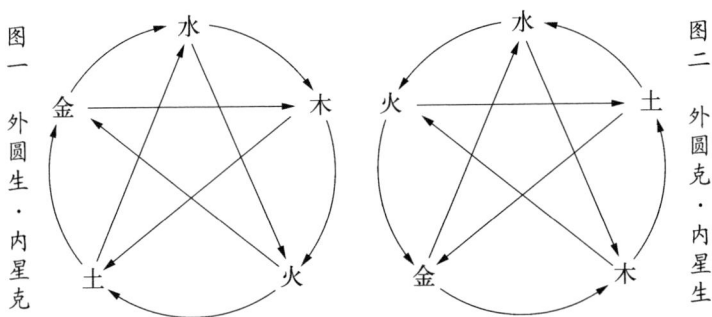

图一 外圆生·内星克

图二 外圆克·内星生

五行生克图

上图所示,当内星同向以合鬼神,外圆异向以行鬼神。其一外圆生,所以行神,河图当之;其二外圆克,所以行鬼,洛书当之。以河图言,顺东南西北之序为五行相生之次,即一六位北属水,生三八位东属木,木生二七位南属火,火生五十位中属土,土生四九位西属金,金后生一六位北之水。间于南至西而及中,是谓"西南得朋"。得朋者,相生也。若河图相克之次,乃一六位北属水,克二七位南属火,火克四九位西属金,金克三八位东属木,木克五十位中属土,土后克一六位北之水。间于南至西未及中,盖外生而于西南及中,内克而于西南现外。得朋相生,克亦在焉,故于西南得朋后势将渐丧,此阴阳之消息也。见下《河图生克图》(图见下页)。其一为外圆相生,其二为内星相克,或使中土移位西南,则河图相生之次即为一圆,相克之次即为一五角星。唯其得朋而位中,河图乃成。

以洛书言,逆东南西北之次,即一位北六位西北属水,克七位西二

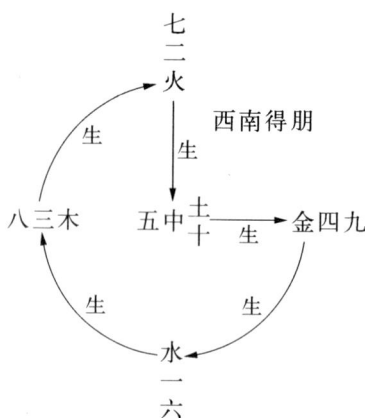

图一 内圆相生

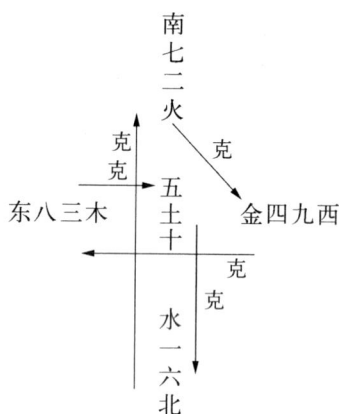

七二火 西南得朋
生 生
八三木 五中土十 金四九
生 生
水一六

图二 内星相克

南七二火
克 克
东八三木 五土十 金四九西
克
水一六北

河图生克图

位西南属火,火克九位南四位东南属金,金克三位东八位东北属木,木克五位中属土,土再克一位北六位西北之水。间于东北而及中,是谓"东北丧朋"。丧朋者,相克也。若洛书相生之次,乃六位西北一位北属水,生八位东北三位东属木,木生二位西南七位西属火,火生五位中属土,土生四位东南九位南属金,金再生六位西北一位北之水。间于东北之间未及中,盖外克而于东北及中,内生而于东北现外。丧朋相克,生亦在焉,故于东北丧朋后势将渐得,此亦阴阳之消息也。见下《洛书生克图》(图见下页)。其一为外圆相克,其二为内星相生,或使中土移位东北,则洛书相克之次即为一圆,相生之次即为一五角星。唯其丧朋而位中,洛书乃成。

坤卦辞曰:"利西南得朋,东北丧朋,安贞吉。"《象》曰:"西南得朋,乃与类行。东北丧朋,乃终有庆。安贞之吉,应地无疆。"盖朋之得丧,莫不有利,所贵在仁能安贞以应地。凡得朋当西南安贞,丧朋当东北安贞,移土于中,其应无疆。此安土敦仁之爱,奚暇辨其朋之得丧哉。若由河洛之变化而行鬼神,即"承天而时行"也。然则识此河洛之变,于体用转化之理,生克转几之义,其非旦暮而遇之乎。

原河洛之变

```
      九
  四       二
  三   五   七     附洛书原有数位,以资对照。
  八       六
      一
```

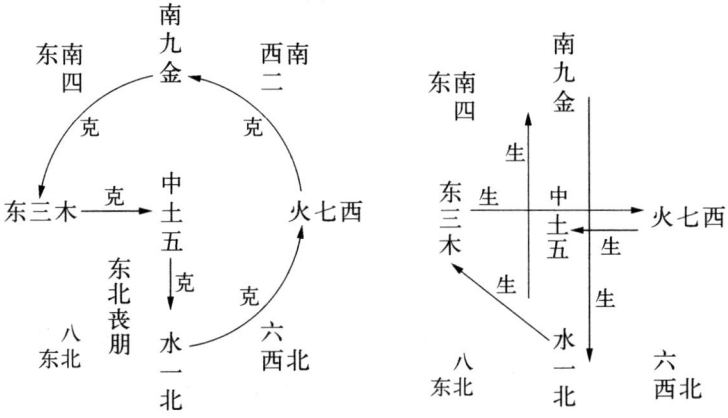

洛书生克图

先后天卦变考原

　　《易》以先天为体,后天为用。先后天之方位,有变化互通之道,乃能体用合一。考历代易著中,明先后天之卦变,不一而足,各能深思睿虑而悟其象。或执其迹而是非其间,盖亦思虑之未广耳,宜并存为是。唯说既纷纭,可不考其原乎。其原为何,准《说卦》之原文是也。

　　《说卦》曰:"天地定位,山泽通气,雷风相薄,水火不相射,八卦相错。"此先天之方位也。乾天坤地、艮山兑泽、震雷巽风、坎水离火,凡相对之两卦皆阴阳相反,是谓八卦相错。以下图示之:

上图为先天图,其次为"乾兑离震巽坎艮坤",准太极之生生,另详《说太极》。此箭头所示,盖以《说卦》所言之次,当乾父三男而至坤母三女。又始于乾天而终于离火,此后天所以以离火代先天乾天之位欤。

若《说卦》言象,皆以"乾坤震巽坎离艮兑"为次,凡五见,其言曰:"乾天也,故称乎父,坤地也,故称乎母。震一索而得男,故谓之长男,巽一索而得女,故谓之长女。坎再索而得男,故谓之中男,离再索而得女,故谓之中女。艮三索而得男,故谓之少男,兑三索而得女,故谓之少女。"是乃三索之次也。又《说卦》曰:"震其究为健,为蕃鲜。""巽其究为躁卦。"此明震巽互变之象,由震而兑而乾为健,乾而巽为蕃鲜,巽而艮而坤而震为躁卦。当变及错卦曰究,犹消息之义。然消息皆及各卦言,究唯指震巽言,见《震巽究卦图》。

震巽究卦图

凡由先天图以究震巽,即震巽消息而易位,其次为"乾兑离巽震坎艮坤"。又以乾及震坎艮,坤及巽离兑视之,乃成三索之次,《本义》九图之一有其象,惜未以方位言,如下示:

今以先天图究得三索之次，尚有方位，名之曰《三索图》。见下：

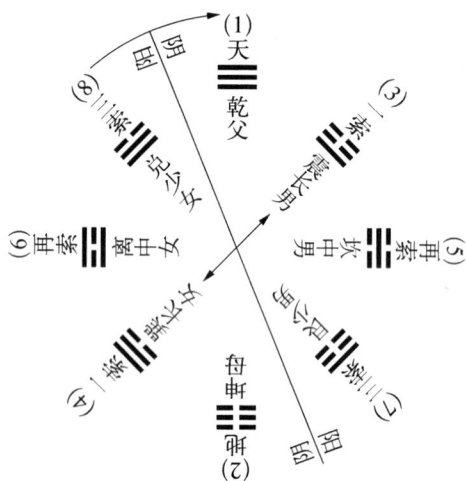

三索图

观三索之次，始于乾而终于兑，兑又继以乾，息阳首出之大义也。以六十四卦言，《杂卦》终夬而决成乾，犹此义。此《三索图》仍八卦相错，乾坤父母者，天地定位也，即《系辞上》曰"天尊地卑"，其象为否☷☰。然易道贵交，否交成泰☷☰，《系辞上》又曰"卑高以陈"是也。《说卦》曰"雷以动之，风以散之，雨以润之，日以煊之，艮以止之，兑以说之，乾以君之,坤以藏之",其次实本三索以交其乾坤而成,其象震为雷为动,巽为风为散,坎为雨为润,离为日为煊,艮为止,兑为说,乾为君,坤为藏,卦次即"震巽坎离艮兑乾坤"。详见下图:

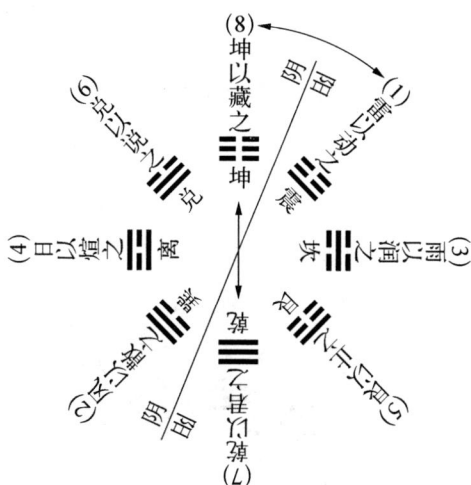

君藏图

何以名之曰《君藏图》?《系辞上》曰:"蓍之德圆而神,卦之德方以智,六爻之义易以贡。圣人以此洗心,退藏于密。"非此图之义乎。

观君藏之次,始于震而终坤,坤又继以震,乾元反生之大义也。以六十四卦言,乾元刚反,七日来复之象,复《象》曰:"复其见天地之心乎。"即见此已洗而藏密之心也。

至于兑而乾,由坤而震,皆言息而不言消。坤由震而兑,兑坤者,少女与母也。震由兑而乾,震乾者,长男与父也。义当分息卦之阴阳。凡阴阳相同者易位,犹子女以代父母之事。主器者莫若长子,故用震而不用艮,通气者莫若少女,故用兑而不用巽,盖巽艮皆消卦也。象如下:

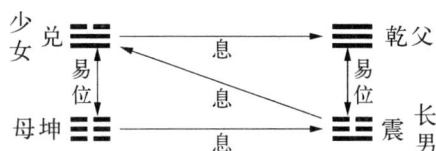

《说卦》曰:"帝出乎震,齐乎巽,相见乎离,致役乎坤,说言乎兑,战乎乾,劳乎坎,成言乎艮。"此后天之次也,由《君藏图》以易乾与震,坤与兑即是,见下《帝出图》。帝出云者,继君藏而言也。

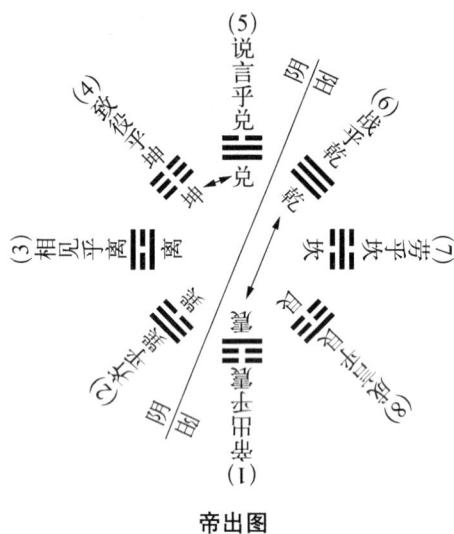

帝出图

此帝出之次,已周流而非相错。盖消息相对,今乾坤皆以息卦以代其位,乃震兑非错。则乾以位震以对巽,巽乾亦非错。坤以位兑以对艮,艮坤亦非错。故八卦相错,仅存坎离耳。由是不言相错而言周流焉。《说卦》继之更释其义,而言明方位等。其言曰:"万物皆出乎震,震东方也。齐乎巽,巽东南也,齐也者,言万物之絜齐也。离也者明也,万物皆相见,南方之卦也。圣人南面而听天下,向明而治,盖取诸此也。坤也者地也,万物皆致养焉,故曰致役乎坤。兑正秋也,万物

32

之所说也,故曰说言乎兑。战乎乾,乾西北之卦也,言阴阳相薄也。坎
者水也,正北方之卦也,劳卦也,万物之所归也,故曰劳乎坎。艮东北
之卦也,万物之所成终而所成始也,故曰成言乎艮。"考《说卦》于先天、
三索、君藏、帝出之次,皆未言方位,然四者之间,有其变化之迹,故相
互之方位,未可变者也。当以离坎相对为准,至于阴阳之分,先天与其
他三图不同。盖先天者,以初画之两仪分阴阳,故乾兑离震为阳,巽坎
艮坤为阴。若其他三图则皆以乾父及三男为阳,坤母及三女为阴,故
阴阳之间,如乾震必为阳,坤巽必为阴,而坎艮与离兑,阴阳可互变者
也。再者四图间,唯《帝出图》言八卦周流,其他三图皆言八卦相错,此
为四图之同异,示于下表:

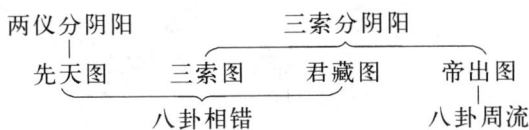

```
         两仪分阴阳              三索分阴阳
           |                       |
        先天图    三索图    君藏图      帝出图
              └────┬────┘          └───┬───┘
              八卦相错              八卦周流
```

　　由是于四图中,当以《先天》、《帝出》二图并观,方能兼及阴阳八卦
之异。今观其阴阳卦,乃半同半异,故阴阳分线,当互交直角。以帝出
之次,旋转90°,即先天以离终合乾始之位。若《帝出图》而定以方位,
是谓后天图。后天图既有方位,且知与先天图差一直角,则先天图亦
可以之而定方位。凡离于后天为南,则于先天为东,而先天之南自然
为乾,其他各卦亦自然可定。盖先天者,相摩相荡而无定位,宜《说卦》
中未言。若后天者,因人有定处,故方位亦定。今于先天曰乾南坤北
离东坎西等等,实以后天之位以定之耳。

　　总上所述,先天卦位已变成后天卦位,由《三索》、《君藏》、《帝
出》而成,皆《说卦》所明言。且先天之方位,可由后天而得,则未尝
不言乾南坤北。或不知先后天及变化者,非愚则妄,于《说卦》尚未
研几,可与言《易》者哉。见下《后天图》(图见下页)。乾之阴阳相
薄,谓兑乾当阴阳之际。又乾位西北,于先天为艮,艮兑者先后天之

阴阳不同者也,然必为一阴一阳。由相薄而通气,此泽山咸所以继乾而为下经之首也。

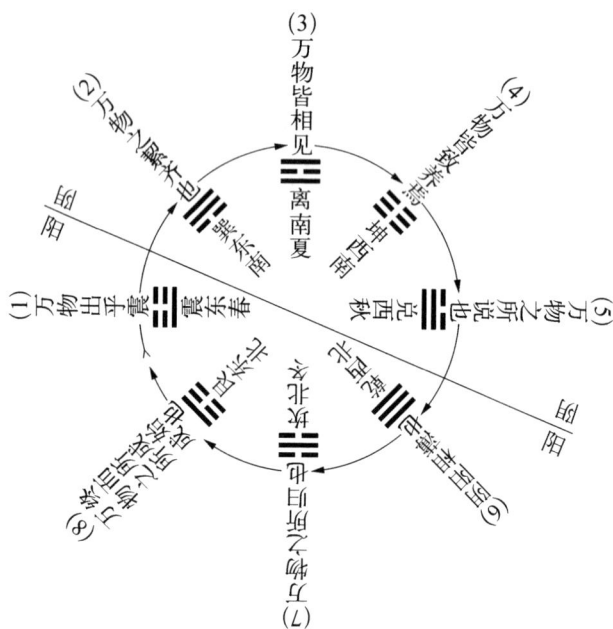

后天图

《说卦》于说明后天图后,又曰:"神也者,妙万物而为言者也。动万物者莫疾乎雷,桡万物者莫疾乎风,燥万物者莫熯乎火,说万物者莫说乎泽,润万物者莫润乎水,终万物始万物者莫盛乎艮。故水火相逮,雷风不相悖,山泽通气,然后能变化既成万物也。"此节之义明六子之用,故不言乾坤。乾坤者神也,神也者,妙万物而为言者也。盖乾言阴阳相薄而万物皆致养于坤,非神妙万物乎。惟乾坤之不用,则六子各能尽其用,由周流而终于对待,后天之复返于先天也。故始言六子之用,依后天之次,继则言相对之象三句,反先天之步骤耳。故下分二图以示其义,一曰《六子图》,一曰《六子变化图》,前者即后天图,后者即先天图也。

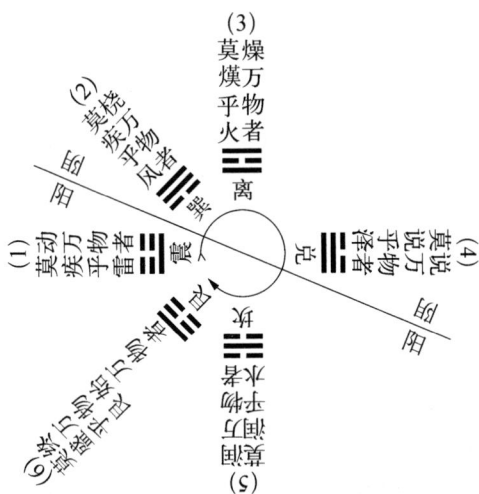

六子图

夫六子者,犹后天图,唯不言乾坤,《系》上曰:"乾道成男,坤道成女。"《系》下曰:"阳卦多阴,阴卦多阳。"皆指此而言。若阳卦三男间,阴卦三女间,各有互变之道,如艮上之初为震,离初之上为巽等是也,是之谓用,详如下。

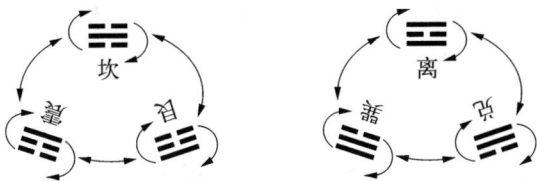

凡六子之用,既可准后天图之次而周流,又可阴阳卦各自为用,是以能复反先天之相错。观《说卦》述先天之次,七八两卦为坎离,今反观之当一二两卦,故始曰"水火相逮"五六两卦为震巽,反观之当三四两卦,故中曰"雷风不相悖"三四两卦为艮兑,反观之当五六两卦,故末曰"山泽通气"一二两卦当乾坤,反观之当七八两卦,然此节唯言六子,

以乾坤为神,故不言也。次如下示:

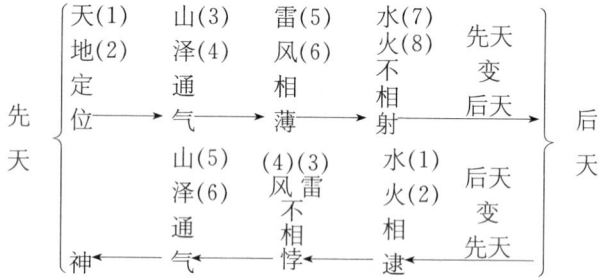

```
            天(1)  山(3)  雷(5)  水(7)
            地(2)  泽(4)  风(6)  火(8)  先天
     先      定    通    相    不     变
     天      位 →  气 →  薄 →  相射  后天 →  后
                                            天
            山(5) (4)(3)  水(1)
            泽(6)  风雷   火(2)  后天
            通    不     相     变
     神 ←   气 ←  相悖 ← 逮     先天
```

　　依卦象言,六子于后天之位,唯坎离相对而水火相逮。若八卦之位而以六卦观之,每卦宜占 60°,则为坎对巽,震对兑,艮对离,六子皆不相错。乃阴卦当变以从阳,由巽上之初成离以对坎,是为水火相逮。兑上之初成巽以对震,是谓雷风不相悖。离上之初成兑以对艮,是谓山泽通气。见下图:

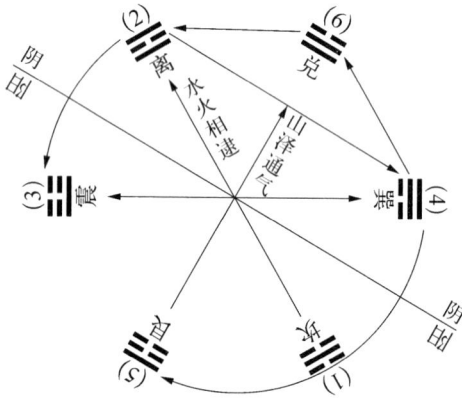

六子变化图

　　上图示六子之变化,有乾坤之神以主其消息,下更示六子之消息。

　　上图即《六子变化图》,唯示其消息之次,则与震巽究卦同义。彼

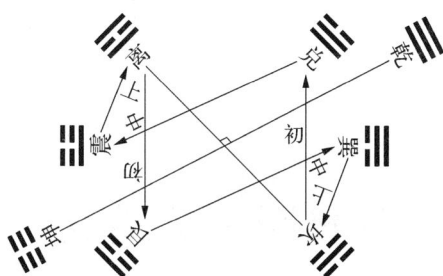

六子消息图

六卦之消息,有坎离主之,体将化用,先天变后天之本也。此则乾坤主之,用将化体,后天变先天之几也。于究卦图,置离于兑震之间,置坎于艮巽之间,使坎离与乾坤两相错线成直角,即先天图。此《六子消息图》亦然,盖兑巽之间有乾存焉,艮震之间有坤存焉,乾坤之位与坎离之位亦为直角,乃此图已成先天图,此非乾坤之神妙万物乎。可见六子之变化图,犹先天图。若以先天六十四卦图,亦有变成后天图之法(另详《先后天易位图》),盖谓六十四卦之变化。如以八卦言,已备此矣。

37

总释图书先后天

　　河图者数之体,洛书者数之用。先天者象之体,后天者象之用。详示于下,总名之曰《象数体用图》:

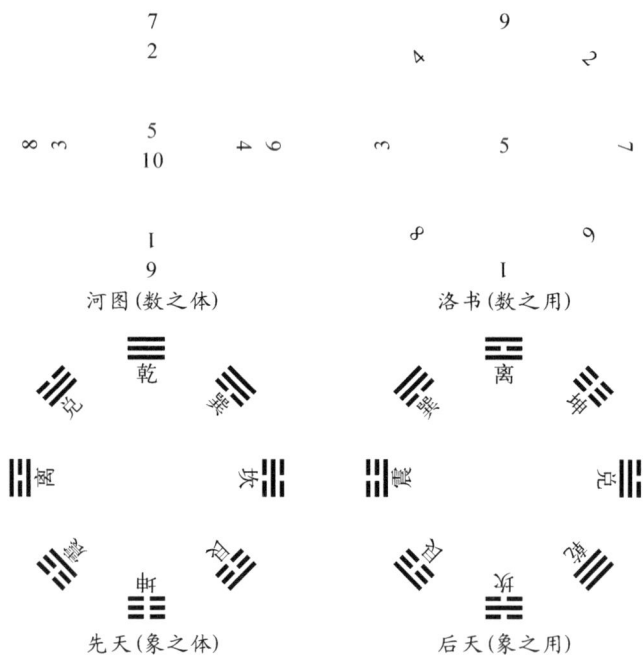

河图(数之体)　　　　洛书(数之用)

先天(象之体)　　　　后天(象之用)

象数体用图

38

此象数体用间,有其变通配合之精义。以数言,河洛可互变。当河图之数,于五行为相生,当洛书之数,于五行为相克。由西与南之位互易,生克相反,此数之变通也(另详《原河洛之变》)。于数之变,未可执于卦象。若以象言,先后天亦可互变。当先天之象,于五行为相克,于卦次为相错。当后天之象,于五行为相生,于卦次为流行。由长子少女以继父母,先天即变后天。由神妙为言,后天即变先天。变则亦生克相反,或由相错而流行,或由流行而相错,此象之变通也(另详《先后天卦变考原》)。于象之变,亦未可执于河洛之数。以上二者,盖象数本身之变其体用,至于五行之合象数,当以下表为准。

五行	水	火	木	金	土
象	坎	离	震、巽	兑、乾	艮、坤
数	1,6	2,7	3,8	4,9	5,10

若夫象数之间,有配合之理焉。其别有二,一当体用同而生克相反者配合,即先天则河图,后天则洛书(另详《论先天当河图后天当洛书》)。一当体用异而生克相同者配合,即先天则洛书,后天则河图(另详《论图书与先后天卦位》)。今以河图言,先天则之者,本消息之次,后天则之者,本五行之次。以洛书言,宜取卦象之本数,或以太极为〇,即乾一至坤八,或以太极为五,即乾一至坤九。示如下。

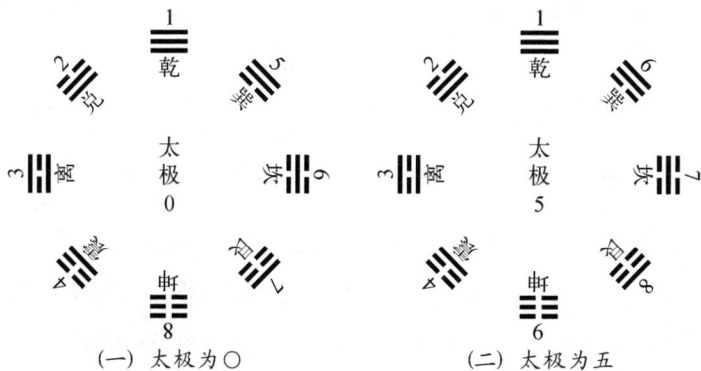

(一)太极为〇   (二)太极为五

卦象本数图

此卦象之本数,原太极生生之次,故直接为卦象之数,且为先天之序数,犹体数也。于太极为〇者,相错两卦之和数必为九,九当洛书之九数。于太极为五者,相错之和数必为十,十当河图之十数。然五为九畴之中皇极,故间接亦有与于图书之数,而以洛书为主。若以太极为五者,以消息之理增减之,其数即为洛书,是乃先天则洛书。又以太极为〇者变成后天,以五行之理增减之,其数亦为洛书,是乃后天则洛书也。

以上二种变通、四种配合之关系,特以下表示之:

河洛先后天关系表

	体	（变通）	用
数	河图五行相生	西与南之位互易 ←→	洛书 五行相克
（配合）	↑ 之本消息次	以太极为五之卦象本数 × 本五行之次为卦象之数	↑ 太极为〇之卦象本数以五行之理增减之
象	先天 五行相克	长子少女以继父母 → ← 神妙为言	后天 五行相生

观历代易著,于河洛先后天之变通配合,其说丛杂,今究其类别,不外上表所示者。若变通之配合内容,亦各不相同,且每多重视其中之一二种,如或重先后天之卦变,或重先天配河图,后天配洛书,或则反重先天配洛书,后天配河图等等是也。凡所重视者,确能有其心得,

然执之而非他，不一而足。故各家之说参差不齐，或固执于某某象必当某数，则何能悟方位之变通，配合之异法哉。若泛滥无当，以一数可当任何象，以一象可当任何数，且虽有所限而不明方位，不言体用之配合，则能免穿凿附会之讥乎。乃取各家之长，准诸经文经义，始知变通配合之自然。凡一数当数象，各有其义。如三为离、为震、为兑。以为离言，太极之生次也，中女次长女二也，其位东。以为震言，五行木之阳也，长男次坤阴二也，其位东。以为兑言，息成二阳也，其位东南等。一象当几数亦然。如乾为一、为九、为七、为六。为一者太极之生次也，其位南。为九者，五行金之阳也，其位西北。又乾父当九数之终也，其位南。为七者，息成三阳也，其位南。为六者，坤用六变成乾也，其位西北。故不知乾象可兼当一九七六者，其思局焉。知而不究其本，或于乾位南时取六数，位西北时取一数等，亦未可者也。凡象数之关系，有河洛先后天之四种配合，及五行一种，卦象本数二种，示如下：

	乾	兑	离	震	巽	坎	艮	坤	
	1	2	3	4	5	6	7	8	——太极为○之生次
	1	2	3	4	6	7	8	9	——太极为五之生次
象	7	3	8	1	2	9	4	6	——先天河图（消息体数）
数	9	4	3	8	2	7	6	1	——先天洛书（三索之序）
	9	4	2 7	3	8	1 6	5	10	——五行数
	9	4	2	3	8	1	6	7	——后天河图（五行之位）
	6	7	9	3	4	1	8	2	——后天洛书（阴阳用数）

更明其方位，略述其配合之故，以成《象数关系表》，于图书先后天之大义可云备矣乎。

象数关系表

象数之关系 （数／象）	太极	乾	坤	震	巽	坎	离	艮	兑
○	中位	次为太极之五生 位南为○							
一			之坤母始九数 位北	息成二阳 位东北		用乾阳二之 五行阳水 位北			
二			坤阴二 位西南		母长女消成次坤一阴 位西南		五行阴火 位南		次为太极之五生 位东南为○
三				阴长男二次坤 五行阳木 位东			中女三离 次为太极之长女生 位东为○	消成二阴 位西北	息成二阳 位东南
四				次为太极之五生 位东北为○	长男三巽 次坎长女生 位东南				少女三兑 位中
五	当皇极 中位				次为太极之生 位西南为○			五行阳土 位中	

续 表

象数之关系 \ 数	太极	乾	坤	震	巽	坎	离	艮	兑
六		成坤用乾位西北六	消成三阴位北		之太极生次为五位西南	生太极次为〇之五行北位阴水		水阳位少男位东北土寄位于阴	男少女先于少位西
七		息成三阳位南	阳阴火土寄位于位西南			中男次长男八生太极次为五之位西	五行阳火位南	生太极次为〇之位西北	
八			之太极生次为〇位北	父长男次乾九位东北	五行东南阴木位		消之原位东	之太极生次为五位西北	
九		五行之乾终父九数位西南阴金北	生太极次为五之位北			息之原位西	坤乾之用九成位南		
十			五行中阴土位						

释先后天易位

《文言》曰:"先天而天弗违,后天而奉天时。"先天者当天之先,后天者当天之后,然天既弗违于先天,后天又奉行于天时,故以天而言,先后天一也。一而可言先后者,先天有先天之卦位,后天有后天之卦位。唯理之可一,乃先后天能易位而互变矣。

观先天者,象当八卦相错,先儒名之曰对待。后天者象当八卦运行,先儒名之曰流行(见图一《先天八卦方位》、图二《后天八卦方位》)。又先天尚有六十四卦方位(见图三),后天则阙如。或即以《序卦》或

图一 先天八卦方位

图二 后天八卦方位

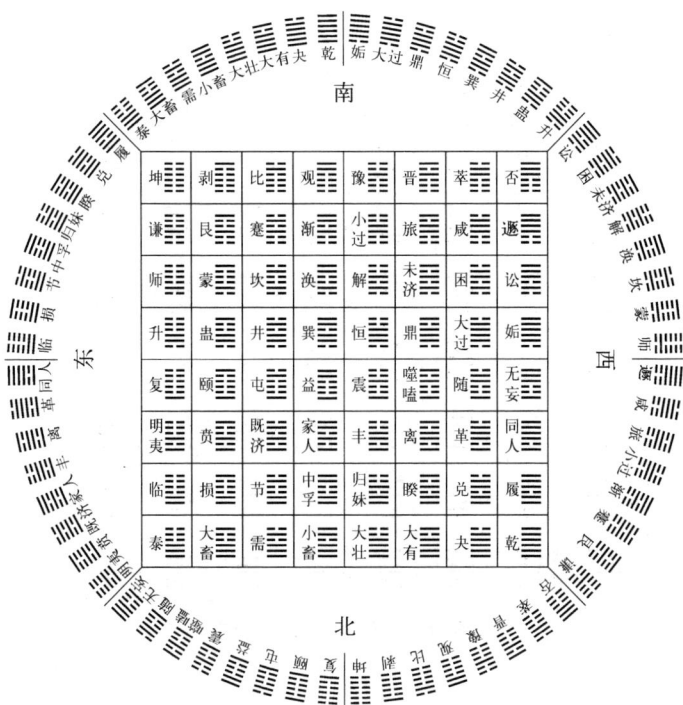

坤	剥	比	观	豫	晋	萃	否
谦	艮	蹇	渐	小过	旅	咸	遯
师	蒙	坎	涣	解	未济	困	讼
升	蛊	井	巽	恒	鼎	大过	姤
复	颐	屯	益	震	噬嗑	随	无妄
明夷	贲	既济	家人	丰	离	革	同人
临	损	节	中孚	归妹	睽	兑	履
泰	大畜	需	小畜	大壮	大有	夬	乾

图三　先天六十四卦方位

《杂卦》实之,奈何关于后天方位,先儒不乏致思于此者,然未见有圆满之说。今使先天六十四卦方位变成后天,则后天六十四卦方位自然而定,不劳他求,不亦一举而二得乎,其法成下式:

$$\text{先天六十四卦方图}\begin{cases}\text{贞　} 1\ 2\ 3\ 4\ 5\ 6\ 7\ 8\text{(下而上)}\\ \text{悔　} 1\ 2\ 3\ 4\ 5\ 6\ 7\ 8\text{(右而左)}\end{cases}\text{(见图四)}$$

若先后天易位者,即易其贞悔数。数以表象,象以变易,至理在焉。共凡四变,第一变成下式:

$$\text{先天变后天图}\begin{cases}\text{贞　} 1\ 0\ 3\ 4\ 5\ 6\ 7\ 8\ 2\text{(下而上)}\\ \text{悔　} 1\ 0\ 3\ 4\ 5\ 6\ 7\ 8\ 2\text{(右而左)}\end{cases}\text{(见图五)}$$

	8	7	6	5	4	3	2	1	悔／贞
	坤	剥	比	观	豫	晋	萃	否	8
	谦	艮	蹇	渐	小过	旅	咸	遯	7
	师	蒙	坎	涣	解	未济	困	讼	6
	升	蛊	井	巽	恒	鼎	大过	姤	5
	复	颐	屯	益	震	噬嗑	随	无妄	4
	明夷	贲	既济	家人	丰	离	革	同人	3
	临	损	节	中孚	归妹	睽	兑	履	2
	泰	大畜	需	小畜	大壮	大有	夬	乾	1

图四　先天六十四卦方图

	2	8	7	6	5	4	3	0	1	悔／贞
	兑	临	损	节	中孚	归妹	睽		履	2
	萃	坤	剥	比	观	豫	晋		否	8
	咸	谦	艮	蹇	渐	小过	旅		遯	7
	困	师	蒙	坎	涣	解	未济		讼	6
	大过	升	蛊	井	巽	恒	鼎		姤	5
	随	复	颐	屯	益	震	噬嗑		无妄	4
	革	明夷	贲	既济	家人	丰	离		同人	3
										0
	夬	泰	大畜	需	小畜	大壮	大有		乾	1

图五　先天变后天图一

46

夫先天者,卦皆混然。今一变而易兑附坤,乾天之气殊于他卦,伏羲氏一画开天,其此象乎。履五曰"夬履"实指此而言,后天之夬履即先天之泰否也。第二变成下式:

先天变后天图二 $\begin{cases} 贞\ 1\ 6\ 3\ 4\ 5\ 0\ 7\ 8\ 2\ (下而上) \\ 悔\ 1\ 6\ 3\ 4\ 5\ 0\ 7\ 8\ 2\ (右而左) \end{cases}$

(见图六)

2	8	7	0	5	4	3	6	1	悔／贞
兑	临	损		中孚	归妹	睽	节	履	2
萃	坤	剥		观	豫	晋	比	否	8
咸	谦	艮		渐	小过	旅	蹇	遁	7
									0
大过	升	蛊		巽	恒	鼎	井	姤	5
随	复	颐		益	震	噬嗑	屯	无妄	4
革	明夷	贲		家人	丰	离	既济	同人	3
困	师	蒙		涣	解	未济	坎	讼	6
夬	泰	大畜		小畜	大壮	大有	需	乾	1

图六　先天变后天图二

此变乃足成第一变。有乾气之殊于他卦,自然有坤气之殊于他卦,阴阳对待,先天之本义也。然乾气纯粹,而坤气中已有兑气附焉。故坤气之殊于他卦,须合艮兑而一之,则能山泽通气,综之即雷风相薄,《序卦》上篇始乾坤而下篇始咸恒,盖法此象。又《序卦》置履卦于第十卦,十者河图之周期也,故十一即一。观《杂卦》之上《序卦》之下,当此周期者,皆为山泽雷风,岂偶然哉。详见下:

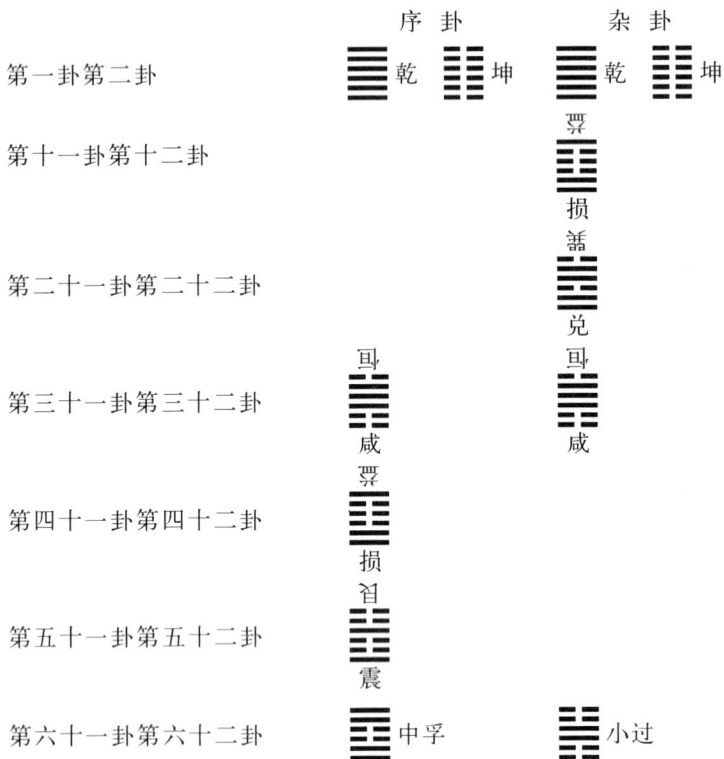

	序　卦		杂　卦	
第一卦第二卦	乾	坤	乾	坤
第十一卦第十二卦			损	
第二十一卦第二十二卦			兑	
第三十一卦第三十二卦	咸		咸	
第四十一卦第四十二卦	损			
第五十一卦第五十二卦	震			
第六十一卦第六十二卦	中孚		小过	

　　咸四曰:"憧憧往来,朋从尔思。"《系辞》赞之曰:"精义入神,以致用也。"又曰:"穷神知化,德之盛也。"损三曰:"三人行则损一人,一人行则得其友。"《系辞》赞之曰:"天地壹壹,万物化醇。"又曰:"言致一也。"皆切乎此象。《易纬稽览图》曰:"甲子卦气起中孚。"亦当此山泽雷风之气交而钟于中孚也。以上二变盖为相互一易耳,义当天地壹壹云。第三变成下式:

先天变后天图三 $\begin{cases} 贞\ 1\ 6\ 0\ 4\ 5\ 3\ 7\ 8\ 2(下而上) \\ 悔\ 1\ 6\ 0\ 4\ 5\ 3\ 7\ 8\ 2(右而左) \end{cases}$

(见图七)

2	8	7	3	5	4	0	6	1	悔/贞
兑	临	损	睽	中孚	归妹		节	履	2
萃	坤	剥	晋	观	豫		比	否	8
咸	谦	艮	旅	渐	小过		蹇	遯	7
革	明夷	贲	离	家人	丰		既济	同人	3
大过	升	蛊	鼎	巽	恒		井	姤	5
随	复	颐	噬嗑	益	震		屯	无妄	4
									0
困	师	蒙	未济	涣	解		坎	讼	6
夬	泰	大畜	大有	小畜	大壮		需	乾	1

图七　先天变后天图三

由天地十数之壹壹,震艮得中而生坎,此变当之。第四变成下式:

先天变后天图四 $\begin{cases} 贞\ 1\ 6\ 7\ 4\ 5\ 3\ 0\ 8\ 2(下而上) \\ 悔\ 1\ 6\ 7\ 4\ 5\ 3\ 0\ 8\ 2(右而左) \end{cases}$

(见图八)

	2	8	0	3	5	4	7	6	1	悔
2	兑	临		睽	中孚	归妹	损	节	履	
8	萃	坤		晋	观	豫	剥	比	否	
0										
3	革	明夷		离	家人	丰	贲	既济	同人	
5	大过	升		鼎	巽	恒	蛊	井	姤	
4	随	复		噬嗑	益	震	颐	屯	无妄	
7	咸	谦		旅	渐	小过	艮	蹇	遁	
6	困	师		未济	涣	解	蒙	坎	讼	
1	夬	泰		大有	小畜	大壮	大畜	需	乾	
贞										

图八　先天变后天图四

　　此变又当巽兑得中而生离。以上二变亦相互为一易,义当由壹壶得中而生水火之用,数以天五地六为中。《序卦》上篇取需讼为第五第六即天一生水之象,与第三变合。下篇取晋明夷为第五第六即地二生火之象,与第四变合。又上篇终坎离者,亦得中之义,坎五"祗既平",离二"黄离"皆得乾坤之中而用之。下篇终既济未济者,即坎离之交,与震巽艮兑之交成中孚小过同义。故壹壶之气起于中孚小过而用于既济未济,是即后天云。其式如下:

后天六十四卦西北 $\begin{cases} 贞　1　6　7　4　5　3　8　2(西北而西南) \\ 悔　1　6　7　4　5　3　8　2(西北而东北) \end{cases}$

(见图九)

50

	2	8	3	5	4	7	6	1	悔＼贞
	兑	临	睽	中孚	归妹	损	节	履	2
	萃	坤	晋	观	豫	剥	比	否	8
	革	明夷	离	家人	丰	贲	既济	同人	3
	大过	升	鼎	巽	恒	蛊	井	姤	5
	随	复	噬嗑	益	震	颐	屯	无妄	4
	咸	谦	旅	渐	小过	艮	蹇	遁	7
	困	师	未济	涣	解	蒙	坎	讼	6
	夬	泰	大有	小畜	大壮	大畜	需	乾	1

图九　后天六十四卦西北

上式卦次与第四变同,仅合坤离相间处即是。观先天图之乾南,当列成六十四卦方图,乃乾居西北,是即后天之乾位。先天而天弗违,可谓此象。若后天而奉天时者,盖后天流行,未可执于一方一隅者也。此西北隅者曰"战乎乾"。其后由西北而北,成下式:

后天六十四卦北 $\begin{cases} 贞\ 6\ 7\ 4\ 5\ 3\ 8\ 2\ 1(北而西) \\ 悔\ 6\ 7\ 4\ 5\ 3\ 8\ 2\ 1(北而东) \end{cases}$ （见图十）

此北方者曰"劳乎坎"。其后由北而东北,成下式:

后天六十四卦东北 $\begin{cases} 贞\ 7\ 4\ 5\ 3\ 8\ 2\ 1\ 6(东北而西北) \\ 悔\ 7\ 4\ 5\ 3\ 8\ 2\ 1\ 6(东北而东南) \end{cases}$

（见图十一）

图十　后天六十四卦北

	7	4	5	3	8	2	1	6	贞 悔
	蹇	屯	井	既济	比	节	需	坎	6
	遯	无妄	姤	同人	否	履	乾	讼	1
	咸	随	大过	革	萃	兑	夬	困	2
	谦	复	升	明夷	坤	临	泰	师	8
	旅	噬嗑	鼎	离	晋	睽	大有	未济	3
	渐	益	巽	家人	观	中孚	小畜	涣	5
	小过	震	恒	丰	豫	归妹	大壮	解	4
	艮	颐	蛊	贲	剥	损	大畜	蒙	7

图十一　后天六十四卦东北

52

此东北隅者曰"成言乎艮"。其后由东北而东,成下式:

$$后天六十四卦东\begin{cases}贞 & 4 & 5 & 3 & 8 & 2 & 1 & 6 & 7(东而北)\\悔 & 4 & 5 & 3 & 8 & 2 & 1 & 6 & 7(东而南)\end{cases}$$

(见图十二)

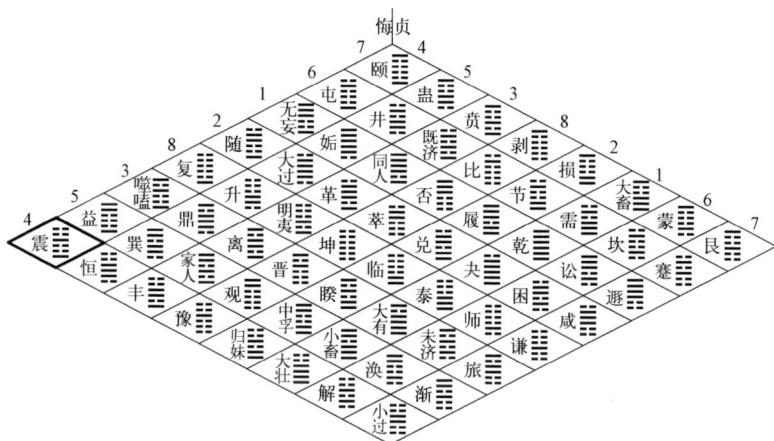

图十二　后天六十四卦东

此东方者曰:"帝出乎震。"言周流之后天而始于震者,贵乾元之动也。其后由东而东南,成下式:

$$后天六十四卦东南\begin{cases}贞 & 5 & 3 & 8 & 2 & 1 & 6 & 7 & 4(东南而东北)\\悔 & 5 & 3 & 8 & 2 & 1 & 6 & 7 & 4(东南而西北)\end{cases}$$

(见图十三)

此东南隅者曰"齐乎巽"。其后由东南而南,成下式:

$$后天六十四卦南\begin{cases}贞 & 3 & 8 & 2 & 1 & 6 & 7 & 4 & 5(南而东)\\悔 & 3 & 8 & 2 & 1 & 6 & 7 & 4 & 5(南而西)\end{cases}$$

(见图十四)

5	3	8	2	1	6	7	4	悔／贞
巽	鼎	升	大过	姤	井	蛊	恒	5
家人	离	明夷	革	同人	既济	贲	丰	3
观	晋	坤	萃	否	比	剥	豫	8
中孚	睽	临	兑	履	节	损	归妹	2
小畜	大有	泰	夬	乾	需	大畜	大壮	1
涣	未济	师	困	讼	坎	蒙	解	6
渐	旅	谦	咸	遁	蹇	艮	小过	7
益	噬嗑	复	随	无妄	屯	颐	震	4

图十三　后天六十四卦东南

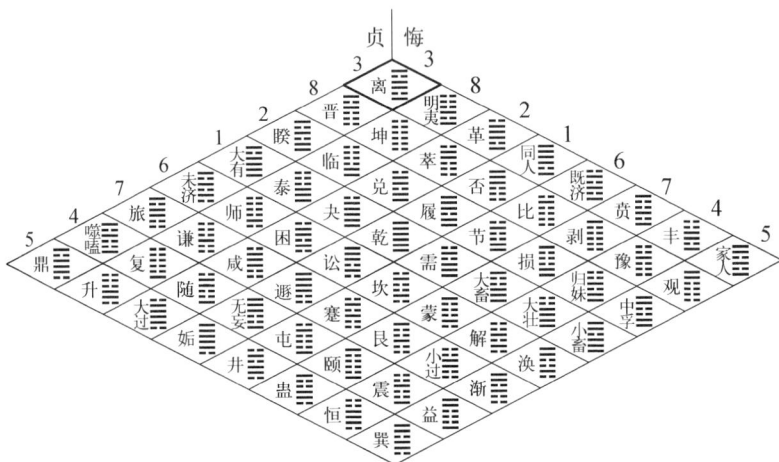

图十四　后天六十四卦南

54

此南方者曰"相见乎离"。其后由南而西南,成下式:

后天六十四卦西南 $\begin{cases} 贞\quad 8\ 2\ 1\ 6\ 7\ 4\ 5\ 3（西南而东南） \\ 悔\quad 8\ 2\ 1\ 6\ 7\ 4\ 5\ 3（西南而西北） \end{cases}$

(见图十五)

贞	3	5	4	7	6	1	2	8	悔
	明夷	升	复	谦	师	泰	临	坤	8
	革	大过	随	咸	困	夬	兑	萃	2
	同人	姤	无妄	遯	讼	乾	履	否	1
	既济	井	屯	蹇	坎	需	节	比	6
	贲	蛊	颐	艮	蒙	大畜	损	剥	7
	丰	恒	震	小过	解	大壮	归妹	豫	4
	家人	巽	益	渐	涣	小畜	中孚	观	5
	离	鼎	噬嗑	旅	未济	大有	睽	晋	3

图十五　后天六十四卦西南

此西南方者曰"致役乎坤"。其后由西南而西,成下式:

后天六十四卦西 $\begin{cases} 贞\quad 2\ 1\ 6\ 7\ 4\ 5\ 3\ 8（西而南） \\ 悔\quad 2\ 1\ 6\ 7\ 4\ 5\ 3\ 8（西而北） \end{cases}$ (见图十六)

此西方者曰"说言乎兑"。其后由西而西北,复为"战乎乾"。又首乾者,先后天所同,故后天奉天时之八图,可以西北隅一图为本,见图十七《后天六十四卦方位》。此图足与《先天六十四卦方位》并观,犹先

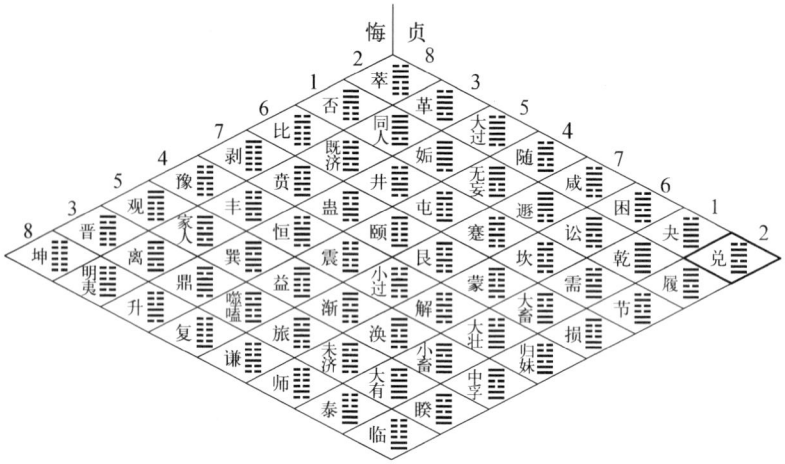

图十六　后天六十四卦西

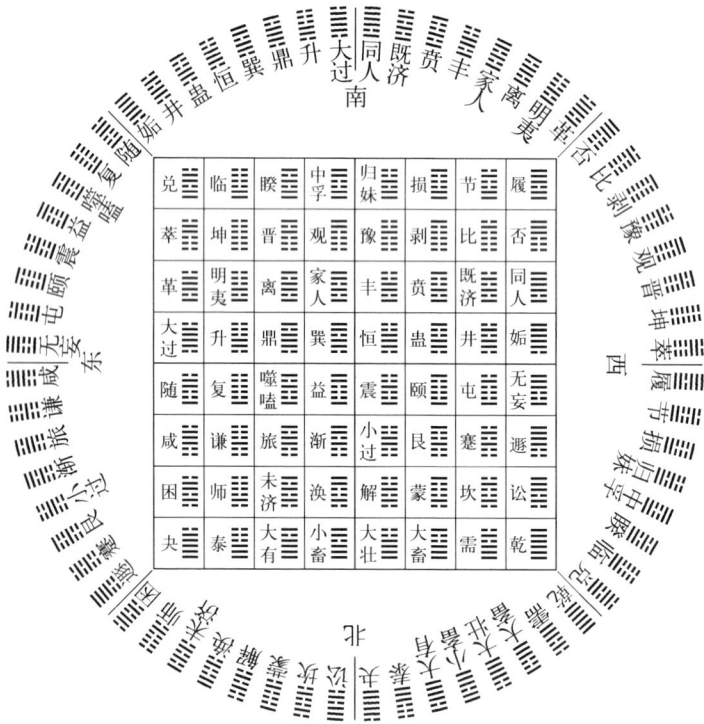

图十七　后天六十四卦方位

后天之八卦方位也。

若易位之际,宜二道并行。其一先天变后天,即经天地壹壹得中而生水火之用。《序卦》终未济者,勉人之善其用也。其一后天变先天,即气化水火而平之,义当克己复礼,决柔生仁。《杂卦》终夬之微言,其在此乎。

易范合论

　　《周易》为《洪范》之体，《洪范》为《周易》之用。刘歆云"河图洛书，相为经纬，八卦九章，相为表里"，犹此义。若《易》之中，宜辨先后天，则先天为体，后天为用。九畴之中，亦分体用，凡皇极为体，其他八畴为用是也。

　　《洪范》曰："初一曰五行，次二曰敬用五事，次三曰农用八政，次四曰协用五纪，次五曰建用皇极，次六曰乂用三德，次七曰明用稽疑，次八曰念用庶征，次九曰向用五福威用六极。"此九者即九畴，每畴有细目。特准经文，列表如下：

初一曰五行 {
一曰水——润下——咸
二曰火——炎上——苦
三曰木——曲直——酸
四曰金——从革——辛
五曰土——稼穑——甘
} ………………… 其数五

次二曰五事 {
一曰貌——恭——肃
二曰言——从——乂
三曰视——明——哲
四曰听——聪——谋
五曰思——睿——圣
} ………………… 其数五

58

次三曰八政 {
一曰食
二曰货
三曰祀
四曰司空
五曰司徒
六曰司寇
七曰宾
八曰师
} ⋯⋯⋯⋯⋯⋯⋯⋯⋯⋯⋯ 其数八

次四曰五纪 {
一曰岁
二曰月
三曰日
四曰星辰
五曰历数
} ⋯⋯⋯⋯⋯⋯⋯⋯⋯⋯⋯ 其数五

次五曰皇极——皇建其有极 ⋯⋯⋯⋯⋯⋯⋯⋯⋯⋯⋯ 其数一

次六曰三德 {
一曰正直
二曰刚克
三曰柔克
} ⋯⋯⋯⋯⋯⋯⋯⋯⋯⋯⋯ 其数三

次七曰稽疑 {
曰雨
曰霁
曰蒙
曰驿
曰克
} 卜五
{
曰贞
曰悔
} 占用二
⋯⋯⋯⋯⋯⋯⋯⋯⋯⋯⋯ 其数七

休征　咎征

次八曰庶征 {
曰雨——肃——狂
曰旸——义——僭
曰燠——哲——豫
曰寒——谋——急
曰风——圣——蒙
} ⋯⋯⋯⋯⋯⋯⋯⋯⋯⋯⋯ 其数五

次九曰 五福 六极 {
五福 {
一曰寿
二曰富
三曰康宁
四曰攸好德
五曰考终命
}
六极 {
一曰凶短折
二曰疾
三曰忧
四曰贫
五曰恶
六曰弱
}
} ⋯⋯⋯⋯⋯⋯⋯⋯⋯⋯⋯ 其数十一

计九畴之细目,其数五十,非大衍之数乎。皇极为体而用其他八畴,是犹其用四十有九。更以洛书之位示于下,名曰《洛书九畴图》,《洪范》之纲要在其中矣:

次 四 五纪	次 九 五六 福极	次 二 五事
5	11	5
次 三 八政	次 五 皇极	次 七 稽疑
8	1	7
次 八 庶征	初 一 五行	次 六 三德
5	5	3

图一　洛书九畴图

若此皇极以立九畴之用,即准洛书之纵横斜角,皆为十五之数。其变化有八,四者直接有与于皇极,曰九五一,曰四五六,曰八五二,曰三五七。四者间接有与于皇极,曰八三四,曰四九二,曰二七六,曰六一八。前者犹体,以卦象论,当先天八卦。后者犹用,当后天八卦。宜分论之。

曰九五一,当天地定位。定之为言,正其五行而五福应焉。凡当生则生,当克则克之谓正。或汩陈其五行,乃不定而六极应,犹鲧则殛死也。

曰四五六,当山泽通气。通气云者,三德用之适当而无违乎时。

尧曰"天之历数在尔躬",其可窒塞而不通耶。

曰八五二,当雷风相薄。相薄有时,五者未备,休征之应,即五事也。或不时而恒,一极备凶,一极无凶。君子戒之,可不敬用五事乎。

曰三五七,当水火不相射。不相射者,水火既济之象。凡卜五为五行,占用二为阴阳。由阴阳五行以衍忒,迁善改过,八政乃治,云行雨施而天下平,此之谓也。以坎离立内圣外王之基,所以成乾坤之用。

以上四者为先天,八卦相错,数皆为十。皇极五建立于中,于《易》犹太极。执中有权,合八畴而彝伦攸叙,内圣外王之功奏矣。或皇极不建,败彝伦攸致。建不建之间,几矣微矣。于臣鲧未建而死,禹建之而成。于君纣未建而亡,武王建之而兴。凡人皆然,能参天地者,已建焉。孟子曰"人皆可以为尧舜",人其勉诸。详下图二《皇极得失图》(图见下页)。

其一,皇建有极者,得也。其二,皇极不建者,失也。《文言》曰:"先天而天弗违。"弗违者,弗违此皇极耳。乾《彖》曰:"大哉乾元,万物资始,乃统天。"盖皇极由乾元以建,位中以统八方,统天也。此唯精唯一之中,文王名之曰乾元,箕子名之曰皇极,《系辞》名之曰太极,其实一也。

此外四者,犹后天八卦之流行。曰八三四,卦象为艮震巽。曰四九二,卦象为巽离坤。曰二七六,卦象为坤兑乾。曰六一八,卦象为乾坎艮。《说卦》曰"帝出乎震,齐乎巽,相见乎离,致役乎坤,说言乎兑,战乎乾,劳乎坎,成言乎艮"是也。且艮为成终成始,宜本诸艮八庶征。《文言》曰"后天而奉天时",天时非庶征乎,详下图三《皇极流行图》。中五皇极勿用,犹《易》之无思无为,当无极之象。无为而无不为,在宥天下而安,大道行矣。

夫先天为体,故皇极之一,不可不建。后天为用,故皇极之一,不

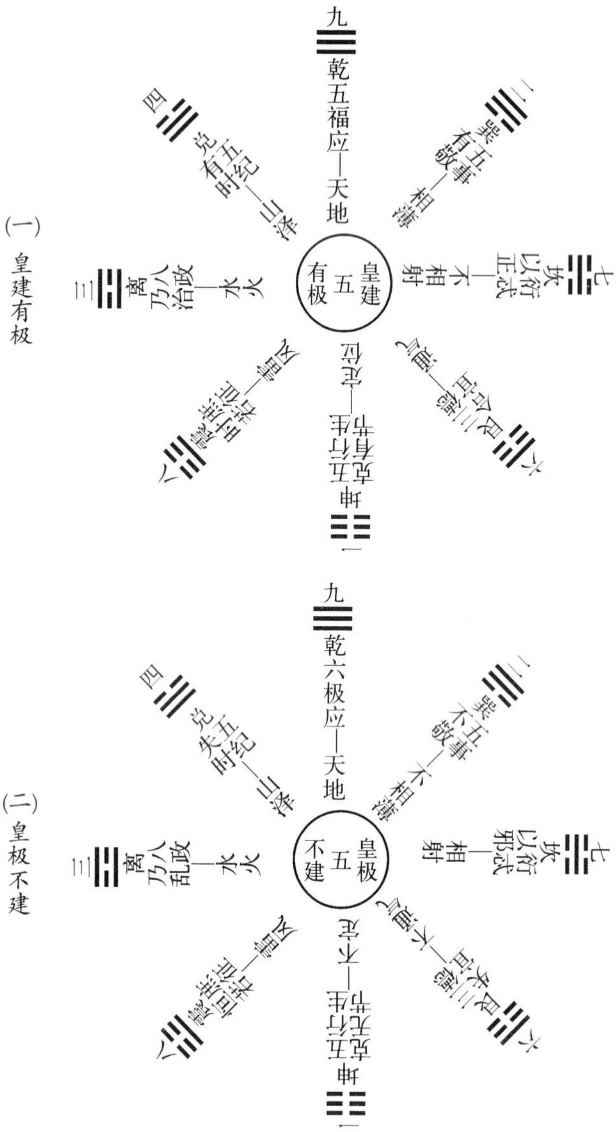

图二　皇极得失图

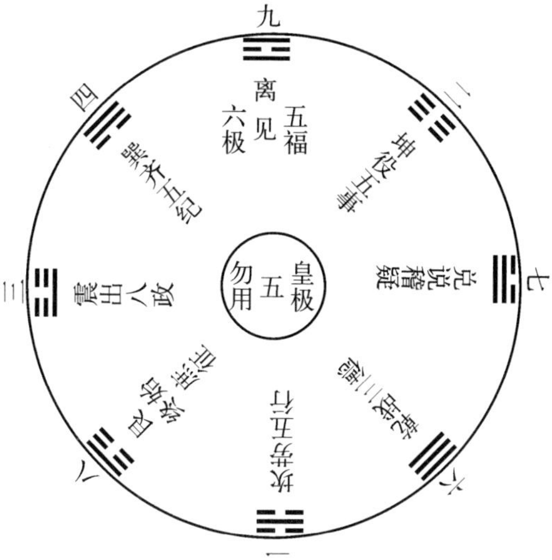

图三 皇极流行图

可不虚。前者直接有与于皇极,后者间接有与于皇极。或不知相错流行先后天之异,当建不建,当虚不虚,或更争辩于极之有无,何其不思乃耳。观上得失二图、流行一图,其可已乎?

凡后天流行时,得失并陈,而皇极无究心焉。得者,已建极于先天,失者,于先天而尚未建极耳。乃宜反诸先天而为之建极,此勿用之用也。或究心于后天,用其不当用,犹代大匠斫,鲜不伤手。失者何能得,得而其极未固者,反将有失,是谓彝伦攸斁,可不戒诸鉴诸。

至于九畴之细目,各与卦象相通,以下分类述之。

一、五行,曰水火木金土。《说卦》曰"坎为水","离为火","巽为木","乾为金","坤为地",又"震为苍筤竹"亦属木,"兑为附决为毁折"皆金性,"艮为山"当与坤地同属土。故五行犹八卦之象,且先天方位当五行相克,详下图四《五行配八卦图》(图见下页)。若五行之次,变化甚多,另见《论五行之次》。

二、五事,曰貌言视听思,其次本诸人之初生。凡生已具形曰貌,

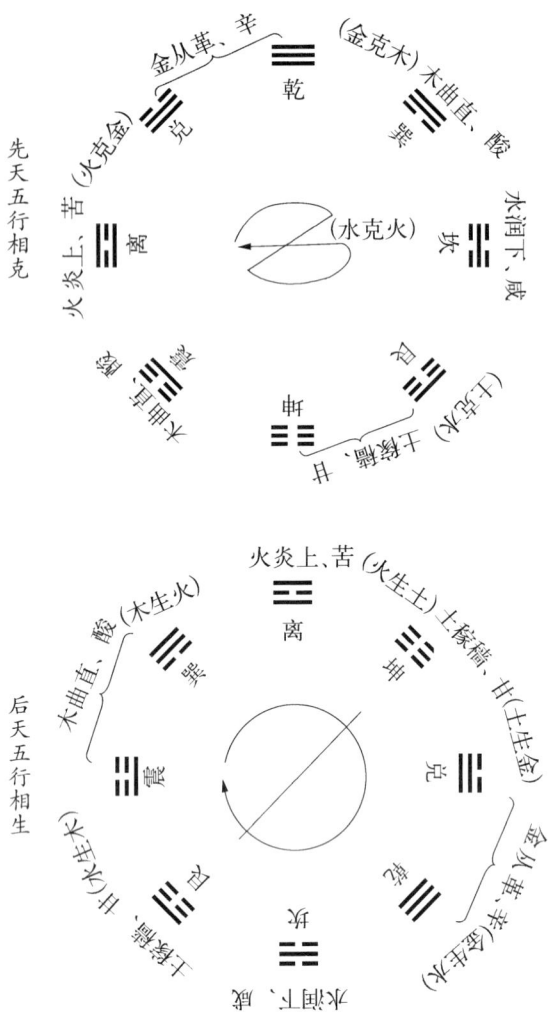

图四　五行配八卦图

始即发声犹言，其后目能视，耳能听，以致脑能思量也。此五者，与内典之六识并观。眼为视，耳当听，身当貌，意当思，然未能尽思。于鼻舌二者未合，盖鼻之臭《洪范》未及，若卦象则有巽为臭。舌者，所以辨味，《洪范》于味已配于五行，宜此未及。且声色等皆可分五以配五行，乃发例于味耳。至于言，或论其义，或不论其义。庄子所谓："夫言非吹也,言者有言,其所言者特未定也。果有言邪,其未尝有言邪? 其以为异于𪁘音,亦有辩乎,其无辩乎?"如不论其义,犹耳之于声。论则言出于思,已属七八二识,非六识所能尽,此唯识与《洪范》之分类不同,各有所指而不必强同。若《洪范》取五者,准五行也。此五事之于五行,或顺次合之,即貌水、言火、视木、听金、思土。蔡沈曰:"貌泽水也,言扬火也,视散木也,听收金也,思通土也。"然以卦象观之,尚未是。盖五事由五行生,当取所生之五行。一曰水,水生木,故貌为木,于象为巽震,巽顺为恭,震惊为肃。又五事未及鼻臭,当合于貌,则与巽为臭之象亦合。二曰火,火生土,故言为土,于象为坤艮,坤后为从,艮理为乂。三曰木,木生火,故视为火,于象为离,离目为明为哲。四曰金,金生水,故听为水,于象为坎,坎耳为聪为谋。五曰土,土生金,故思为金,于象为兑乾,兑说为睿,乾天为圣。由是以观五事之五行,自然相通乎卦象而不待烦言者也。详下图五《五事配八卦图》。凡恭等五者属阴,肃等五者属阳,坎离二卦兼乎阴阳云。

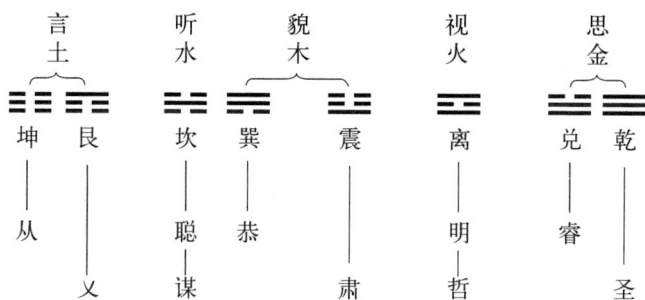

图五　五事配八卦图

三、八政,曰食货祀司空司徒司寇宾师,此八者为政之纲领。宋苏洵曰:"箕子言国家之政,无越是八者。周公制礼,酌而用之,故建六官以主八政。食与货则天官,祀与宾则春官,师则夏官,司空则冬官,司徒则地官,司寇则秋官。"其义可取。若郑玄以食为稷,以货为司货贿,以宾为大行人,虽是而未免琐碎焉。以卦象论,此八者恰当八卦。

依后天方位,乾位西北为天官冢宰,坤位西南为地官司徒,震位东为春官宗伯,离位南为夏官司马,兑位西为秋官司寇,坎位北为冬官司空。原夫作《周礼》者,必观此象无疑。于艮巽二象,似当足成天官地官。今合此八政言,则宾主相对,象为巽宾震主。故巽属春官,震长子主器,惊百里而不丧匕鬯,正祭祀之主。祀以通古今,宾以通中外,时位生生,出入无疾,春帝之东也。至于天官之职,不仅于食与货,而此二者实为其本。《序卦》曰:"物稚不可不养也,故受之以需,需者饮食之道也。"孟子曰:"圣人治天下,使有菽粟如水火,民焉有不仁者乎?"圣人之重食可见,于象当为乾。又西北之乾及正北之坎,即需卦也。货者象艮,孔子曰:"不患寡而患不均,不患贫而患不安。"艮之思不出其位及时行时止,皆所以均其货而安之也。天官之能使民足食货,尚有重于此者乎? 详下《八政配八卦图》。其他四者,司徒犹教育,师即司马,犹国防军事,司寇犹司法,司空犹工业建筑,皆与《周礼》同。

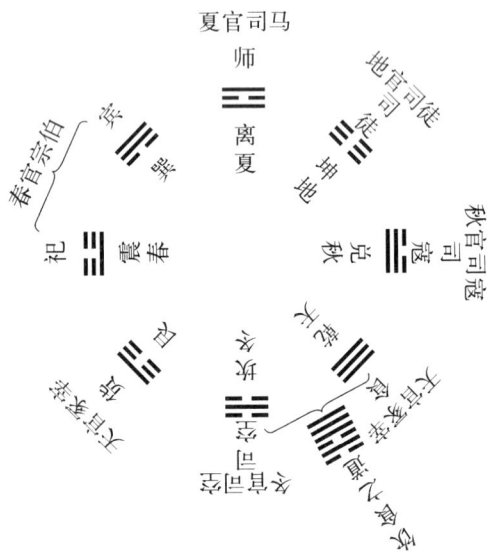

图六　八政配八卦图

66

四、五纪,曰岁月日星辰历数。岁者地绕日之周期,月者月绕地之周期,日者地自转之周期。星辰者,星分行星与恒星,此以恒星言,且以当地赤道之二十八宿为主。辰者日月所会十二次也,即月朔之处,以二十八宿定其位。孔颖达曰:"日月所会与四方中星,俱是二十八宿。举其人目所见,以星言。论其日月所会,以辰言。其实一物,故星辰共文。"由星辰,乃知岁差之周期。历数者,所以明岁月日星辰等。一言以蔽之,知天时耳,革《象》曰"治历明时"是其义。盖八政以治人,五纪以治天地云。以卦象言,岁者,坤地以绕离日,其详孟氏之卦气图,所以示一岁之变化,扬雄之《太玄》亦同。卦气者,一卦当六日七分,《太玄》者,每首当四日又半。六日七分者,一岁之周期定于三百六十五日四分日之一。然四分日之一,尚非密率,《太玄》者,首外加踦赞以成一岁之周期为三百六十五日,其所余更以赢赞当之。赢之时以待反复冬至,必不足四分日之一,唯其不限赢赞之时,反较卦气灵活。邵子以为扬雄知历法又知历理,盖谓此也。详见插页图七《汉易卦气图》及图八《太玄准卦气图》。

月者,坎月以绕坤地,而月之光得之离日,京氏之纳甲图即当一月盈虚之象。魏伯阳之《参同契》、虞翻之易注,皆发挥此义。详图九《纳甲方位图》(图见下页),其说另见"消息例证"。凡坎离外之六卦皆象月,阳画所示者为用光所在云。

日者,坤地自转之象。凡面对离日为昼,背对离日为夜。或以地不动观之,犹日之绕地一周,即日出日落之象,此与人居舟车中,见两旁之景物之移动同义。爱因斯坦(A. Einstein, 1880—1955)以坐标之不同释之,则日绕地或地绕日之问题始彻底解决。

以易象言曰,中午时为晋,半夜子时为明夷,《大象》曰"明出地上晋"、"明入地中明夷"是也,详见下《昼夜图》(图见下页)。其一坐标在日,其二坐标在地,卯酉点当地平线,于春分秋分,正日出日落之时。以运行不息言,子午卯酉诸点,亦流动不已。又易有综象,此视晋卦为午,彼视明夷为子,是犹东半球当日中,西北球当夜半,或东半球当夜半,西半球当日中。

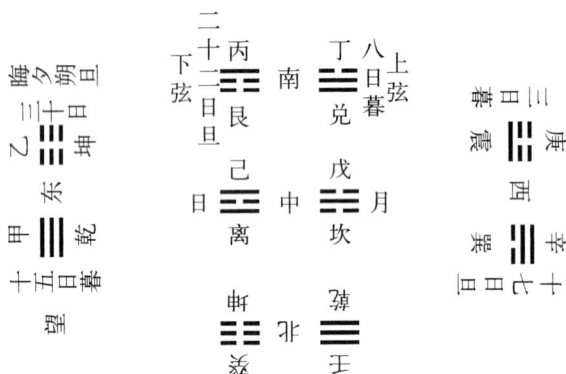

图九　纳甲方位图

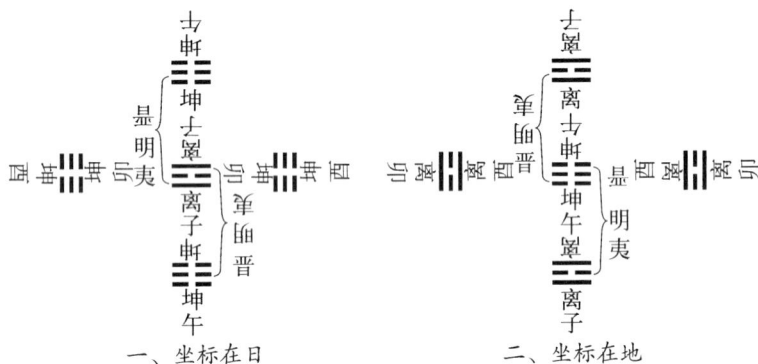

图十　昼夜图

一、坐标在日　　　　二、坐标在地

　　星辰者,二十八宿之间之周天当十二辰次。东方七宿曰角亢氐房心尾箕,为青龙之象,卦属震,震为苍筤竹,其色青。又震为龙,凡角为龙角、亢为龙颈,以至心为龙心、尾为龙尾是也。南方七宿曰井鬼柳心张翼轸,为朱雀之象,卦属离,离火为朱。又离雉为雀,凡柳为朱雀之喙,翼为朱雀之翼是也。西方七宿曰奎娄胃昴毕觜参,为白虎之象,卦属兑,兑金白色,当巽白之象。又兑性毁折附决,犹虎之性,故兑为虎,

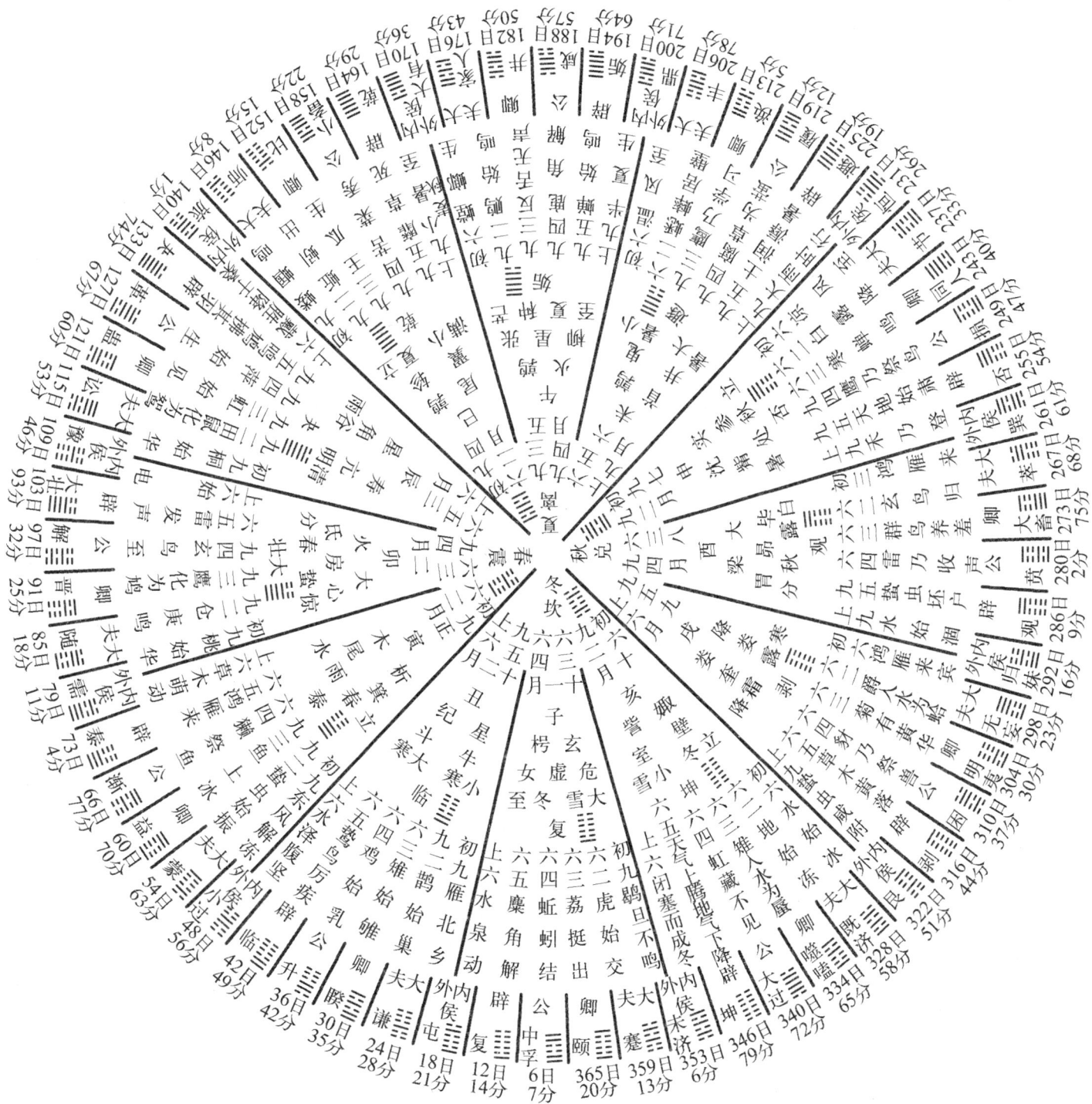

图七　汉易卦气图[1]

〔1〕图七《汉易卦气图》说明：以坎震离兑为四正卦，震春分日，离夏至日，兑秋分日，坎冬至日。四卦共二十四爻，每爻各主一气。坎初六主冬至，至上六末为春分日。震初九主春分，至上六末为夏至日。离初九主夏至，至上九末为秋分日。兑初九主秋分，至上六末为冬至日。余六十卦，每卦主六日七分。盖每爻主一日，则为三百六十。余五又四分之一日，则每卦为一日又八十分之七，故为六日七分，则每爻主一日又一又五分之三分。此一分即八十分之一日，于今为十八分钟。又二十四气，节中各十二，节为阳而中为阴。曰建寅者，以寅为正月夏正也，子曰"用夏之时"，故卦气用之。夫一气分三侯，初侯次侯末侯是也，共为七十二侯。以十二辟卦之七十二爻配之，每爻主一侯。更以七十二侯配六十卦，故侯日卦主二侯也。盖六十卦分为公辟侯大夫卿五类，每类各十二卦，是以侯卦主二侯，恰合七十二为六十焉。又十二月即十二律吕，准黄钟属子为十一月配之，正二三月为春而木，于天干为甲乙，仍依夏正，故地支为寅卯辰也。若夫六十卦中，除十二辟卦外，其次序之含意，不可得而闻焉，阙疑可也。

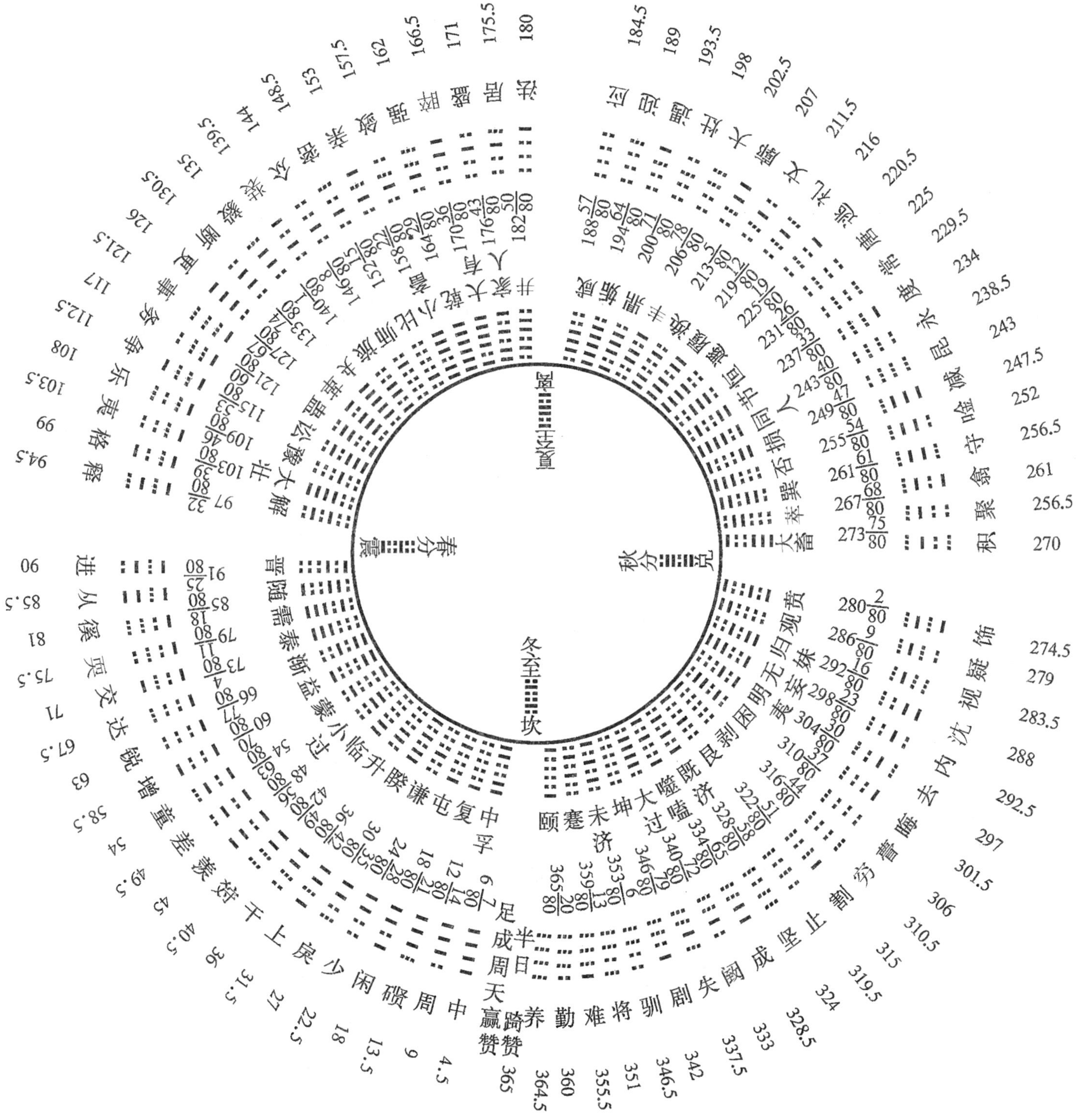

图八　太玄准卦气图

凡觜为虎嘴,参为虎形是也。北方七宿曰斗牛女虚危室壁,为玄武之象,卦属坎,坎水玄,当乾玄之中。又坎为矫揉,以力为武,化为龟蛇,于象坎错离龟,坎上变巽为蛇,凡牛为龟,女为蛇是也。十二辰次者,子曰玄枵,丑曰星纪,寅曰析木,卯曰大火,辰曰寿星,巳曰鹑尾,午曰鹑火,未曰鹑首,申曰实沈,酉曰大梁,戌曰降娄,亥曰娵訾。以当卦象,则十二辰次,犹卦气图中之十二辟卦。且亦可以爻辰当之,爻辰有京氏郑玄之不同,皆可配合。详见下《星辰卦象图》:

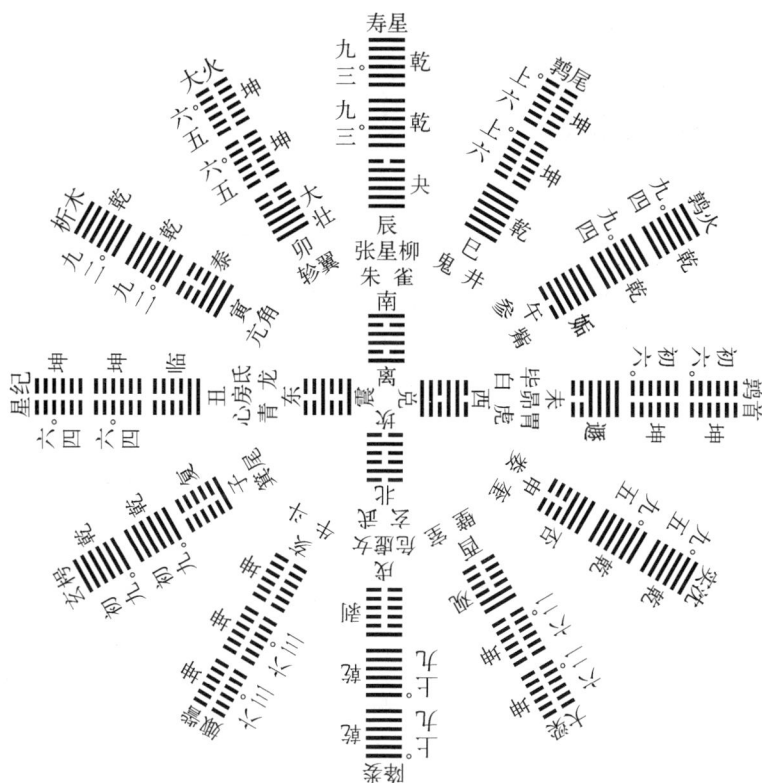

图十一 星辰卦象图

图十一中最外圈当十二辰次,依次向内当郑氏爻辰、京房爻辰及十二辟卦,皆合于十二地支,犹十二辰次。若以配合于二十八宿,

即为岁差。今甲子(公元 1924—1983)当由箕入尾,故子位箕尾之间。观郑氏爻辰,盖以《史记》所记,尚以子当虚危之间,距今四千六七百年,正尧舜之时也。另详《爻辰释义》。若并观之,可见恒星东移之象焉。

历数者,盖明天象之变,包括岁月日星辰等,今所谓天文学。由是合成之星系,如太阳系,及二十八宿等皆是。约有二千亿如太阳系之星辰,合成曰银河系。所见之银河即星辰密集之象,当银河系之边也。其外更有河外星系,以成大宇宙。凡此星辰,皆有成毁,犹生物之有生灭。生成之时,其形流动不已,以成种种之周期变化。毁灭之时,乃形亡而发光,所谓宇宙线者,即星辰毁灭时所放之光也。历数云者,究此生灭而已。贲《彖》曰:"观乎天文,以察时变。"《系》下曰:"仰则观象于天。"革《彖》曰:"治历明时。"皆历数之谓也。一言以蔽之,其"时"字,于卦为归妹。盖六十四卦中,唯此卦之四参卦为震离兑坎。此四卦者,后天之四时四象四德也。归妹《彖》曰:"归妹,天地之大义也,天地不交而万物不兴。归妹,人之终始也。"非历时之变化乎? 详下图十二《归妹历数图》:

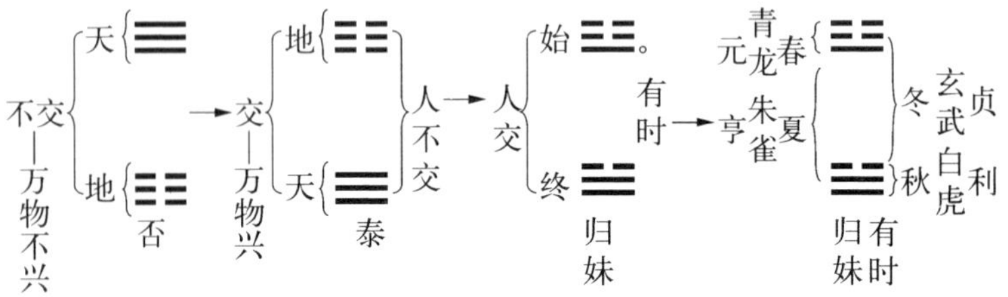

图十二　归妹历数图

五、皇极,为《洪范》之中心,于《易》犹太极,于勿用时犹《易》无体之无极。无体者,以其他八畴之用为体,反能正位居体而美中畅外。或有或无,文在中也。凡先天有五,于八卦之数为乾一至坤九。后天无五,于八卦之数为乾一至坤八,见图十三《皇极有无图》(图见下页)。

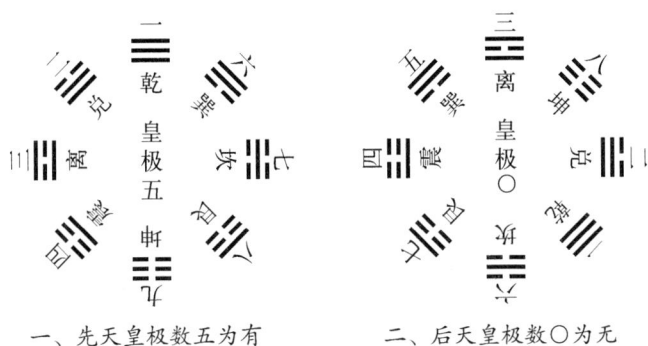

一、先天皇极数五为有　　　　二、后天皇极数〇为无

图十三　皇极有无图

图十三之一,以消息之理增减其数,即先天卦配洛书,皆有自然之理焉。另详《总释图书先后天》等诸篇,乃八卦九畴配合之缊,亦为皇极统御其他八畴之精微处。观《洪范》曰"极",有皇极,有有极,有汝极,有保极,有作极等,实即同一皇极。此皇极者,无偏无陂,无党,无反无侧,无作好,无作恶,盖系荡荡平平正直之王道也,会归诸邪以建于正,是谓"有极",数其当五。然极者,人人皆有,物物皆具,故"惟时厥庶民于汝极,锡汝保极"是时。汝皆有极而保之,当奉天时之后天,于皇极数为〇。然宜群龙无首,各保极于其位,《洪范》曰"凡厥庶民,无有淫朋,人无有比德"是也。又曰"惟皇作极"者,更指先天之建极云。故皇极乃由作而有,汝保而无,有无相形,体用合一,此既为《洪范》之纲领,亦为易道先后之妙谛。《易》《范》相通之要点,其在此乎,其在此乎。宋邵子之易贵于能悟先后天,于所著之书,名之曰《皇极经世》,亦有取乎《易》《范》之相通也乎。

六、三德,曰正直、刚克、柔克。正直即王道正直,犹皇极,于《易》犹太极。盖次五之皇极,乾元之道已成,次六三德中之正直,谓已备乾元之德而尚未成。易象已成为乾,未成为震,皆有太极之元者也。其君与后乎,后者继体之君也。凡九畴之数,当大衍之数五十,一不用者皇极也。挂一象三者,即此平康正直之象。若曰刚克柔克,盖当两仪,阳仪刚克,阴仪柔克。于刚克柔克中各分为二,《洪范》曰:"强弗友刚克,燮友柔克,沈潜刚克,高明柔克。"是犹生四象。强弗友者,过刚弗顺,宜化之为柔,故以刚克。刚刚为太阳,其数九,九者阳变为阴,变化之间,正直之道在焉。燮友者,过柔弗健,宜化之为刚,故以柔克。柔柔为太阳,其数六,六者阴变为阳,变化之间,亦可见正直之道。沈潜者,纯乎柔者也,宜以刚济之。刚柔为少阴,其数为八,八者阴不变,然已刚柔相和,亦成正直之道。高明者,纯乎刚者也,宜以柔济之。柔刚为少阳,其数七,七者阳不变,亦已刚柔相和而成正直之道。犹太极生两仪四象,阴阳之变不变,一归于正直之皇极而已矣。详下图十四《三德配卦象图》:

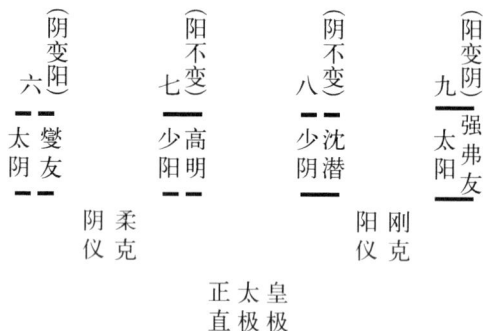

图十四　三德配卦象图

七、稽疑,曰卜筮。卜者以龟甲钻空而炙之,庄子《外物》篇有曰"……乃刳龟,七十二钻而无遗筴"是其义。当以火炙龟甲,甲于钻空处坼成裂纹曰兆,兆分五类,曰雨霁蒙驿克。凡裂纹为琐琐之点曰雨,其兆曰水。成深纹明朗曰霁,其兆为火。成浅纹蒙昧曰蒙,其兆曰木。成点浅骆驿曰驿,其兆曰金。成裂纹相交曰克,其兆为土。故卜者藉龟甲以得五行之兆耳。近百年内殷墟出土之甲骨,皆此类卜辞,当时之盛行可知。至于五行吉凶兆之变化,与夫判断之理今皆未详,盖《周易》兴而重筮,卜遂渐衰。《周礼·春官》有曰"凡国之大事,先筮而后卜",所以右筮云。若筮人与卜人间,当吉凶不一时,难免有争。《左传》僖公四年:"初晋献公欲以骊姬为夫人,卜之不吉,筮之吉。公曰从筮,卜人曰筮短龟长,不如从长。且其繇曰,专之渝,攘公之羭,一薰一莸,十年尚犹有臭。"所谓短长,卜筮人之私见耳,虽此事当从卜人之言,然未必可者也。以时而言,商重卜而周重筮,乃筮有《周易》之卦爻辞,卜之繇辞惜无专书。今之甲骨文,实为当时龟卜之专书,迨周兴而承继乏人,其繇散佚无主,其法亦未能详考矣。若合易象言,仅知卜五当五行,则五行可当八卦。乃雨为坎象,霁为离象,蒙为震象,驿为乾兑象,克为艮坤象是也。详下图十五《卜五配八卦图》:

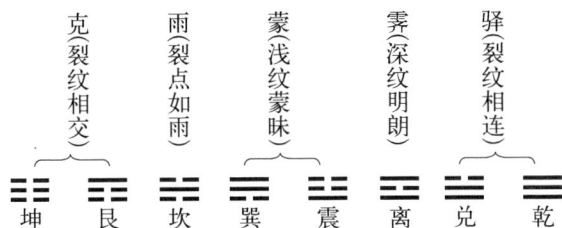

图十五 卜五配八卦图

至于占用二,谓筮。筮者以蓍策营为而得数,数成六七八九,以当阴阳之变不变。凡所得之数合诸卦象贞,因数而定其阴阳变不变后之卦象曰悔。此贞悔之象计有三类,一指一画一爻之贞悔,二指三画三爻合成八卦之贞悔,三指六画六爻合成六十四卦之贞悔。三类之异,仅爻画之多寡耳,于贞悔之义仍同。次六三德中之刚克柔克,可合而并论,即一画一爻之贞悔。凡六成七,七成九,八成六,九成八,前者为贞,后者为悔。详下图十六《一画一爻贞悔图》(图见下页)。

《周易·系辞上》曰:"夫乾,其静也专,其动也直,是以大生焉。夫坤,其静也翕,其动也辟,是以广生焉。"此专直翕辟,即六七八九四象。又七八不变为画,九六变为爻。观贞之四象,由筮而得,其爻画之变不变,则有一定之理,故悔之四象,犹影之随形。形贞为阳,影悔为阴,贞

阴悔

　　七画阳静专　　九爻阳动直　　六爻阴动辟　　八画阴静翕

阳贞

　　六阴动辟　太阴愛友　爻　　七阳静专　少阳高明　画　　八阴静翕　少阴沈潜　画　　九阳动直　太阳强弗友　爻

图十六　一画一爻贞悔图

悔者,非阴阳之谓乎。

　　若三画三爻之贞悔,当八卦重成六十四卦。凡内卦曰贞,外卦曰悔,《周易》坤三曰:"可贞。"乾上曰:"有悔。"即内外之义。《洪范》于稽疑之筮,亦用贞悔之名,《易》《范》之互为表里,不已显乎。明夷《彖》曰:"内外明而外柔顺以蒙大难,文王以之……内难而能正其志,箕子以之。"并赞二圣,岂偶然哉。此内外卦之贞悔,《左传》中曾言及,僖公十五年:"……卜徒父筮之吉……其卦遇蛊……蛊之贞风也,其悔山也。"如下示:

蛊　} 悔山
　　} 贞风

　　合六十四卦言,凡一贞八悔,于先天方图当横列,亦可以八贞一悔观之,则当先天方图之纵行。至于贞悔之次,宜为先天乾一至坤八为序,其间一贞八悔之变化,仍为六七八九四象之理。详下图十七之《八卦贞悔图》(图见下页)。

　　图十七中为井卦者,筮得八七九三数为贞,其象巽,于八七不变而九变,自然成六九八三数为悔,其象坎,故井者贞巽悔坎是也。其他各卦皆同,可例推,另详《四营论》等篇。

　　更引申类长而至六画六爻之贞悔,义当一贞六十四悔,亦可视为

74

八	七	六	五	四	三	二	一	悔\贞
坤	剥	比	观	豫	晋	萃	否	八
谦	艮	蹇	渐	小过	旅	咸	遁	七
师	蒙	坎	涣	解	未济	困	讼	六
升	蛊	井	巽	恒	鼎	大过	姤	五
复	颐	屯	益	震	噬嗑	随	无妄	四
明夷	贲	既济	家人	丰	离	革	同人	三
临	损	节	中孚	归妹	睽	兑	履	二
泰	大畜	需	小畜	大壮	大有	夬	乾	一

图十七　八卦贞悔图

一悔六十四贞。此"本卦""之卦"之贞悔，《国语》中有例可援，《晋语》当楚子送晋公子重耳于秦，"公子亲筮之，曰尚有晋国，得贞屯悔豫，皆八也"。示如下：

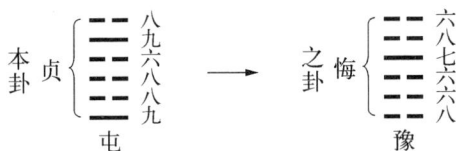

$$\text{本卦}\quad 贞\ \{\ \text{屯}\ \} \longrightarrow \text{之卦}\quad 悔\ \{\ \text{豫}\ \}$$

此象当筮得九八八六九八六数，凡初四五三爻变，乃"本卦""之卦"并重，以"本卦"宜观三不变爻，于数皆八也。此类之变化，共成四

75

千有九十六卦。《周易·系辞上》曰"天下之能事毕矣"盖指此。汉焦赣《易林》，宋朱子《启蒙》，皆明此义。《系辞上》又曰"辞也者，各指其所之"，之即悔之"之卦"也。圣人之观象系辞，象之要贞悔而已。庄子曰"易以道阴阳"，与《洪范》之贞悔二字，有异曲同工之妙，皆得乎《易》之原者也。

若卜筮之法及其吉凶之断，尚有不同。《洪范》曰："立时人作卜筮，三人占，则从二人之言。"曰三人占者，兼卜筮言。凡卜筮各有三法，每人各以一法以卜筮之而得其吉凶之断，然后从二人之言。至于卜筮之各有三法，《周礼》曰："太卜掌三兆之法，一曰玉兆，二曰瓦兆，三曰原兆，其经兆之体皆百有二十，其颂皆千有二百。掌三易之法，一曰《连山》，二曰《归藏》，三曰《周易》，其经卦皆八，其别皆六十有四。"按三兆者，盖观龟甲之裂纹，或如玉器之纹曰玉兆，如瓦器之纹曰瓦兆，如田原纹曰原兆，三兆各有兆体及颂言之专书。三易者，盖明卦象之次，《连山》首艮，《归藏》首坤，《周易》首乾是也。各有经卦八，别卦六十有四，以专书定其卦象。或谓三兆、三易皆当三世之法，玉兆《连山》为夏，瓦兆《归藏》为商，原兆《周易》为周，亦可备一说。

夫由卜筮以稽疑，所以重其事。盖属于幽者，主要有明者三，《洪范》曰"汝则有大疑，谋及乃心，谋及卿士，谋及庶人"是也，此三者外，然后"谋及卜筮"。三二之比，犹《说卦》曰"参天两地而倚数"。参天者，君臣民是也。或不谋于参天而徒谋于两地，则知幽而不知明，当坤之先迷，是谓迷信。反则知明而不知幽，忽乎自然不思议之理，难免成乾上之亢，私心自用，是谓狂妄。其唯知进退幽明，而不失其正，庶合稽疑之旨。

准此五者之从逆，吉凶随之，亦犹影之于形。《洪范》定其吉凶之理，极简要，其言如下：

汝则从，龟从，筮从，卿士从，庶民从，是之谓大同，身其康强，子孙其逢吉。汝则从,龟从,筮从,卿士逆,庶民逆,吉。卿士从,龟从,筮从,汝则逆,庶民逆,吉。庶民从,龟从,筮从,汝则逆,卿士逆,吉。汝则从,龟从,筮逆,卿士逆,庶民逆,作内吉,作外凶。龟筮共违于人,用静吉,用作凶。

此节经文,宜明其举一反三,凡从逆之变化,皆在其中。下分三点说明之,盖参天两地,首当分辨。曰三点者,一龟筮皆从,二龟筮从一,三龟筮共违。

一、龟筮皆从,变化有三。其一君臣民皆从,是之谓大同。其二君臣民三者中,二者从一者逆,当然亦吉,盖省文也。

二、龟筮一从一逆,变化亦有三。其一君臣民皆从,以龟从或筮从。其二君臣民三者中,有二者从一者逆,以当龟从或筮从。其三君臣民三者中,有一者从二者逆,以当龟从或筮从。于二三二者,其实一也。经文中仅言,君从臣民逆,龟从筮从之一例,余皆可类推。此类之断,亦皆可推为作内吉,作外凶。作内者,君臣民本身之事,作外者,君臣民互为影响之事也。

三、龟筮共违,变化唯一,即君臣民皆从,龟筮皆逆,则用静吉,用作凶。静者守常不变之谓,作者变其常也。至于君臣民三者中,或有逆者,乃与龟筮从,即属第一点。曰共违者,盖亦视君臣民皆逆,龟筮皆从也。

由上三点,可见圣人定稽疑之妙用。盖所谓疑者,自试而未知其究竟也,如君臣民中有一人知其究竟,即非疑,其唯人类之知时常未能肯定,则不能不疑。且君臣民之位不同,疑亦各异,当有疑于心,其行无力,凡人皆然,君臣民一也,故宜稽考其疑,以观君臣民之如何处其疑。当君臣民一致,然是否适当,仍未可知,盖亦疑事也。故定以龟筮决之,当二者亦同,则可谓人人信力,故疑事可决,同心合力,金石为开,至诚之效也,非大同而何。反则龟筮共违于人,而人心之一致,仍未可忽,故用静吉,用作凶,静而不作者畜其诚,以待万物之备于我也。而或君臣民之意未一致,则不外二者从一者逆,或二者逆一者从,然既为疑事,非可从多数,乃以从龟筮为准,逆者用静而不作,则与从者意不同,亦可无碍。静观从者之是否可行,可行则疑事已决,当舍之一从一逆,盖君臣民之意虽不一致,然各有所从以增其信,而其断辞可作内而不可作外,则君臣民之间一无冲突,以待作内之效,既有效,疑事亦决,自然可及于外焉。故断辞之分静作,作中又分内外,稽疑莫不备矣。

　　总上所述,从逆之变化,共有三十二,象犹三十二伍卦。凡相反之逆从其义同,当错卦,故断辞之不同仅十六,八者龟筮同,八者龟筮不同。同而从吉,逆则静吉作凶,不同乃或从龟或从筮故皆为作内吉,作外凶。详见《卦象稽疑表》,加圈者为经文所言,此外依例而推得者。稽疑之变化悉在其中,见下图十八《卦象稽疑表》。

　　八、庶征,曰雨旸燠寒风,此五者今所谓气象学。孟子曰:"天之高也,星辰之远也,苟求其故,千岁之日至,可坐而致也。"乃指天文学言,于人犹性。老子曰:"飘风不终朝,骤雨不终日,孰为此者,天地。天地尚不能久,而况于人乎。"则指气象学言,于人犹情。《洪范》之分五纪与庶征,其见精矣,此二者关系密切,然亦不可不辨。秦后之学者,每混而为一,不亦误乎。于数次四五纪以对次六三德,合天人之性。次二五事以对次八庶征,通人天之情也。情发乎正,其貌肃,于天为时雨。其言义,于天为时旸。其时哲,于天为时燠。其听谋,于天为时寒。其思圣,于天为时风。反则情发无节,其貌不恭,于天为恒雨曰狂。其言不从,于天为恒旸曰僭。其视不明,于天为恒燠曰豫。其听不聪,于天为恒寒曰急。其思不睿,于天为恒风曰蒙。故庶征之五者,有休咎之分,休者时而咎者恒。恒又有极备极无之异,如恒雨等为极备,恒不雨为极无是也。

　　若庶征之五者,于象犹五行。雨湿为水,旸燥为火。燠当春暖之

卦象	从 参天 谋及乃心 君	谋及卿士 臣	谋及庶人 民	逆 两地 谋及卜 龟卜	筮 蓍筮	断辞 断辞类别 从龟筮，吉／从龟逆筮〉作内吉／从筮逆龟〉作外凶／逆龟筮，用静吉用作凶
乾（坤） 伍筮 两地 四卜 三民 卦 二臣 参天 初君	从（逆）	从（逆）	从（逆）	从（逆）	从（逆）	大同，身其康强，子孙其逢吉
中孚（小过）	从（逆）	从（逆）	逆（从）	从（逆）	从（逆）	君臣吉，民用静吉，用作凶
同人（师）	从（逆）	逆（从）	从（逆）	从（逆）	从（逆）	君民吉，臣用静吉，用作凶
姤（复）	逆（从）	从（逆）	从（逆）	从（逆）	从（逆）	臣民吉，君用静吉，用作凶
益（恒）	从（逆）	逆（从）	逆（从）	从（逆）	从（逆）	君吉，臣民用静吉，用作凶
涣（丰）	逆（从）	从（逆）	逆（从）	从（逆）	从（逆）	臣吉，君民用静吉，用作凶
遁（临）	逆（从）	逆（从）	从（逆）	从（逆）	从（逆）	民吉，君臣用静吉，用作凶

79

续　表

卦　象	从		逆		断　辞
观（大壮）	逆（从）	逆（从）	逆（从）	从（逆）	用静吉，用作凶
夬（剥）	从（逆）	从（逆）	从（逆）	逆（从）	从龟作外凶
节（旅）	从（逆）	从（逆）	逆（从）	逆（从）	君臣从龟 民从筮 }作内吉，作外凶
革（蒙）	逆（从）	从（逆）	从（逆）	逆（从）	君民从龟 臣从筮 }作内吉，作外凶
大过（颐）	逆（从）	从（逆）	从（逆）	逆（从）	臣民从龟 君从筮 }作内吉，作外凶
屯（鼎）	从（逆）	逆（从）	从（逆）	逆（从）	君从龟 臣民从筮 }作内吉，作外凶
坎（离）	逆（从）	逆（从）	从（逆）	逆（从）	臣从龟 君民从筮 }作内吉，作外凶
咸（损）	逆（从）	从（逆）	从（逆）	逆（从）	民从龟 君臣从筮 }作内吉，作外凶
比（大有）	逆（从）	逆（从）	从（逆）	逆（从）	从筮作内吉，作外凶

图十八　卦象稽疑表

生气,木也。寒当秋后之杀气,金也。风者,气之流动必以中而定其向,所谓八风是也,故于五行属土。或以风之性言,由其流动而万物生,当为木,易象巽为风为木。唯庶征之五者中既有燠为木,又因万物皆致养资生于坤土,亦合于风之生物,故以风为土。此与风为木之象,宜明辨而并存者也。至于休征咎征,生克之谓也。生曰时,凡水生木曰肃,火生土曰乂,木生火曰哲,金生水曰谋,土生金曰圣,与五事同。克曰恒,凡水克火,离火不当为恶口狂。火克金,兑金不当为刚卤曰僭。木克土,坤土不当为冥迷曰豫。金克木,巽木不当其究为躁卦曰急。土克水,坎水不当陷入坎窞曰蒙。凡五行卦象皆自然可合,详下图十九《庶征配五行卦象图》:

休 征 时	五行相生 (阳卦)	庶征	五行相克 (阴卦)	咎 征 恒
肃-木-☳-震	木 ←生 水 (初中画易位)	雨-水-☵-坎	水 克→ 火 (初中上皆变)	狂-火-☲-离
乂-土-☶-艮	土 ←生 火 (初画变)	旸-火-☲-离	火 克→ 金 (中上画易位)	僭-金-☱-兑
哲-火-☲-离	火 ←生 木 (上画变)	燠-木 ☳震 ☴巽	木 克→ 土 (中上画变)	豫-土-☷-坤
谋-水-☵-坎	水 ←生 金 (初上画变)	寒-金 ☰乾 ☱兑	金 克→ 木 (初上画易位)	急-木-☴-巽
圣-金-☱-兑	金 ←生 土 (初中画变)	风-土 ☶艮 ☷坤	土 克→ 水 (中画变)	蒙-水-☵-坎

图十九 庶征配五行卦象图

"曰王省惟岁,卿士惟月,师尹惟日",其义犹今之天气预报。而非徒预报而已,更宜早为之预防。凡预报而预防一日二日者,师尹之责。及一月二月者,卿士之责。及一岁二岁者,王者之责也。借庶征之变,以制人情之无节,其法莫善焉。三代后不善用其精义,徒执其迹,乃成谶纬迷信之说,是岂《洪范》之本义哉。原乎喜怒哀乐之情,人孰无之,贵能中节耳。合人类而言,有喜者必有怒者,有哀者必有乐者,其总数势必相称。《易》同人九五曰:"同人先号咷而后笑。"旅上九曰:"旅人先笑而后号咷。"萃初六曰:"乃乱乃萃,若号,一握为笑。"上六曰:"赍咨涕洟。"中孚六三曰:"或鼓或罢,或泣或歌。"是皆明情之变。盖有同人必有旅人,有乃乱若号,必有乃萃为笑,且有萃初之笑,又将有萃上之涕洟,有鼓而歌,能无罢而泣乎。人情云者,理皆在焉,故圣人以庶征合之。凡不时而极备极无,犹知号而不知笑,知乱而不知萃,知鼓而不知罢。然天时难免有恒,人情安能无偏,故以之为戒,当有则改之,无则加勉,孔子之迅雷烈风必变,即此义。以庶征而人各反省,不亦善哉。或未究其原,辄以迷信视之,其可乎?其可乎?

当师尹卿士王之情皆正,庶征虽或有恒,能早为预防而不使成灾,则犹日时,孟子曰:"王无罪岁,斯天下民至焉。"为上者其鉴诸。谷乂民家所赖,可不敬用五事耶。以卦象论,王岁为乾坤,卿士月为坎,师尹日为离。时之无易,既易(既易即不时而恒)休咎随之。百谷成不成,其解屯之谓乎,卦象为两象易。义之明不明,其晋明夷之谓乎,卦象既为两象易又为综。俊民之或章或征,其既济未济之谓乎,卦象既为两象易与综,又为错。家之平康或不宁,其家人睽之谓乎。卦象既济变上成家人,犹俊民用章,反身齐家而其用平康之象。又未济变初成睽,犹俊民用征,家未齐而睽乖,其用不宁之象,家道穷必睽,亦综卦也。此谷乂民家四者,庶征之效。即以百谷养民之形,乂明以育民之德,乃能俊民身修而齐家,国自然而治矣。不然,咎征恒若,则百谷不成,何以养民。乂理由是而昏乱,又何以育德。虽有俊民其用亦微,元夫未见,家用不宁,睽乖而疑,尚能见国之治乎。详下图二十《庶征得失卦象图》:

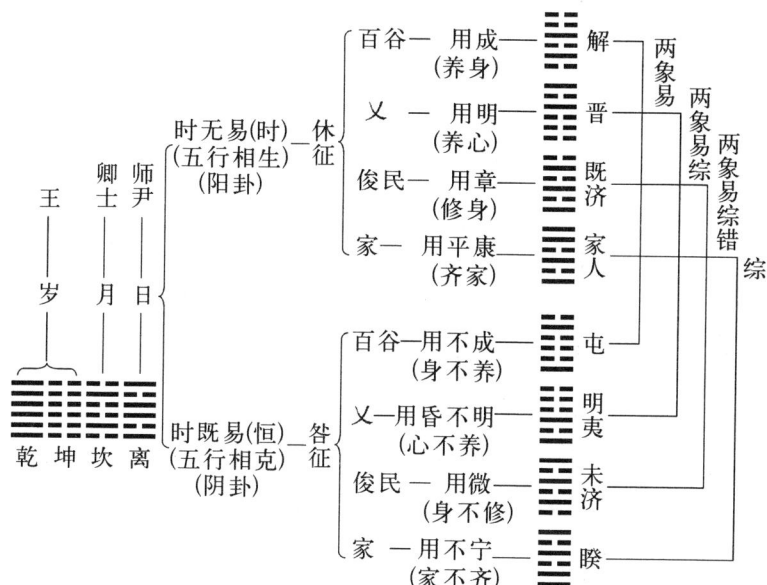

图中文字:

时无易(时)(五行相生)(阳卦)— 休征
- 百谷 — 用成(养身)— 解
- 乂 — 用明(养心)— 晋
- 俊民 — 用章(修身)— 既济
- 家 — 用平康(齐家)— 家人

时既易(恒)(五行相克)(阴卦)— 咎征
- 百谷 — 用不成(身不养)— 屯
- 乂 — 用昏不明(心不养)— 明夷
- 俊民 — 用微(身不修)— 未济
- 家 — 用不宁(家不齐)— 睽

王—岁 卿士—月 师尹—日

乾坤坎离

解、晋、既济、家人:两象易
晋、既济:两象易综
既济、家人、屯、明夷:两象易综错
家人、睽:综

图二十　庶征得失卦象图

曰时无易既易者,谓历数之得失,由是以合五纪,尚欠星辰一项。故又用此"庶民恒星"当之,以对于王卿士师尹之岁月日,盖星数众多,恰合庶民之众多。今知星之体,每多大于日月,则以民当星,亦同乎孟子"民为贵"之说,未识箕子有此意乎。若以星而观庶征,有好风好雨之变。乃月行东北入于箕,则多风,月行西南入于毕,则多雨。然庶征之应,皆非绝对,且有地域之限,殊当广收各地之气象记录,以求其变化之规律。考我国于三千余年前已有此知识,实可宝贵,惜其后未能发挥也。

九、五福六极。五福者,寿、富、康、宁、攸好德、考终命,属阳。六极者,凶短折、疾、忧、贫、恶、弱,属阴。盖天地十数,五六当阴阳之中,故用之。此福极之阴阳,以对于次一之五行,合阴阳五行即此七之稽疑以对于次三之八政,是乃洛书四正之义。其间阴阳五行之当戴九履一,与皇极之关系最密,乃箕子于九畴彝伦之致与叙,本诸陈五行之汩不汩。汩即彝伦攸致,谓皇极不建而六极应焉,不汩即彝伦攸叙,谓皇建有极而敛时五福是也。故五福六极者,皇极建不建之效也。

至于福极之象,福当既济,极当未济。五与六实相对之象,福之寿反成极之凶短折,此谓人于世间之时,或长或短以见吉凶。福之富反成极之贫,此谓人于世间所有之物,或多或少得失可知。然人寿非苟得者也,必有所恶有甚于死者,唯其有福而不死,故其生也心宁。于人之富亦然,必有富贵于我如浮云之志,唯其有福而富,物之傥来寄也,故能无物累而身康。曰康宁者,身心之安也,反则身不安曰疾,心不安曰忧,疾以致凶短折,忧以致贫。五福者,合身心为一而曰康宁,六极者,裂身心为二而曰疾曰忧。夫君子忧道不忧贫,志士不忘丧其元,则皇极已建,自然而寿富应之。若小人者私而已矣,私其富而忧贫,私其寿而惧疾,则皇极不建,反罹疾忧之极。其几甚微,宜慎思而明辨之。又福之攸好德谓善也,于极曰恶。善者,继道而成性,建极之元,故攸好德与福,互为因果者也。其善增,福之应也大,其福大,又能增其善性而好德云。而或皇极不建,元善之性未见,淫朋比德相应,不亦恶乎。福曰考终命者,顺受天命之正,有成而终,生死一也。乾《大象》曰:"天行健,君子以自强不息。"其唯自强,故能终则有始,生生之元不已,皇极永存于天地之间,福终于此,犹其福无穷。于极曰弱者,未能自强之谓,孟子曰:"推恩足以保四海,不推恩无以保妻子。"非强弱之谓乎。又曰:"人皆可以为尧舜。"然必自强者,乃能为而考终命。不然,自暴自弃而不为,是曰弱,六极之尤也。

以卦爻合之,五福之寿富,当既济之初二,于三才曰地。寿初九刚,富六二柔,人致养焉。曰康宁者,当既济之三四,于三才曰人。身

84

心合一,所以致福,凡心宁属九三之仁,身康属六四之义,仁义之道因时而异,其源岂有二者。曰攸好德考终命者,当既济之五上,于三才曰天。凡攸好德阳,考终命阴,人所正受于天者也。《说卦》曰:"穷理尽性以至于命。"犹天地人三才之道。穷理为地道,理得而寿富。尽性为人道,性尽而康宁。至命为天道,命至而攸好德考终命。五福簇聚于既济定,人世之乐国也。

若于六极,亦依次而当未济之六爻。皇极未建而六位未当,宜有凶咎之应。凡凶短折属地道,疾忧属人道,恶弱属天道。于初三五上四位,皆与五福之次同。唯二四之位互易,乃六极之人道位于二三,而为初四地道所囿,念念于凶短折与贫,上未见大道之善,濡首于恶弱,不亦大可哀乎。详下图二十一《五福六极配卦象图》:

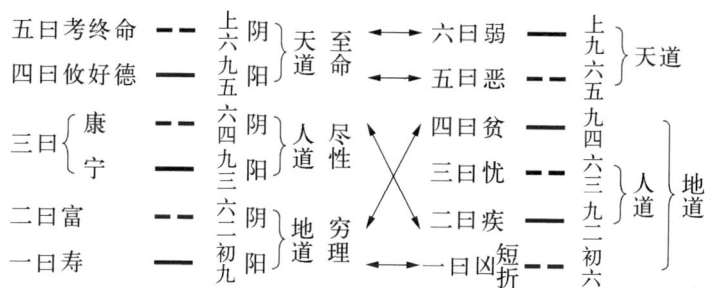

图二十一　五福六极配卦象图

《庄子·天运》篇曰:"天有六极五常,帝王顺之则治,逆之则凶。九洛之事,治成德备,监照下土,天下戴之,此谓上皇。"按六极五常即指《洪范》之五福六极,下曰九洛之事可证。且当次九位上,故曰监照下土,天下戴之,所谓戴九是也。名上皇者,非谓位于皇极之上乎。可见九畴之当洛书,先秦之古说,亦《洪范》之本义也。由上所述,已明九畴之细目,与易象之相通,有其源焉,非琐碎之配而已。盖《易》重阴阳而及天数之五行,《范》重五行而应于五福六极之阴阳,源既相通,无往而不合耶。因更作图二十二《易范总图》(图见下页),全文之旨备矣。

85

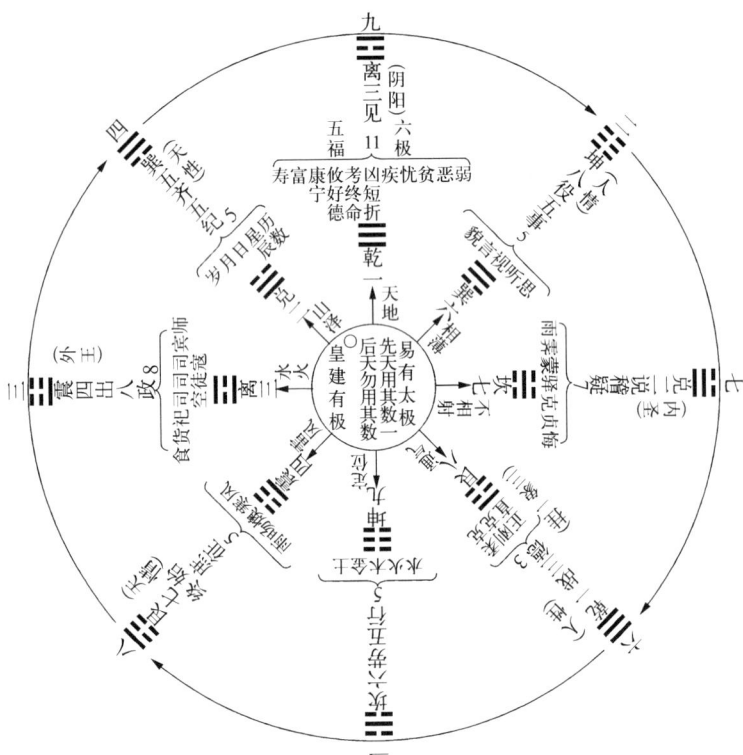

图二十二　易范总图

总图以洛书为本,配合先后天之卦位,中五即《易》之太极,《范》之皇极。先天用其数一,合其他八畴之细目为大衍之数五十。后天勿用其数〇,乃成其用四十有九。于三德中之正直,位当后天乾一,实与皇极相通,故于四十九时,属挂一象三之人。且三德者,犹言人性,以对于五纪之天性。若五事犹言人情,以对于庶征之天情,盖四隅之位,谓人之性情对应天之性情云。凡人之性情正,则从逆与龟之五行筮之阴阳皆同,大同而疑决,内圣之象,施于八政自然治而外王。故曰四正之位,谓合阴阳五行之理而内圣外王云。以后天言,谓内圣当通人之性情,外王当通天之性情,阴阳者所以通天性人情,五行者所以通人性天情。合而言之,由阴阳五行以通天人之性情,此所以为内圣外王之几也。

释五行生克之周期

五行者,一曰水,二曰火,三曰木,四曰金,五曰土,六复为水,故五行之周期为五。又间有生克,生则水生木,木生火,火生土,土生金,金生水而周;克则水克火,火克金,金克木,木克土,土克水而周,故周期亦皆为五。然合生克而一之,其周期有变化焉,宜释之。

夫五行以相生次之,其同向则相隔一位为相克,其异向则相隔二位为相克。又以相克次之,其同向则相隔二位为相生,其异向则相隔一位而相生。故合生克论,周期之变化有三。凡相次之周期为五,隔一位者周期为十,隔二位者周期为十五。此五、十、十五,三数之最小公倍数为三十,是为生克之周期。示如下:

水木火土金水木火土金水木火土金水木火土金水木火土金水木火土金
同向{克五行三周 生五行六周
异向{克五行二周

水火金木土水火金木土水火金木土水火金木土水火金木土水火金木土
同向{生五行二周 克五行六周
异向{生五行三周

上所示者,以天一生水之周期为例,其他四行可类推。观此三十之周期,尚有以生合克,及以克合生之辨。前者为以生合克,生为阳,故隔一位之克与之同向,隔二位之克与之异向。盖阳一阴二,隔一位犹阳,隔二位犹阴也。后者为以克合生,克为阴,故隔二位之生与之同向,隔一位之生与之异向焉。此二者,互根者也。以生合克者,生为主而克藏于中。以克合生者,克为主而生藏于中。乃主此而藏彼,主彼而藏此,状若连环,义同消息。息者生也,生六周者,象当息阳之六卦,复、临、泰、大壮、夬、乾是也。消者克也,克六周者,象当消阳之六卦,姤、遯、否、观、剥、坤是也。由五行相生一周而长一阳,相克一周而长一阴。阳极而亢,阴其遇焉。阴极而战,阳其反焉。复卦辞曰"出入无疾",谓相生而阳出,相克而阳入,出入得当,何疾之有。合出入而一之,生克各六周而周期为六十。乃同乎干支之周期,其次由甲子之癸巳为出息而生,由甲午之癸亥为入消而克,若癸巳之甲午尚为生而下即转克,癸亥之甲子尚为克而下即转生。象当《易》蕴乾坤,《系辞》曰:"乾坤其易之门邪。"谓消息生克转几而出入于此门,于时犹冬至夏至云。见下《消息生克图》(图见下页)。

　　图中于五行干支之配合,以水属甲子。若其他四行,皆可属诸,宜类推。再者,五行各以生克相次,环而为圆,则其所合之克生,藏于中而为五角星,且使同异之向合而为一。唯外圆之六周,内星仅五周耳,是即六甲五子之义。

　　乾《彖》曰:"大哉乾元,万物资始,乃统天。"坤《彖》曰:"至哉坤元,万物资生,乃顺承天。"盖明乾元之消息,内外之出入也。于癸巳而甲午,当乾元充塞于乾门,大哉由是而显。其后甲午而乙未,已由息而消,生而克,是谓资始,即生息藏于克消之中。渐至癸亥而甲子,当坤元充塞于坤门,至哉由是而显。其后甲子而乙丑,已由消而息,克而生,是谓资生,即克消藏于生息之中。渐至癸巳而甲午,又将成乾元之资始。始生者已,万物以成,先天以统之,后天以承之,不违而奉,乾坤二元一矣。复其见天地之心者,非此消息生克之几乎。

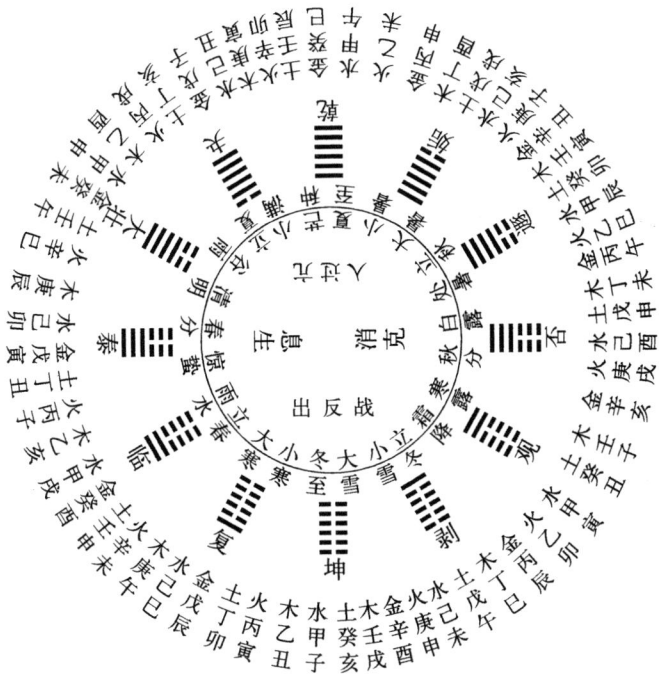

图二十三　消息生克图

神　形　篇

金　序

　　潘君雨廷，当今积学之士也。百氏之书无所不读，尤研幾易象。探赜索隐，钩深致远，每有心得。其所著《神形篇》，出以示余。余受而读之，远可拟扬子《太玄经》，近足比司马温公《潜虚书》。余愧仅能知其判天地之美，而无以明其析万物之理，爰书数语以归之。

公元一九五八年金其源

杨　序

潘子光霆,恬澹沉默,恂恂儒者,少年硕学,后生可畏。习业于约大,尤邃夫文哲。研究唯物辩证法,深知对象事实,客观存在,矛盾统一,对立互变,量如何渐变,质如何突变,与易象消息相通。复从余读《易》。余自清光绪丁亥岁搜集历代易家专著,迄今五十余稔,所得人不足九百家,书不过万余卷,而杭辛斋《小道古堂易藏书目》有四百余部,丁福保《诂林精舍易书》数亦相近。张、苏两氏所藏易书,亦各二百多部。今潘生搜集易著,历年所得已数百种。其用力可谓尽勤矣。

近代易家稍著名者,有海宁杭辛斋、无锡黄元炳、苏州曹元弼、南通徐昂,以及彭俞、周善培、沈瓞民等。而潘生所研几绎象,上窥羲经、孔翼之微;率辞揆方,下践震无咎,善补过之恉。观觇寝馈,已十阅寒暑。乃述《周易终始》三卷,阐发其微。复以余力,优游《易林》、《太玄》、《潜虚》、《洪范》之樊,尚友焦、京、杨、马、邵、蔡诸先哲,嘘吸含咀,契悟至味,探赜索隐,曲引旁通。垂四稔之功,形生神发,萃为《神形》一篇。基之以五,兼之而二十五,参之而百二十五。始易终定,以终其变。渊也,阜也,穹也,衍三才以为经。一圜、双点、三角、四向、五交,齐五行以为纬。继位相生,隔位相克,辨族合象,以应十干、十二辰之幾。展以拟象,断以议象,总断其卦之大象,颭断其爻之分象,尽《玄》之形而《易》之神夫。

余学《易》六十余载,读八百余家之言,愧未能缵先业之余绪,嗣邠汾之贻德。深惭尼山不逾之暮龄,常凛龟山未发之祖训,其孜兢有得,徒资充籯云尔。即文琴点瑟,丽泽一堂,虽犹堪自慰,而断简残编,埋头半世,亦何补此生。今读潘子此篇,恍若情绸缪而口嗫嚅,足踌躇而影徘徊,其将惜运甓之分阴,矫囊萤之寸晷,习劳以锻筋骨,强动以健步履。如是而已,不欲复言《易》矣。

展重阳日杨践形识于学不厌斋

薛　序

　　潘子治《易》有年矣,以其所著《神形篇》来示。予喟然叹曰,潘子其有所获与。汉扬雄著《太玄》,其数用九,九九八十一。宋司马光著《潜虚》,其数用七,七七四十九。而潘子之书与之为三,数乃用五,五五二十五,岂曰媲美前人而已邪。宇宙本五度,人见则三焉。见三度斯有形,有形斯有物。而四度无形,五度无象。夫平瞩五度,无为轩轾,则无第一第二第三度之著,而空间不存;无第四度之殊,而时间不立;无第五度之圆,而量子无名。是谓无物之象,无状之状,是谓惚恍。《易》谓之乾元,佛说之真如,老聃、庄周强字之曰道,而道不可名,真如无思,是以知之者希。《易》固易说,而后世不解。而今五度征之,所谓道,所谓真如,其如示诸掌乎。

　　若于五度有所轩轾,取其四焉而遗其一。所遗一度,亦变为四,于斯乎有阴阳。阴阳者,四度之合,与第五度递相为用,而谓之超相对论。若于四度有所轩轾,取其三焉而遗其一。所遗一度,亦变为三,于斯乎有空时。空时者,三度之合,与第四度递相为变,递相为用,而谓之相对论。有空间而物陈形,有第四度之倾斜,而物成其动。有第五度之弯曲,弯曲斯为圆,圆斯为量子,而物成其所以为物。是故知之以有分别,斯为现象。知之以无分别,斯为本体。现象本体,是一非二。而有分别与无分别,咸其自取,无与其体,怒者其谁邪。

宇宙者,五度也。五度者,五行也。金一水二木三火四土五。相生者,差一也。相克者,差二也。相生相克,循环无端。土乃为五,枢始其环中,以应无穷。今相对论止于四度,五行缺土,若环有缺,无以周匝,则不见五行之全,而不知宇宙之本。鄙夫之议曰,金木水火土,愈说愈糊涂。恶,是何言邪。不知五行,则不知阴阳。不知阴阳,则不知宇宙之现象。不知宇宙之现象,则不知宇宙之本体。不知宇宙之本体,则不知常,妄作凶。夫窭于科学之知识,而媢嫉阴阳五行,以为非科学者,不自知其见闻之陋,知识之陋,而自陷于非科学也。则阴阳五行,适所以为科学之柢。潘子之作,基其数于五,吾见其可有获也。吾所望于潘子者,若能更进而图之,使阴阳五行之说,得其正解。彼蔽于前人汲绠之不修,闇而不明,郁而不发者,庶几其有豸乎。

岁在徒雍淹茂月旅黄钟冬至前十日薛育津序于东海之滨

自　序

　　《周易·系辞》曰:"河出图,洛出书,圣人则之。"图书者,数也。图数十,书数九,当数之极。原夫庖牺氏王天下而作卦,既本仰观俯察,近取远取,复则诸图书。卦凡八,数分阴阳而三方,又引伸至六方,八八六十四卦以成。得卦由蓍,蓍数本大衍之数五十者,图数五十五,书数四十五之中数也。一不用而其用四十有九,为七之方。七八蓍卦相成,犹十九图书之相表里。若庖牺氏之作九九数,洛书之用以显。其后大禹《九畴》,箕子陈《洪范》,皆为洛书。由九九而八八,乐之始于宫而穷于角也。

　　当文王羑里演《易》,观象系辞而增六爻,变动之理备矣。六者,阴阳六方之六。故六十四卦凡三百八十四爻,综之成三十六卦二百十六爻,数合六之二方三方。此文王《序卦》,所以必以综卦相受,而损五益二,夬四姤三等之爻辞,所以皆相同也。再者,于卦爻辞外,更系以九六二用,盖庖牺氏之生蓍不用一,至神之寂然不动,文王增爻之用阴阳,因贰济民而感通也。

　　迨周室东迁,世衰道微,庖牺、神农、黄帝、尧、舜、禹、汤、文、武、周公之德,蹶而不振。孔子忧焉,晚年好《易》,读之韦编三绝,述十翼以

98

传道于无穷，为天地立人极也。翼以十者，河图之数，即《系辞》中详述之天地之数。十数以概括九畴八卦七蓍六爻，集大成也。又发以二四、三五刚柔同功之理，揉《序卦》为《杂卦》，末言旋互而上下篇之综卦数，皆变为十六。十六者，同功互卦之数。再互为四，用阴阳动静而九六七八，爻象之情著。四三方仍为六十四，乃曲成万物以济世也。惜夫天不右民，其道未能大明于当时，因有"凤鸟不至，河不出图"之叹。

猗与盛哉，《易》之为书，其至矣乎。时历三古，位兼三圣，是故其道纤细不遗，广大悉备。小则莫破，大则莫载，幽则莫隐，明则莫显。人物变化，生死鬼神，莫不出入其几。宜其合天地极万古而常存也。自子夏子木亲入孔门以受《易》，世世相传，代不乏人。秦汉以来，注《易》者数以千计，可云众矣焉。盖各有心得，因其时位而言，什九能阐明易道者也。若直探象数，另为一书以明《易》，足当读《易》之阶者，惟得数十种。今择要言于下：

一、《易林》。《易林》者，汉焦赣著。乃发挥六爻之变者也。盖由蓍而卦，策数之变，凡一十有九。阴阳之变，凡四十有九。合诸六爻之位，一卦可变六十四卦。于数为六十四之方，故六十四卦共变四千有九十六卦，实已尽卦爻之变矣。焦氏于每变皆系辞赞之，以明其象。辞则瑰丽奇奥，义则变化万千。读之于《周易》之卦爻辞，不期而可悟其理。此焦氏之功也。

一、《太玄》。《太玄》者，汉扬雄著。其本盖化易道之阴阳为三才，故一而三，三而九，九而二十七，二十七而八十一。数为三之四方，是谓三摹而四分之。以方、州、部、家摄之，凡八十一首。首分九赞，共为七百二十九赞。以二赞当一昼夜，故当三百六十四日又半，乃增以踦赞嬴赞，庶合周天之数。此八十一首，准诸卦气图之次，因其卦名而名之。即卦气于冬至起中孚，《太玄》乃以一方一州一部一家之象，名中而依次准之。所准之卦，除震、离、兑、坎四时外，凡六十卦。卦少首多，计有四十二首，盖以二首共准一卦。若礥、闲皆准屯，羡、差皆准小过等是也。凡赞本昼吉夜凶之例,犹《周易》首乾,扶阳抑阴之义。他若《玄测》、《玄衡》、《玄错》、《玄摛》、《玄莹》、《玄数》、《玄文》、《玄掜》、《玄图》、《玄告》,乃错杂以法十翼者也。夫扬子之拟《易》为《太玄》,能兼合三圣易地皆然之易道,究三古而一之,化六位于阴阳,其精思深虑之情,洞悉万物之状,岂流辈所能企及而知之哉。独温公奋之于千年之后,称之为大儒有以也。

一、《灵棋经》。《灵棋经》者,著者佚名。旧称汉东方朔著,又曰盖出自张良,本黄石公所授,皆未可信。然考《南史》已引其书,《隋志》已著录,则其来亦古矣,或当三国至六朝时人所著。若著者必已深究乎《易》,故能得此象数之自然也。原其道,本乎四。象而三方,即一而四,四而十六,十六而六十四。又合以上中下三者中,覆一之四十八,覆二之十二,及全覆之阴镘卦一,故共为一百二十五卦。卦皆名之,若大通卦、渐泰卦、吉庆卦、富盛卦等是也。又作辞以象之,其辞殊能明阴阳消息之理。明刘基曰"非精于《易》者,又焉能为灵棋之辞也哉",诚是。夫《灵棋》之四象,犹《周易》之乾坤动静,间取覆象,或本京房之飞伏。又史载朔善射覆,此托名之故欤。刘氏曾为之解,其序曰:"一为少阳,三为太阳,二为少阴,四为老阴。少阳与少阴为耦,而太阳与老阴为敌。得耦而悦,得敌而争,其常也。或失其道而耦反为仇,或得其行而敌反为用,其变也。阳多则道同而相助,阴多则志异而相乖,君子小人之分也。"凡此皆其精义所在,故刘氏实《灵棋》之知音也。

一、《潜虚》。《潜虚》者,宋司马光著。司马氏曾好《太玄》而为之注,晚年乃自作《潜虚》以拟之。或谓系未完稿,今所传者,盖后人依托。然司马氏著《潜虚》,史有明文,故其大体必为自定,辞句间或有后人增益。若《易林》亦然,皆不可谓非延寿、温公所著。若《潜虚》之法,盖本河图及蓍数而成者也。河图数十,和为五十有五。《潜虚》即以一原六委当水,二荧七焱当火,三本八末当木,四廿九刃当金,五基十家当土。此十数左右相合,乃成行图五十有五。每一行图,凡分变图七,取蓍数也。间有元余齐《三行图》，其变图唯一，且以齐当中而必不可易，故变图共三百六十有六。以一变图当一日，亦合诸周天之数也。凡行图始于元，元之唯一变图曰："慎于举趾，差则千里，机正其矢。"终于余，余之唯一变图曰："尧舜之德，禹稷之绩，周规孔式，终天无斁。"中于齐，齐之唯一变图曰："众星拱极，万矢凑的，必不可易。"夫读此三图，《潜虚》之主旨可知焉。清苏天木著《潜虚述义》，于每一变图，述四言韵语二句，以明其义。语颇中肯简洁，不愧为司马氏之功臣也。

一、《洪范皇极内篇》。《洪范皇极内篇》者，宋蔡沈著。蔡氏治《尚书》，乃本《洪范》九畴而著，此法洛书也。凡作《范书》九九八十一章，皆名之而系之辞。以一一原当冬至，三三从当春分，五五中当夏至，七七分当秋分，九九终则复反于冬至。其原之辞曰："原元吉几，君子有庆"，犹复初也。终之辞曰："终吉。兹阖之穷，斯辟之通，君子令终。"乃一阖一辟，《易》穷而变，变而通，终而始，天行以复其见天地之心也。凡此二章当循环之际，其唯君子乎，庶能阖辟而令终也。读此于贞下起元之理，思过半矣。至若其变，则八十一而八十一，凡六千五百六十有一，盖本《易林》之义。以吉、咎、祥、吝、平、悔、灾、休、凶九断辞，顺次以当一至九之九数。所变之象，各以二断辞断之。惜未系象辞，似较为逊色。蔡氏自序曰："体天地之撰者，《易》之象。纪天地之撰者，《范》之数。数者始于一，象者成于二。一者奇，二者耦也。奇者，数之所以行。耦者，象之所以立。故二而四，四而八。八者，八卦之象也。一而三，三而九。九者，九畴之数也。"夫是即庖牺氏兼作八卦及九九数之意。后乃成《易》、《范》之相为表里，今由此书而复使《易》、《范》互通，蔡氏之功亦大矣。

此外如汉京房《八宫》，宋邵康节《皇极经世书》，宋晁说之《易玄星纪谱》，宋朱元昇《三易备遗》，元张理《易象图说》，明黄道周《三易洞玑》等等，皆能类族辨物，序卦象而得其理者也。若宋张行成、祝泌、王湜及清王植、刘斯组等，则系深究邵氏之学而有所发挥者也。又北周卫元嵩《元包》,盖易八卦之序为坤、乾、兑、艮、离、坎、巽、震,犹归藏易也。乃法《太玄》而系之辞,亦能成一家之言。至于《四库》易类及术数类之存目中,此类书甚多,读其提要,每有可观。然当时颇有成见而未收,今书皆不易得,先儒之苦心,湮没而未能流传,惜哉。夫此类之书,实足辅《易》。易道之艰深,每可由此进。易象之奇特,每可由此而悟。易理之渊博,每可由此而窥。易数之错综,每可由此而明。温公称《太玄》为读《易》之阶,其识卓跞。奈《四库》每多微辞,不啻堵《易》之门,虽曰尊经,弊已在焉。经岂唯可尊信而不可思议者邪。

窃观《易》之兼包万象,足尽天下之事物,而清代学者每多固执一见,汉宋门户之争久久不息,以易象通之者能有几人,此吾国积弱之本也。当今全球交流,学说之啧又似春秋战国,安能更以易象通之而臻至治之世哉。呜呼,研《易》之难,自古已然。物象之啧,迄今为甚。且读《易》者既寡,通《易》者尤尠,朝夕思之,不胜其忧。乃本温公之志,述此《神形篇》,以明事物之象,数尚五中也。五五二十五以象其交,二十五而一百二十五以象其动,一百二十五而三百七十五以象其变。交而变动者,皇极之周于四方而正其偏也。或能由此而研《易》,以通天下之未通,此书之旨在焉。

岁在著雍阉茂端阳节潘雨廷自序于二观二玩斋

《神形篇》一百二十五象图

一渊五图

一穹五图	一渊 一阜 一穹 本	一渊 二阜 一穹 五	一渊 三阜 一穹 四	一渊 四阜 一穹 三	一渊 五阜 一穹 二
二穹五图	一渊 一阜 二穹 二	一渊 二阜 二穹 本	一渊 三阜 二穹 五	一渊 四阜 二穹 四	一渊 五阜 二穹 三
三穹五图	一渊 一阜 三穹 三	一渊 二阜 三穹 二	一渊 三阜 三穹 本	一渊 四阜 三穹 五	一渊 五阜 三穹 四
四穹五图	一渊 一阜 四穹 四	一渊 二阜 四穹 三	一渊 三阜 四穹 二	一渊 四阜 四穹 本	一渊 五阜 四穹 五
五穹五图	一渊 一阜 五穹 五	一渊 二阜 五穹 四	一渊 三阜 五穹 三	一渊 四阜 五穹 二	一渊 五阜 五穹 本
	易 一阜五图	玮 二阜五图	砥 三阜五图	臕 四阜五图	苳 五阜五图

二渊五图

一穹五图	二渊 一阜 一穹本	二渊 二阜 一穹五	二渊 三阜 一穹四	二渊 四阜 一穹三	二渊 五阜 一穹二
二穹五图	二渊 一阜 二穹二	二渊 二阜 二穹本	二渊 三阜 二穹五	二渊 四阜 二穹四	二渊 五阜 二穹三
三穹五图	二渊 一阜 三穹三	二渊 二阜 三穹二	二渊 三阜 三穹本	二渊 四阜 三穹五	二渊 五阜 三穹四
四穹五图	二渊 一阜 四穹四	二渊 二阜 四穹三	二渊 三阜 四穹二	二渊 四阜 四穹本	二渊 五阜 四穹五
五穹五图	二渊 一阜 五穹五	二渊 二阜 五穹四	二渊 三阜 五穹三	二渊 四阜 五穹二	二渊 五阜 五穹本
	究 一阜五图	凝 二阜五图	素誧 三阜五图	箫 四阜五图	焕 五阜五图

三渊五图

三渊五图	一阜	二阜	三阜	四阜	五阜
一穹五图	○ / ○ / △ 三渊 一阜本 一穹本	○ / ═ / △ 三渊 二阜五 一穹五	○ / △ / △ 三渊 三阜四 一穹四	○ / И / △ 三渊 四阜三 一穹三	○ / ＋ / △ 三渊 五阜二 一穹二
二穹五图	═ / ○ / △ 三渊 一阜二 二穹二	═ / ═ / △ 三渊 二阜本 二穹本	═ / △ / △ 三渊 三阜五 二穹五	═ / И / △ 三渊 四阜四 二穹四	═ / ＋ / △ 三渊 五阜三 二穹三
三穹五图	△ / ○ / △ 三渊 一阜三 三穹三	△ / ═ / △ 三渊 二阜二 三穹二	△ / △ / △ 三渊 三阜本 三穹本	△ / И / △ 三渊 四阜五 三穹五	△ / ＋ / △ 三渊 五阜四 三穹四
四穹五图	И / ○ / △ 三渊 一阜四 四穹四	И / ═ / △ 三渊 二阜三 四穹三	И / △ / △ 三渊 三阜二 四穹二	И / И / △ 三渊 四阜本 四穹本	И / ＋ / △ 三渊 五阜五 四穹五
五穹五图	＋ / ○ / △ 三渊 一阜五 五穹五	＋ / ═ / △ 三渊 二阜四 五穹四	＋ / △ / △ 三渊 三阜三 五穹三	＋ / И / △ 三渊 四阜二 五穹二	＋ / ＋ / △ 三渊 五阜本 五穹本 颉颃

下列：

- 亲 ——《一阜五图》
- 允 ——《二阜五图》
- 合 ——《三阜五图》
- 齐 ——《四阜五图》
- 颉颃 ——《五阜五图》

四渊五图

一穹五图	○○И 四渊／一阜本／一穹	○／‥И 四渊／二阜五／一穹	○△И 四渊／三阜四／一穹	○ИИ 四渊／四阜三／一穹	○+И 四渊／五阜二／一穹
二穹五图	‥○И 四渊／一阜二／二穹	‥‥И 四渊／二阜本／二穹	‥△И 四渊／三阜五／二穹	‥ИИ 四渊／四阜四／二穹	‥+И 四渊／五阜三／二穹
三穹五图	△○И 四渊／一阜三／三穹	△‥И 四渊／二阜二／三穹	△△И 四渊／三阜本／三穹	△ИИ 四渊／四阜五／三穹	△+И 四渊／五阜四／三穹
四穹五图	И○И 四渊／一阜四／四穹	И‥И 四渊／二阜三／四穹	И△И 四渊／三阜二／四穹	ИИИ 四渊／四阜本／四穹	И+И 四渊／五阜五／四穹
五穹五图	+○И 四渊／一阜五／五穹 诽讦 一阜五图	+‥И 四渊／二阜四／五穹 靖毗 二阜五图	+△И 四渊／三阜三／五穹 勖 三阜五图	+ИИ 四渊／四阜二／五穹 循 四阜五图	++И 四渊／五阜本／五穹 翼 五阜五图

106

五渊五图

一穹五图	○○＋ 一穹 五渊一阜本	○-- ＋ 一穹 五渊二阜五	○△＋ 一穹 五渊三阜四	○И＋ 一穹 五渊四阜三	○＋＋ 一穹 五渊五阜二
二穹五图	--○＋ 二穹 五渊一阜二	----＋ 二穹 五渊二阜本	--△＋ 二穹 五渊三阜五	--И＋ 二穹 五渊四阜四	--＋＋ 二穹 五渊五阜三
三穹五图	△○＋ 三穹 五渊一阜三	△--＋ 三穹 五渊二阜二	△△＋ 三穹 五渊三阜本	△И＋ 三穹 五渊四阜五	△＋＋ 三穹 五渊五阜四
四穹五图	И○＋ 四穹 五渊一阜四	И--＋ 四穹 五渊二阜三	И△＋ 四穹 五渊三阜二	ИИ＋ 四穹 五渊四阜本	И＋＋ 四穹 五渊五阜五
五穹五图	○＋○＋ 五穹 五渊一阜五 驰 一阜五图	＋--＋ 五穹 五渊二阜四 辟 二阜五图	△＋＋ 五穹 五渊三阜三 邃眒 三阜五图	＋И＋ 五穹 五渊四阜二 觉 四阜五图	＋＋＋ 五穹 五渊五阜本 定 五阜五图

《神形篇》一百二十五象分类辨族图

一、五用类五象，此类凡一象当一族，共五族以应五行。

○○○易本	‐‐凝本	△合本	ИИ循本	＋＋定本
本用一为水	本用二为火	本用三为木	本用四为金	本用五为土

二、六合类六十象，此类凡六象合一族，共十族以应十天干。

甲族：
- ○易二
- 凝五
- ‐‐玮五
- 究二
- ○究本
- ‐‐玮本

乙族：
- ○○易三
- 合四
- ○砥四
- 亲三
- ○亲本
- △砥本

丙族：
- △凝二
- 合五
- ‐‐素誧五
- ‐‐允二
- ‐‐允本
- △素誧本

北
冬至

東北

立冬
西北

西

秋分

立春

南

夏至

神形篇一百二十五象方位图二

丁族　△合三　＋颉颃四　△邃眒本
　　　＋定四　△邃眒三　＋颉颃本

戊族　△合二　И齐五　△勖本
　　　И循五　И勖二　И齐本

己族　＋定三　--辟四　＋焕本
　　　--凝四　＋焕三　--辟本

庚族　И循二　＋翼五　И觉本
　　　＋定五　И觉二　＋翼本

辛族　--凝三　И箫四　--靖毗本
　　　И循四　--靖毗三　И箫本

壬族　＋定二　○驰五　＋荬本
　　　○易五　＋荬二　○驰本

癸族　И循三　○詉讻四　И臁本
　　　○易四　И臁三　○詉讻本

三、生克类六十象,此类凡五象合一族,共十二族以应十二地支。

族					
子族	△ / ○ 玮二	И / -- 素誧二	+И / △ 齐二	○ / +И 翼二	-- / ○+ 驰二
丑族	И / -- / ○ 玮三	+ / △ / -- 素誧三	○И / △ 齐三	-- / +И 翼三	△ / ○+ 驰三
寅族	○ / △ / -- 素誧四	-- / И 齐四	△ / +И 翼四	И / ○+ 驰四	+ / -- / ○ 玮四
卯族	○ / И 箫三	-- / + / △ 颉颃三	△ / ○И 誂訏三	И / -- / + 辟三	+ / △ / ○ 砥三
辰族	-- / ○ / △ 亲二	△ / -- / И 靖毗二	И / + / + 邃眑二	+ / И / ○ 臕二	○+ / -- 焕二
巳族	-- / ○ / И 誂訏二	△ / -- / + 辟二	И / △ / ○ 砥二	+ / И / -- 箫二	○ / +△ 颉颃二
午族	△ / ○ / -- 究三	И / -- / △ 允三	+ / △ / И 勖三	○И / + 觉三	-- / + / ○ 苌三
未族	И / ○ / -- 究四	+ / -- / △ 允四	○ / △ / И 勖四	-- / И / + 觉四	△ / +○ 苌四
申族	-- / △ 砥五	△ / И 箫五	И / + 颉颃五	+ / ○И 誂訏五	○ / -- / + 辟五

110

酉族	臕四	焕四	亲四	靖毗四	邃昀四
戌族	允五	勖五	觉五	苠五	究五
亥族	靖毗五	邃昀五	臕五	焕五	亲五

　　《神形》之象,凡一百二十有五。以五耆合三衍而辩之,计分三类:
一、三衍之五耆皆同,唯五象,名之曰五用类,犹易之用九六。九六
者,阴阳也。五用者,五行也。本《洪范》之次以准卦象。易犹坎,凝犹
离,合犹震巽,循犹乾兑,定犹坤艮。二、三衍之五耆有二衍同,共六
十象,名之曰六合类,以当絜矩之道。盖八卦之象,犹立方体之八点,
此即上下前后左右之六面,凡相对之二面,其象为滟焜。相接之二面,
其象为覆载。一点所及之三面,其象为环璇。兼言之六合也。三、三
衍之五耆皆异,亦六十象,名之曰生克类。犹先后天方位之或克或生,
乃本金水木火土之次,继位相生,隔位相克。若五耆之合五行,犹五音
之旋相为宫。

神　形　篇

○○　‥　△　Ν○　＋○
○○　‥　△　○　○
一一一　一一二　一一三　一一四　一一五
渊皁穹　渊皁穹　渊皁穹　渊皁穹　渊皁穹

易。周行。形翕。显。

展曰：大哉易元，往来终始。龙飞周天，马驰行地。有物有形，有神有翕。出宇宙，生时位。至德凝道，合循而定，显矣哉。

断曰：中下皆一易，君子以大音希声。

本初一。易于地，井泉汲。大成周吉。断曰：井泉汲，地德大成也。

一中本。易于人，随有道。行形，寡咎。断曰：行形寡咎，知幽明也。

本终一。易于天，贲时变，天下化。利翕。断曰：时变利翕，不违而奉也。

二初一。春雷醒蛰，无灾。断曰：蛰虫起，何灾之有。

一中二。燕巢于檐，无丧有得。断曰：燕巢有得，识时也。

二终二。驰行竭，嗟叹若，悔吉。断曰：驰行虽竭，嗟叹而吉。

三初一。跻登高山，瘠马痡。断曰：登山，求仁也。马痡，失道也。

一中三。兼葭未采，有咎。玉人涉河。多功。断曰：其咎弃也。其功进也。

三终三。鼎行折铉，凶。断曰：鼎折铉，其行背也。

四初一。虎啸风，或偃或仆，敬无咎。断曰：虎啸有风，物宜也。或偃或仆，不敬也。

一中四。山石礜礜，吉。断曰：礜礜之吉，辨形也。

四终四。复性善，水有源。松叶青，循而形。断曰：有源循形。环而有心也。

五初一。积渊永吉。断曰：积渊永吉，长善也。

一中五。仇不仇，友不友。断曰：不仇不友，忘象之象也。

五终五。天无亲，地无情。人相非，物相离。断曰：无亲无情，天地未交也。相非相离，人道未立也。

本用一。体幾赞元，阅众甫。断曰：体幾赞元，阐幽显仁也。

```
 ··     △    Ν    +    ○
 ··    ··   ··   ··   ··
二二二  二二三 二二四 二二五 二二一    凝。静翕。永生大吉。
渊阜穹  渊阜穹 渊阜穹 渊阜穹 渊阜穹
```

展曰：凝，固也。静翕，阴气之正也。象未可见，由凝而形。形未可神，由凝而变。象而见，见而形。形而变，变而神。永生大吉也。

断曰：二二而凝。后以亨天礿祖，兢兢业业。

本初二。凝于渊，勿用。断曰：本初二勿用，未积也。

二中本。至德凝道，君子见大人，吉。正南大明。断曰：君子凝道以见大人，吉也。正南大明，晖光不穷也。

本终二。肃肃赫赫战于天，闪雷不雨，吝。断曰：闪雷不雨，旱也。

　　二初二。弋鼠未获,矢亡凶。断曰:鼠未获,不胜邪也。其矢亡,
丧器而凶也。

　　二中二。凝于昴,点然而集,终免咎。断曰:终集而免咎,中
星也。

　　二终三。凝窒孚穷,悔凶。断曰:凝窒,未通也。孚穷,有悔而
凶也。

　　三初二。凝其下上,冽泉翻,热中消。断曰:泉翻以消热,
升也。

　　二中三。凝于辩,无尤,形影竞。断曰:形而神,无尤也。

　　三终四。凝其上下,慧云结,飞白雪。断曰:云结而飞雪,降也。

　　四初二。小人凝,君子退。断曰:小人凝以成其恶。君子退以避
之也。

　　二中四。安之,信之,怀之。形变元吉。断曰:形变元吉,志行也。

　　四终五。凝疾,勿药而瘳。断曰:勿药而瘳,凝得其正也。

　　五初二。凝于方,道其列。凶。断曰:以阴克阳。以方列道。
凶也。

　　二中五。黄鸟丽日,飞矢射月,无悔。断曰:丽日射月,位中也。
玮出匦,何悔之有。

　　五终一。丸丸其凝,濯濯其静。永生大吉。断曰:丸丸濯濯,当
位也。

　　本用二。包驯检检,无疵有终。断曰:包驯检检,慎象无疵也。

△	И	＋	○	--	砥。阳气砲砲,阴气颞颞。
○	△	△	△	○	有攸往周行。
△	○	○	△	△	
一三三	一三四	一三五	一三一	一三二	有凝道形翕。显吉。
渊阜穹	渊阜穹	渊阜穹	渊阜穹	渊阜穹	

　　展曰:砥气砲颞,阴阳之合也。有攸往周行,砲颞之动也。有凝
道形翕,砲颞之静也。动静各正,是以显吉。天得其砲砲,地得其颞

顗,人得其周翕,三才之所以长且久也。大哉砥乎,至哉砥乎,时位之宜也。

断曰:下一中三。易而合砥,君子以中立不倚。

本初一。明德作基,川流知时,善止成砥。吉。断曰:善止而吉。有本也。

三中本。砥其身,危尼。砲顗遇于城,有灾。断曰:危尼,无应也。二气敌,灾也。

本终三。日晕月珥,形气丧翕。断曰:晕珥,气未和也。

二初一。池中砥,无实咨。小人羡,君子弃。断曰:砥而非砥,咨也。小人羡之,君子弃也。

三中二。急流之砥,硗如礦如,砺若吉。断曰:砺若之吉,退狂澜也。

二终四。大泽有砥,磷磷免咎。断曰:非其位,愿未得也。磷磷免咎,自修也。

三初一。砥其足,悔。动其足,有得。断曰:足丧其用,悔也。当动而动,变而有得也。

三中三。砥其心,挈如吉。断曰:放心挈如,有庆也。

三终五。砥其首,咨。天闭地陷,五载逆用。断曰:闭陷逆用,何可久也。

四初一。方而圆,圆而方,砥中有功。断曰:或方或圆,外形也。其功,中心未移也。

三中四。砥其气,其志一。断曰:其志一,帅气也。

四终一。地陷火焚,丧而凶。断曰:陷则焚,志丧而凶也。

五初一。砥其血,聚于穴。断曰:砥血聚穴,塞也。

三中五。砥于天,显吉。断曰:天一来,地二往。人参于中。显吉也。

五终二。砥其棘薪,小成咨,无大悔。断曰:顗失其用,有咨也。

○○　--　△　⋈　+
○○　○△　○△　○△　○△
三一一　三一二　三一三　三一四　三一五
渊阜穹　渊阜穹　渊阜穹　渊阜穹　渊阜穹

亲其上下。覆载广被。
慈孝友爱。有孚周吉。

展曰：亲上者天。亲下者地。天覆地载，父生母鞠。广被无私，拊畜长育。慈孝友爱，亲亲之源。源充流长，有孚周吉也。

断曰：三下一中，合而易亲。君子以亲亲仁民而爱物。

本初三。亲其父母，免悔。断曰：亲其父母，性未移也。

一中本。亲于天地，易其阴阳，合其动静，周翕有喜。断曰：周翕有喜，始终正位也。

本终一。亲于蟪蛄，散其光，有眚无成。断曰：散光有眚，亲上之失也。

二初三。亨于庙，遇其祖，受福无咎。断曰：亨庙遇祖，诚也。受福无咎，立人道也。

一中二。仇而亲，允人吉。断曰：天人合，化仇而亲，吉也。

二终二。宜娶女，继善克家，君子有终。断曰：娶女克家，继善有终也。

三初三。亲于窀窆，陷其身，有尤。断曰：陷身有尤，亲下之失也。

一中三。民胞物与，神形元吉。断曰：神形元吉，廓然一也。

三终三。瞽瞍厎豫，悔亡有祥。断曰：顽嚚化，天地合也。

四初三。礼有序，昭穆奇耦，有孚。断曰：左昭右穆，有序也。

一中四。亲其父，过其祖。慈其子，逾其孙。无咎。断曰：亲父慈子，上下推恩也。

四终四。恒其德，久其道，厉无咎。断曰：恒久厉无咎，有本也。

五初三。亲于物，过于身。亲于族，未及于民。吝。断曰：亲物过身，不知自爱也。亲族未及民，不知推恩也。

一中五。仁孚天下，周吉。断曰：仁孚天下，保四海也。

116

五终五。亲其父母。大吉。断曰：五终五大吉，终身慕也。

颉颃。独行。遭恶人。遇幽人。息窒气疎。合阜格心。用慎。

三五五　三五一　三五二　三五三　三五四
渊阜穷　渊阜穷　渊阜穷　渊阜穷　渊阜穷

展曰：颉颃独行，猭猭自适也。下而上颃，遭恶人而息窒。上而下颉，遇幽人而气疎。极上下以合阜，慎以格心也。

断曰：三五合，定颉颃。君子以定上下，合盛衰。

本初三。气壮志正，周行无悔，慎交无害。断曰：气壮志正，位当也。周以免悔，慎以免害也。

五中本。颉颃其飞，舒吉。断曰：颉颃其飞，无碍也。舒吉，知进退也。

本终五。炕极不救，焚如蓺如。用爆，勿用免灾。断曰：用爆，不救也。勿用免灾，自节也。

二初三。蛟螭潜渊，海啸覆舟，凶。断曰：蛟螭潜渊，待也。覆舟之凶，消也。

五中二。颉颃遗音，得中吉，无眚有庆。断曰：遗音之吉，位中也。箫音无眚，其生有庆也。

二终一。涉沙灭腹，厉。断曰：灭腹之厉，违其性也。

三初三。垂翼濡水，吝。断曰：濡水之吝，有所疑也。

五中三。出门颉颃，翯翯翩翩，宜瀴。断曰：宜瀴，得时广见也。

三终三。食羹折齿，徐行跰。断曰：折齿行跰，砥首不顺也。

四初三。旨酒纵情，终有咎。断曰：旨酒纵情，嗜也。其终戕性，有咎也。

五中四。极穷得水，渊底取火。颉颃反复，合于阜。断曰：合于阜，得其所也。

四终三。绳愆格心，悔尤亡，形翕吉。断曰：绳愆格心，善补过

117

也。形翕吉，有神也。

五初三。蝗螽其飞，凶。断曰：群聚害物，凶道也。

五中五。魂游天，交神安。魄接地，遇鬼厉。慎无尤。断曰：安而不忘危，厉而不忘勉。慎而又慎，无尤也。

五终四。翔回周。断曰：翔回之周，宜下也。

（符号图）　　遽眇。行形。浴沂咏归。君子吉。

五三三　五三四　五三五　五三一　五三二
渊阜穹　渊阜穹　渊阜穹　渊阜穹　渊阜穹

展曰：遽眇，旷达也。行形，变通也。君子俯仰天地，观化于消息。出入无阻，顾盼无碍，浴沂咏归，气清之吉也。

断曰：五而三，下定中合遽眇。君子以飒揪千仞，翱游万方。

本初五。昆仑巍巍，弱水环之。遽眇吉。断曰：遽眇之吉，济而登也。

三中本。设险涉险，小人陷险，君子济险。断曰：小人陷险，无力也。君子济险，自强也。

本终三。纤尘不染，合翕吉。断曰：尘不染，静翕之吉也。

二初五。雾霭浓浓。利小人，君子藏。断曰：利小人，浑以消阳也。君子藏，以待雾霭之应也。

三中二。辩气归真，吉。断曰：验气而归诸真，中合而吉也。

二终四。遽眇于断灭，吝。断曰：断灭之吝，著虚也。

三初五。被褐怀玉，竢太乙，翔于中。无灾无祥。断曰：敬则无灾，怀则无祥。

三中三。壹壹，游方壶，气化吉。断曰：气化之吉，取舍万物也。

三终五。狄狄其飞，暇暇其视。无悔，征邑吝。断曰：狄狄暇暇，其心淡也。征邑吝，无所终也。

四初五。髑髅言道，陈尸执法。梦梦无过，泥行有灾。断曰：泥

118

梦有灾,死道也。

三中四。高其宫,遍其见,邃眄其思。断曰:见遍思睿,当位砥心也。

四终一。田获麟,悲喜交集,厉。断曰:获麟而悲,悲时也。其喜,见仁也。交集之厉,宜谨也。

五初五。战龙虎,并消息。凝于野,出玄黄,成象吉。断曰:道穷而战,凝象吉也。

三中五。琼楼玉宇,紫垣金阙。历其历,吉。断曰:历其历吉,得其时也。

五终二。有真宰,得其朕,生天克地。断曰:天生人而人克地,真宰之朕也。

辟之匪人。消君子。大人先心。三驱不杀。灭寇无咎。

展曰:辟之匪人,独夫饕餮。害阳贼道,不利君子。大人诚以先心,三驱不杀,灭寇以化之,何咎之有哉。

断曰:五而二,由定而凝辟。先王以会归有极,大人以禁民为非。

本初五。建侯亲民,劳有功,辟显吉。断曰:建侯亲民,下人也。辟显之吉,民所载也。

二中本。大冶化祥金,辟慎无咎。断曰:慎以化之,成祥金也。

本终二。丧其枢机,辟有凶。断曰:辟有凶,不知变通也。

二初五。王告庙,用大牲,北征吉。断曰:用大牲,备物也。北征吉,得志也。

二中二。入国问禁,入乡问俗。随有道,悔亡吉。断曰:问禁问俗,悔亡也。从善以化邦国,吉孰大焉。

二终三。侮五行,弃三正,辟狩显祥。断曰:辟狩显祥,灭邪忒也。

三初五。修其大屋,安其广居,多翼吉。断曰:修其大屋,防风雨也。安其广居,当位有守也。

二中三。天子亨昊天,用二簋,永翁吉。断曰:亨昊天,重德也。

三终四。剀而劓,动静有悔,困于九棘。断曰:困于九棘,道穷也。

四初五。君子凝,小人化。吉。断曰:初五克初二,君子凝道以化小人,吉也。

二中四。得贝丧友,征凶。断曰:得贝丧友,极于物也。极而反,征凶也。

四终五。修其大屋,安其广居,凶。断曰:修屋之凶,民怨也。

五初五。道阒阒,赭衣塞途。五缄其口,行免灾。断曰:行以清道,远灾也。

二中五。乘霭云,竭天帝,亨祀受福。断曰:亨祀受福,大治也。

五终一。肉食鄙,袗衣陋。斗筲从政,辟有灾。断曰:斗筲从政,无容量也。

```
 +    ○    --    △    И
 +    +    +     +    +      焕。行有孚。小有往,
 --   --   --    --   --     免咎。
二五五 二五一 二五二 二五三 二五四
渊阜穹 渊阜穹 渊阜穹 渊阜穹 渊阜穹
```

展曰:焕,丽也。三克五,后素也。四箫以化之,焕行有孚也。文而不忘质,焕而不忘礼,小有往,免咎。观夫日月星辰之焕天,山川河岳之焕地,万物之焕亦可见焉。焕之用,其至矣乎。

断曰:二先于五,凝而定焕。君子以博文约礼。

本初二。焕有次,升有位,渐吉。断曰:有次不紊,有礼不乱,渐进之吉也。

五中本。焕焕得朋,远行形翁。断曰:远行形翁,以文会友也。

本终五。飘飘其焕,不富丧节。断曰:飘焕丧节,诮也。

二初二。焕春以秋,忧则吉。断曰:忧于未然而防之,吉也。

五中二。柔其形,刚其志。牵羊肉袒,焕吉。断曰:外柔内刚,焕穿渊而风雨时,其义吉也。

二终一。白焕免咎,郁若斐若。断曰:白焕免咎,尚自然也。郁若斐若,有成也。

三初二。焕于鬼,畏于人。吝。断曰:焕于鬼,位不当也。畏人之吝,自馁也。

五中三。得友丧贝,免悔。巷而衢。断曰:出巷而衢,见大道也。

三终二。焕其信,蔽其心。断曰:信由中,未可焕也。蔽其心,位未正也。

四初二。吞金丸,吐玉液,有功。断曰:吞吐之功,有时也。

五中四。焕于象,美于器,无悔。断曰:焕象无悔,宜于物也。美器,说民也。

四终三。焕秋以春,乐有悔。断曰:乐文忘质,有悔也。

五初二。焕有礼,安于文,明其明。征吉。断曰:有礼安文,明征而吉也。

五中五。焕于筮,占险有咎。断曰:占险有咎,神勿告也。

五终四。焕喻,吝。断曰:焕喻之吝,失实也。

И И	+ И	O И	И	△ И
-- --	--	--	--	-- --
二四四	二四五	二四一	二四二	二四三
渊阜穿	渊阜穿	渊阜穿	渊阜穿	渊阜穿

箫。知政。翕中大吉。有往于天。

展曰:箫,乐也。君子审乐以知政,翕中以几于礼,吉孰大焉。静中感物而动,往于天也。动无怗懘之音,是以相生相成,耳聪目明。五伦敦,物有度。风俗善,天下宁。箫其盛哉。

断曰:二下凝四,循而成箫。先王以作乐怡情,后以鼓舞美俗。

本初二。律吕损益,和声克谐。断曰:损益旋宫,通律历也。

四中本。鼓抑扬。舞羽籥。缀兆舒疾,仪吉。断曰:鼓舞有仪,位正中也。

本终四。金声玉振,翕纯皦绎,成章吉。断曰:成章之吉,感人也。

二初二。静中于初,大有得。断曰:静中于初,悟也。

四中二。天地橐籥,调调刁刁。虎啸狮吼,鹤唳莺啭。无眚。断曰:调调刁刁,自取也。虎猛狮威,鹤悲莺喜,各得其宜也。

二终五。噪若喧若,无文吝。断曰:噪喧之吝,民不堪也。

三初二。嶂峪清溪,月光莹澈。天籁成箫,幽翕。断曰:天籁成箫,幽合万物也。

四中三。快其心,颂声作,永吉。断曰:心快作颂,永吉也。

三终一。凤来箫成,大人怿怿,君子愉愉。断曰:大人怿怿,乐以天下也。君子愉愉,乐而服也。

四初二。恋郑卫。小人间昏霿。凶。后以正之。断曰:恋郑卫,不聪也。后以正小人之间,克诋诮也。

四中四。闻韶,淡若吉。聆武,奋若无咎。断曰:淡若奋若,神往也。

四终二。箫风凄其,叹若泣若,免咎。断曰:感商而泣,何可长也。

五初二。黄钟逸,病耳,其音乖。或激或缓,或淫或溺。吝。断曰:黄钟逸,无正音也。其吝,感物之邪也。

四中五。阳气塞,歌以发之。阴气郁,舞以宣之。利见大人。断曰:发之宣之,和其气也。利见大人,尚中也。

五终三。八佾亡,其列乱。或踄蹀,或跙踛。吝凶。断曰:八佾亡,无正形也。吝而凶,感象之邪也。

```
 --      △       Ｎ       +       ○
 --      --       --       --       --
 Ｎ       Ｎ       Ｎ       Ｎ       Ｎ
四二二   四二三   四二四   四二五   四二一
渊皁穹   渊皁穹   渊皁穹   渊皁穹   渊皁穹
```

靖毗。翕吉。
勿用往用来。
涉难凶。见大人有得。

展曰：凝于毗，循以靖之，翕吉也。往则毗于二气而勿用，来则靖而用之。毗以涉难，偏而凶。见大人以复性，有得也。

断曰：四循二，凝靖毗。上以补过济民。

本初四。漆身，吞炭，断臂，剔目。悔厉，免咎。断曰：本初四免咎，凝神以毁形也。

二中本。顾影羡若，形影兢。君子无尤，小人吝。断曰：君子合而神，无尤也。小人辩于影，吝也。

本终二。欲生欲死，有惑。断曰：欲生欲死，爱恶不当也。终有惑，不亦悲乎。

二初四。唯其言，躁其行，有孚吉。断曰：唯其言，疑也。躁其行，无序也。有孚吉，正其言行也。

二中二。毗于阴，失其舟舆，足伤而跛。行人蹷，邑人安。断曰：邑人安而不恤行人蹷，不知时也。

二终三。丰岁懒，小子逸，取女吝。断曰：丰岁懒，不知稼穑之艰也。取女吝，蔽明也。

三初四。靖毗初凶。断曰：其初靖毗，未辩阴阳也。失位而凶，自取也。

二中三。毗柔靖刚，毗刚靖柔，大人有节，吉。断曰：大人之吉，宜其刚柔，节其喜怒也。

三终四。火焚苍穹，靖毗灭身。断曰：靖毗灭身，祸患大作也。

四初四。徙倚徨徨，駗驙次且。静有咎，动有过，大悔。断曰：徙倚徨徨，失位也。动静有悔，宜变也。

二中四。靖毗于知愚。知者得而失，愚者失而得。断曰：或得或失,过犹不及也。

四终五。大屋倾,救有凶,避则免咎。断曰:中已在外,其理倾也。逆理以救,有凶也。

五初四。逢盗于途,遇虎于山。毗内有灾。断曰:逢盗遇虎,失财丧身也。毗内之灾,未慎外也。

二中五。毗于阳,丧其牛羊,毁其屋庐。邑人困,行人得。断曰:行人得势以困邑人,不知位也。

五终一。出征大获,气塞疾作。毗外有眚。断曰:出征大获,得于外也。气亢而疾,未养内也。

四一一渊阜穹	四一二渊阜穹	四一三渊阜穹	四一四渊阜穹	四一五渊阜穹

诋訿于小人。君子止。

宜下不宜上。

宜静不宜动。

宜化不宜变。顺吉。

展曰:诋訿于小人,阴气干中以消阳也。君子畜德以止之,防其列也。凡上者下之,动者静之,变者化之,敛以顺命。吉道也。

断曰:四下于一,循而易诋訿。君子以慎言行远小人,不可丧其和。

本初四。诋訿于诋訿,避咎无悔。断曰:诋訿于诋訿,避诋訿也,何悔之有。

一中本。诋訿不惑,元吉。断曰:奉天不惑,胜邪,元吉也。

本终一。柔其志,刚其形,色厉内荏,诋訿凶。断曰:内柔外刚,诋訿之凶也。

二初四。诋訿于饮食,犬吠而噬。断曰:犬吠而噬,争食也。

一中二。心死大哀,陷阱不出。断曰:心死大哀,不知命也。陷阱不出,不知有阳也。

二终二。蜂午蚁阵,战于陂,霖雨大吉。断曰:霖雨大吉,和也。

三初四。蛇啮人,菌入肤,鼠断索。凶。断曰:啮人入肤,不知防也。断索之凶,不贯也。

一中三。二桃三士,自伐亡。守礼无眚。断曰:自伐亡,矜也。守礼无眚,位中也。

三终三。誂訐而斗,毁国破家,大人有孚。断曰:誂訐而斗,阴盛敌阳也。大人有孚以复,序昭穆也。

四初四。誂其妻,訐其夫。小人间,昏莠列。吝凶。断曰:昏莠列,失位。吝而凶,阴阳紊也。

一中四。君子贞形,女子贞道。悔有凶。断曰:君子贞形,未神也。女子贞道,未备也。四一四悔有凶,人未凝天地之循也。

四终四。誂訐于促织,观斗于鹑,君子鉴之,免咎。断曰:鉴之免咎,远小人也。

五初四。誂訐于言,气塞嗳嚅。断曰:气塞嗳嚅,隔于邪也。

一中五。采药治疾,气行吉。断曰:药以化隔,疾愈而吉也。

五终五。莲出污泥,翕。断曰:翕以顺命,外物不能污也。

ⅡⅡ○	＋○	○Ⅱ○	-- Ⅱ○	△Ⅰ○
○	○	○	○	○
一四四	一四五	一四一	一四二	一四三
渊皋穹	渊皋穹	渊皋穹	渊皋穹	渊皋穹

臕。周翕。有孚利人。君子涉险凶。王公用象吉。

展曰:臕,肥也。周翕,归聚也。有孚利人,臕物以养人也。君子涉险,阴未顺而凶。王公用象,正位多功而吉。夫天地得其臕而动,阴阳得其臕而长,万物得其臕而成,天子得其臕而治。臕之时义齐矣哉。

断曰:一下于四,易循而臕。君子以格物穷理。

本初一。臕其马,高其厩,瘦其人。断曰:臕马瘦人,不仁也。

四中本。臕物,吉。日将中,月将望。断曰:臕物之吉,利人也。世运昌,犹未盈也。

本终四。臕其父母,有悔。断曰:本终四有悔,未敬也。

二初一。跻于山,登于顶,免咎。断曰:跻登免咎,其气壮也。

四中二。或臕或瘠，往来尽意。断曰：或臕或瘠，命也。往来尽意，顺天性也。

二终五。臕其身，乏其思，尤厉。断曰：臕其身，丰以自养也。乏其思，气浊而窒也。

三初一。丧其臕，企足尪尪，吝。断曰：企足尪尪，何可久也。

四中三。妇贞形，君子翕道，大吉。断曰：一四一大吉，天地易而人从其中也。

三终一。大人富以天下，周行。断曰：富及天下，无私也。大人周行，无碍也。

四初一。臕于途，遇其君，恤吉无不利。断曰：臕途遇君，恤民而吉也。

四中四。虎豹臕臕，杜蘅痟痟。小有悔。断曰：臕臕欲也，痟痟博也。

四终二。臕阳瘨凶。断曰：毗极而臕，瘨也。其凶，君孰与足也。

五初一。狐伏于田，鹏止于屋。臕其友，有咎。断曰：于田于屋，失位也。臕友有咎，匿怨也。

四中五。臕其象，懋其器，吉免咎。断曰：臕其象，翕物也。吉免咎，制器有功也。

五终三。孤魂渺渺，鬼火荧荧。吝，涉险凶。断曰：魂无所归，吝也。涉险之凶，濡也。

△	И	＋	○	--	合。重升轻降。
△	△	△	△	△	砥天大吉。
三三三	三三四	三三五	三三一	三三二	形交厉。宜动静。
渊皐穹	渊皐穹	渊皐穹	渊皐穹	渊皐穹	咥物无灾。咥人有眚。

展曰：合，和也。重升轻降，其质一也。一以砥天，是以大吉。散成万物，其形喷也。形交之厉，动静未宜也。咥物以合人，何灾之有。

126

咥人以合物,眚可免乎。

断曰:下中皆三,一二之合。君子以知天命尽人性。

本初三。鹏化鱼,鱼化鹏。同一得,吉无尤。断曰:得同一,吉则无尤。

三中本。婴儿号咷,无悔。断曰:号咷无悔,天和也。

本终三。破执绝四,大人唯合义。征吉。断曰:大人唯合义,天下服也。

二初三。孤不孤,独不独,元士固志。断曰:不孤不独,固志有得也。

三中二。设位守位。小人争位凶,君子称位吉。断曰:小人争位,私也。君子称位,自明也。

二终四。女归宜家,同于内,翕终吉。断曰:女归翕终吉,巽顺也。

三初三。染于尘,合有悔。断曰:染尘之合,幻也。

三中三。带丝弁骐,其仪不忒,形交吉。断曰:合其仪,形交有常也。

三终五。砥天视覺,君子安。断曰:君子砥天,安命也。

四初三。移其象,凶。无所合,征吝。断曰:移象之凶,失时也。无合而征,吝道也。

三中四。动静合。虚实互用,宽猛并济,免悔。断曰:合动以静,合静以动,何悔之有。

四终一。列宿河岳,有德合,无德否。断曰:有合有否,升降消息也。

五初三。形解,绵绵神行。断曰:绵绵神行,大合也。

三中五。士治物,农作物,工变物,商移物。咥物无灾。断曰:四民各有其业,有祥也。

五终二。征敛亟,民殍亲离,有眚。其国凶。断曰:其国凶,财聚民散也。

本用三。开物通情,摩荡行形,无不利。断曰:通情以行形,无不利也。

定。显翕。安象安形。

吉。周行济难。

大定有庆。

五五五　五五一　五五二　五五三　五五四
渊皋穹　渊皋穹　渊皋穹　渊皋穹　渊皋穹

展曰:定以知极,显翕而天下大明。神文思,安形象。其义吉也。五五周行,生克迭运,制化以济难,大定有庆也。

断曰:五而五,参天两地定。君子以止于至善。

本初五。曳马尾,舆折轮,悔厉。断曰:曳马尾,逆其性也。

五中本。万物定形,物转凶,转物吉。断曰:因物而转,役于物也。转物之吉,役物也。

本终五。制化其克,定于道,生生大吉。断曰:五而一,易道生生也。

二初五。修真水府,养性火宅,利翕。断曰:翕以和之,水火不为害也。

五中二。定于一,主于环中。断曰:定一于环中,无穷也。

二终一。飘惚其意,忐忑其心。言无文,三年不克,凶。断曰:心意未定,疑也。不克之凶,不知变也。

三初五。穿屋穿墉,心意定,无悔。断曰:终始以定心意,无悔也。

五中三。乐山乐水,见仁见知。明妙互用,有孚济。断曰:有孚而济,知极也。

三终二。六如观法,无为有祥。断曰:观法有祥,自明也。

四初五。角触楔,吝。断曰:触楔之吝,未安于困也。

五中四。灯未熄,梦未成,怀二人吉。断曰:灯未熄,待也。梦未成,未寐也。怀二人吉,得中也。

四终三。割截支解,敲骨吮血,定虚化灾。断曰:定虚化灾,无我也。

五初五。甘苦反复,刚柔杂居。利得斧,祭祀有功。断曰:五初五,生克迭运也。斧以断之,祭祀以明之,有功也。

五中五。大定于皇极。遵义,遵道,遵路,周吉。断曰:大定周吉,敛福锡民也。

五终四。行其志,和其气,定其身,悔亡。濡定有咎。断曰:定身悔亡,体天地也。濡定之咎,亡其元也。

本用五。有范有度,无出无入。阐不阐,閤不閤,应吉。断曰:不阐不閤,有应吉也。

五一一　　五一二　　五一三　　五一四　　五一五
渊阜穹　　渊阜穹　　渊阜穹　　渊阜穹　　渊阜穹

驰。用敬。无不利。周行有孚。宜涉大川。

展曰:驰,骋也。用敬而直,无不利也。刚中而定,周行而孚,不陷不偏,遄速时行也。宜涉大川,驰有功也。观夫恒星东移,极星改度,天下万物之驰可见矣。

断曰:五下于一,定本于易驰。君子以含物化光。

本初五。奔日月,贯银河,游太空,驰大千,吉。断曰:游驰之吉,神也。

一中本。伯乐得马,倕作车,造父御,驰无阻。断曰:驰无阻,三合而中也。

本终一。驰于邰,寥廓玄冥,无丧无得。断曰:寥廓玄冥,无外也。无丧无得,空其空也。

二初五。驰其言,失其序,纷纭厉。断曰:驰言失序,躁也。纷纭未修,亦可丑也。

一中二。酬酢吉。断曰:酬酢之吉,主客有礼也。

二终二。驰田获禽,王用征伐,开国有功。断曰:驰田获禽,威也。不服者化,有功也。

三初五。驽骀驰,蒙鸠飞,吝。断曰:未疾未高,驰之吝也。

一中三。夫征丧农,妇锄丧蚕,驰失其所。断曰:丧农丧蚕,失所而困也。

三终三。驰于定,趑如趄如,武士免悔。断曰:武士免悔,制克也。

四初五。新装丽,佳人姝。驰服有咎,贵行吉。断曰:其咎,位不当也。有待而贵行,其义吉也。

一中四。物驰,葩人观之,利见大人。断曰:葩人观之,善感物也。利见大人,尚中也。

四终四。坐驰化光,五年旋复,合翕吉。断曰:五年化光,有主也。

五初五。放其心,散其思,驰于物,有尤。断曰:驰物有尤,丧其本也。

一中五。柔驰至坚,刚驰至黏,周行大吉。断曰:坚不足以阻柔之入,黏不足以滞刚之出。周行大吉,位正当也。

五终五。乘车无御,驰失道,宜弃之。往得灾眚。断曰:弃之,刚也。往得灾眚,不胜欲也。

+	○	- -	△	Ν
+	+	+	+	+
○	○	○	○	○
一五五	一五一	一五二	一五三	一五四
渊皋穹	渊皋穹	渊皋穹	渊皋穹	渊皋穹

茞。宜小事。形形无穷。匪正取祸。知极免眚。

展曰:茞,进也。定于中而易于下,故宜小事。形其形,品物无穷也。素隐行怪,匪正以取祸。茞中知极,济民而免眚。

断曰:一下于五,易本于定茞。君子以善事利器。

本初一。茞于定。有主吉,小人无主凶。断曰:有主吉,得环中也。无主凶,飘惚也。

五中本。驰无阻,苂不节,有悔。断曰:驰无阻,中也。苂不节而驰,失时有悔也。

本终五。魂游九天,失实吝。断曰:本终五吝,不知反也。失实务虚,亢也。

二初一。苂于物,利器致用,济民无尤。断曰:苂物以利天下,无尤也。

五中二。苂于中,大吉。断曰:苂中大吉,信志也。

二终一。飚风飞木,霉雨落花,苂草凋,有悔。断曰:其悔,不知命也。

三初一。丧鞁而跣,苂于穴。十年勿用,终免咎。断曰:终免咎,勿用之用也。

五中三。风雨时,阡陌治,长幼顺。断曰:风雨时,万民欢也。

三终二。病目,或白或黑,或红或紫。苂于黄。吉。断曰:病目,不辩正色也。苂于黄,中也。

四初一。苂于屋,免灾。断曰:苂屋免灾,终无过也。

五中四。苂于楼,厉免咎。断曰:苂于楼,见远也。虽厉免咎,其基正也。

四终三。舆倾马蹶,息其息,无悔。断曰:舆倾马蹶,失道也。当息而息,无悔也。

五初一。舍本逐末,苂失位,遇暴有厄。断曰:舍初逐终,遇暴也。苂而失位,有厄也。

五中五。苂如安如,有誉。断曰:苂如安如,受命也。安位以安天下,大有誉也。

五终四。蛮触战,苂穷凶。断曰:进穷之凶,隘也。

玮。翕。质坚润。形具兊。往利西南。来守于东。大人利。小人凶。

131

展曰：玮，美玉也。当位而翕，质坚润，不移于外也。形具允，有中也。西南焕，灿然明其明也。守于东，有本也。大人体之而利，小人毁之而凶。一来一往，自然消长也。

断曰：一下二中，凝于易玮。大人以修明进德。

本初一。玮在石，无悔。断曰：在石无悔，下也。

二中本。玮在匜，翕。断曰：玮藏于匜，待也。

本终二。玮入豆，吝。断曰：入豆而吝，位不当也。

二初一。鱼潜清潭，幽。断曰：清潭幽，自絜也。

二中二。玮当其守，翕，有允。断曰：顺数而下，毅然而中，有允也。

二终三。凤翔千仞，吉。断曰：千仞之吉，下窥也。

三初一。以玮为礐，有孚悔亡。断曰：玮为礐，违愿也。有孚悔亡，质未变也。

二中三。大吉。断曰：二中三大吉，中而得宜也。

三终四。粮秵绝，年谷稔，木果硕，无悔。断曰：果硕无悔，足食也。

四初一。据玮而隐，凶。君子免咎。断曰：据玮之凶，无其德也。君子免咎，称也。

二中四。琼有斑，琳有瑕，起訾。断曰：斑瑕起訾，蔽明也。

四终五。田获鼠，武人有功。断曰：田获鼠，未足贵也。武人之功，一怒以定天下也。

五初一。女佩玮，不咎咎。士佩玮，咎不咎。断曰：士女佩玮，各有得失也。

二中五。玮在盂，焕光煌煌，吉。断曰：在盂煌煌，位宜而吉也。

五终一。玮石颠，泣若涕若。断曰：以玮为石，以石为玮，颠也。泣若涕若，何可长也。

○	- -	△	Ν	+
○	- -	○	○	○
二 一 一	二 一 二	二 一 三	二 一 四	二 一 五
渊 皋 穹	渊 皋 穹	渊 皋 穹	渊 皋 穹	渊 皋 穹

究。有所往。得理有终。无所往。包究恕吉。

展曰：究有所往，成务也。敬以得理，明阴阳而有终。夫初往终来，屈伸消息也。君子无往则来，时消则屈。进退以包究，恕人以通志，吉道也。

断曰：二下一中，易其凝究。君子以辨是非，明去就。

本初二。聚朋讲德，问辩明道，究究吉。断曰：究究之吉，利人也。

一中本。究其光，阴阳见。朝夕生生，休无咎。断曰：究其光，自见也。

本终一。究于武，化匪寇，吉。陈兵执剑，缚貙有悔。断曰：究武之吉，服其心也。陈兵有悔，服其形也。

二初二。究器成象，吉。君子有攸往。断曰：究器成象，穷其下也。有攸往，上行也。

一中二。究于变。君子寡悔，小人吝。断曰：君子寡悔，趋中也。小人吝，反中也。

二终二。究道神形，吉。大人孚天下。断曰：究道神形，穷其上也。孚天下，万民安也。

三初二。国君用亨于大川，济之免咎。断曰：未济而亨，神弗福也。

一中三。水淹大阜，君子恕人以济。断曰：恕以退水，君子正志也。

三终三。列如分如，研如碾如。破其核，变其物，究于理。翕光吉。断曰：翕光之吉，是非明也。

四初二。究其颉颃，翕而显。断曰：以静制动，显其道也。

一中四。包其究，养其明。贤人行，无尤。断曰：包究，心通也。贤人行，国治也。

四终四。究于狱，失其性，凶。断曰：究狱失性，其义凶也。

五初二。究于争。天雨血，人相食，鬼昼哭。断曰：究争雨血，阴气为祟也。

一中五。是非非是,晦凶。是是非非,明吉。君子有终。断曰:君子有终,辩晦明也。

五终五。水過穴,大焚巢,丧其禽兽,莫之胜凶。断曰:過穴焚巢,失下上也。莫之胜凶,未交之灾也。

素誧。周行形翕显。达忍大吉。

二三三　二三四　二三五　二三一　二三二
渊阜穹　渊阜穹　渊阜穹　渊阜穹　渊阜穹

展曰:素誧,博爱也。其道周行,其形翕显。欣然不揜,达忍大吉也。圣人体天心而素誧,贤人体圣心而素誧。希贤希圣,素誧之心,浡然兴也矣。

断曰:二而三,凝而合素誧。君子以素位而行。

本初二。素誧绵绵。至刚凝,神行翕。断曰:刚凝神行,动静一也。

三中本。经维其素誧。大人成象,君子成形,小人成器。断曰:成象,合道也。成形,合象也。成器,合形也。

本终三。诚己诚物,有终显吉。断曰:有终以显诚,其义吉也。

二初二。孩提溺河,遄有喜,素誧吉。断曰:遄救有喜,仁也。素誧吉,无求也。

三中二。见面盎背,气畅四支。行有中,大人正位。断曰:有中而行,位正也。

二终四。諧言不訒,吝,利翕。断曰:諧言之吝,遬嚜也。利翕,养仁也。

三初二。沐发天池,濯足雁荡。素心吉。断曰:素心之吉,志远也。

三中三。素誧于征伐,化玉帛,吉无咎。断曰:化玉帛以安万民,吉而无咎也。

三终五。乘其危,丧素誧,匪人凶。断曰:匪人之凶,无所容也。

四初二。女贞不字,士贞不臣。七年勿用,终吉。断曰:七年勿用,时舍也。终吉,反纲常也。

三中四。忠事不疑,成德有庆。断曰:忠事不疑,有神也。

四终一。藏形吝,藏知吉。断曰:藏手见足,藏足见手,吝也。藏不自藏,吉也。

五初二。见病不安,丧食不饱,弋不射宿。断曰:不安不饱,不忍也。

三中五。素誧于国,恫瘝乃身,大行无悔。断曰:大行无悔,平天下也。

五终二。知命遂初,无丧有得,反生达忍。断曰:遂初无丧,得神也。反生而覆,达其忍也。

⚋⚋	△	Ⴍ	+	○	允。宜用亨祀。
△	⚋⚋	⚋⚋	⚋⚋	⚋⚋	
三二二	三二三	三二四	三二五	三二一	惇大笃实。显有祥。
渊阜穹	渊阜穹	渊阜穹	渊阜穹	渊阜穹	

展曰:参天两地,交而允。宜用亨祀,孚于天地也。圣人祭祖以配之,立人道也。惇大笃实,神祇右之,道显有祥也。

断曰:三而二,合而凝允。先王以允执厥中。

本初三。允喻吉。断曰:允喻之吉,有实也。

二中本。念兹在兹,复性翕周。断曰:静翕动周,性复也。

本终二。其允其允,赞之叹之,体之安之,大人吉。断曰:大人之吉,体仁安仁也。

二初三。试允吝。断曰:试允之吝,不诚也。

二中二。执端用中。知阴知阳,能柔能刚,行形有祥。断曰:行形有祥,合时也。

二终三。三公定国,功成允章。断曰:定国允章,承天则也。

三初三。允往,周吉。断曰:允往周吉,志大行也。

二中三。君臣允,社稷昌,万民安。断曰:君臣允,上下诚也。社稷昌,神亨也。万民安,广业也。

三终四。执中凶,颓若萎若。断曰:执中之凶,位不当也。颓若萎若,无权也。

四初三。允于典,渐有得,速无成。断曰:典有常,速不达也。

二中四。允于丘园,丰于果蓏。断曰:允于丘园,适性也。丰于果蓏,位中也。

四终五。允有悔,不悔吝。断曰:允有悔,过中也。有悔不悔,吝也。

五初三。允于感。速则通,缓则否。断曰:感宜神速,其可缓乎。

二中五。司徒五教,允于亲,显道吉。断曰:显道之吉,人参天地也。

五终一。亲而仇,昏蒙而寇,允物凶。断曰:亲而仇,穹阜易位也。允物之凶,见物未见人也。

齐于六合。生消息。升降。周行。大吉。

三四四 三四五 三四一 三四二 三四三
渊阜穹 渊阜穹 渊阜穹 渊阜穹 渊阜穹

展曰:齐于六合,消息大齐也。升降者,齐下上之位也。周行者,齐环绕之时也。观夫升降之时,环绕之位,则天地莫不齐,人心莫不同,万物莫不一,是以大吉。

断曰:三而四,合而循齐。君子以同心同德。

本初三。齐下上,形变寡咎。断曰:齐下上,位当也。

四中本。大齐同善,施及蛮貃。王用田,大获吉。断曰:善与人同,大齐也。获恶而善之,吉孰大焉。

本终四。齐终始,行无亏,寡咎。断曰:齐始终,时行也。

二初三。以耳视色,闻声于目。九窍齐,无眚。断曰:耳视目闻,九窍变通也。

四中二。齐宇宙。时纪远近,位辩古今。断曰:齐宇宙,贞一也。

二终五。齐其形,乱其命,征伐凶。断曰:齐其形,不知命也。征伐凶,心德离也。

三初三。让畔息讼,齐有祥。断曰:讼不作,齐心有祥也。

四中三。相敬齐眉,宜昏莽。断曰:齐眉之敬,中心乐也。

三终一。匿怨友人,齐其表,终厉。断曰:慝怨友人,齐其表也。其终厉,怨见也。

四初三。齐鬼神。行神吉,谄鬼凶。断曰:行神之吉,一也。谄鬼之凶,不齐也。

四中四。齐其军,长子为师,吉。断曰:齐其军,明律也。长子为师,顺天而吉也。

四终二。形同质异,或千钧,或一羽。小人有吝,君子无悔。断曰:小人有吝,辩形而不辩质也。君子无悔,由形质而神也。

五初三。一其服,同其冠,吝。断曰:五初三吝,阴阳紊也。

四中五。境浊心清,齐其齐。形吉。断曰:境浊心清,志治也。齐其齐,升也。形吉,正中也。

五终三。爱其爱,恶其恶,无悔无尤。君子爱恶,齐吉。小人恶爱,不齐凶。断曰:君子齐吉,公也。小人不齐凶,私也。

△	И	十	○	--	勘。富于象。固于志。
△	△	△	△	△	显有终。
И	И	И	И	И	
△	△	△	△	△	
四三三	四三四	四三五	四三一	四三二	
渊阜穹	渊阜穹	渊阜穹	渊阜穹	渊阜穹	

展曰:勘,勉也。富于象,研几也。固于志,有执也。执善显几,勘道有终也。天勘而成其高,地勘而成其广,鬼神勘而成其灵,山川勘

而成其势。勱道岂不大哉,人可无勱乎。

断曰:四而三,循而合勱。君子以多材多艺。

本初四。勱哉勱哉,勉其德,大其业。断曰:勉德大业,自强也。

三中本。辐辏于毂,勱于轴。大吉。断曰:于毂,利转也。于轴,得中也。

本终三。勱终始,行无亏,寡咎吉。断曰:勱终始,载齐也。寡咎而吉,有本也。

二初四。巨舻迷向,大军失轨,利鉴。断曰:迷向,莽也。失轨,猛也。利鉴,补过也。

三中二。境清心浊,出门勱吉,闭户吝。断曰:境清心浊,志未正也。出门勱吉,清其心也。闭户吝,沈也。

二终四。勱于数,成象无悔。断曰:勱数成象,理得无悔也。

三初四。多能鄙事,勱进免咎。断曰:多能鄙事,循位也。勱进免咎,合时也。

三中三。顽夫廉,鄙夫强,勱志有祥。断曰:或廉或强,志远也。有祥,受福也。

三终五。利涉焜空,得其时。星鸟为向,无眚。断曰:得其时位,何眚之有。

四初四。灭其勱,丧其气,受嚄蹴。弃凶。断曰:灭勱弃凶,不知象也。

三中四。繡其黼黻,编其筐篚,女子贞翕。吉。断曰:三中四吉,备物以承宗庙祭祀也。

四终一。小子狂简,大人则愚。自勱悔亡。断曰:自勱悔亡,不犯灾也。

五初四。勇往不惑,利济难。周行用勱,有功。断曰:勱以济难,勇往有功也。

三中五。勱于幽,无所终。勱以显道吉。断曰:勱于幽,是非晦

138

也。究克允生,显道吉也。

五终二。髡首守积,躁勖,刖足。凶。断曰:勖不以道,凶也。

翼。含翕。无成有终。谮有咎。用见大人。出征吉。

四五五　四五一　四五二　四五三　四五四
渊阜穹　渊阜穹　渊阜穹　渊阜穹　渊阜穹

展曰:翼,助也。有中以含翕,不伐其德,无成有终也。谮有咎,丧中而失位。用见大人,其志大行。出征之吉,有功也。

断曰:四而五,循而定翼。先王以翼于天地,君子以辅弼王事。

本初四。不翼不飞,静含勿用。断曰:不翼不飞,静含以识时也。

五中本。翼于治乱,大人合其盛衰,包之振之吉。断曰:包以守其盛,振以济其衰,吉道也。

本终五。裁玄衣,繍黄裳,翼其身,悔止。断曰:翼身悔亡,内外称也。

二初四。或兢或絿,或躁或怠。翼于王,吝。断曰:翼王之吝,未中也。

五中二。翼于王事,匪咎。嗟若吉。断曰:匪咎,正中也。嗟若吉,忧而无患也。

二终一。舍白驹,得小驴。幽人翕吉。断曰:得小驴,时缓也。幽人翕吉,安也。

三初四。舍小驴,得白驹。壮士行吉。断曰:得白驹,时速也。壮士行吉,乐也。

五中三。建侯亨士。远小人有庆。断曰:建侯亨士,多翼也。小人间上下,宜远之也。

三终二。翼于鬼神,魂游金乌,魄接玉兔。明其明,吉。断曰:翼于鬼神,位不当也。明其明,辩明而吉也。

四初四。双髻峨峨,翼其首,终无悔。断曰:以阴助阳,其终无悔也。

五中四。王锡命,翼帅克敌,立庙吉。断曰:顺天立庙,生道也。

四终三。翼于人,志于业。君子无咎,小人否。断曰:君子无咎,志业以利人也。小人否,志业以利亡也。

五初四。凤张翼,龟曳尾,无悔无誉。断曰:张翼曳尾,适天性也。无悔无誉,自得也。

五中五。翼初上,清经纬,杂如缀如。君子知本,有终。断曰:杂如缀如,成其大也。知本有终,位中定象也。

五终四。翼于定。趯如趯如,文人免咎。断曰:趯如趯如,有度也。文人翼定,化克也。

И И +	+ И +	О И +	-- И +	△ И +	觉。周行。济啧显。
五四四	五四五	五四一	五四二	五四三	曤莽有悔。瞳昽曒曒。
渊皋穹	渊皋穹	渊皋穹	渊皋穹	渊皋穹	惕若吉。

展曰:觉,悟也。周行,通乎幽明也。济啧以显,善其啧也。曤莽有悔,暗暗蔽明也。瞳昽曒曒,惕若吉,慎其觉也。

断曰:五先于四,定而循觉。先圣以道觉人。

本初五。觉于啧,见其几,宜翁。断曰:觉啧宜翁,位下也。

四中本。先觉觉后觉,说其桎梏,往吉。断曰:先觉,自觉也。其往吉,说人之桎梏也。

本终四。正其性,安其命,觉其身,悔亡。断曰:觉身悔亡,体天地也。

二初五。蕉鹿梦觉,颠象,其往吝。利见大人。断曰:梦觉颠象,幽明倒也。利见大人,醒其梦也。

四中二。移其象,劳其思,厉免咎。断曰:移象劳思,与时行也。虽危免咎,象定而觉也。

二终五。绝其交,闭其户,苦觉有厉。断曰:绝交闭户,远人以观化于天地也。苦觉有厉，不知循也。

三初五。或阴或阳，病心凶。断曰：病心之凶，不辨情伪也。

四中三。存性养心，有终吉。断曰：存性养心，正其欲也。有终吉，知命也。

三终一。周于变。密于思。成于觉。断曰：成于觉，性命各正也。

四初五。狐有言，蟹有行。旱有魃，雨有霓。霓而愧，觉而吉。断曰：狐有言，不足信也。蟹有行，不足法也。旱魃雨霓，不足灾也。霓而愧，志刚而正也。觉而吉，群魔散也。

四中四。觉不觉，不觉觉。断曰：觉与不觉，循也。

四终二。迷觉，吝，终身不克征。巇嵒若，凶。断曰：以迷为觉，不亦悲乎。巇嵒之凶，气不行也。

五初五。戏觉，幻变，免吝。断曰：戏觉，见身也。变以免吝，觉幻尘也。

四中五。大觉吉。旸谷曙曦，圣人化克。贤人觉民，灾眚不作。断曰：天克地，圣人化之，大觉之吉也。

五终三。濁其首，乱其觉，塞其道，凶。断曰：其首濁，不知极也。其觉乱，不知理也。道塞而凶，人禽一也。

循。缘督周行。专忘吉。辟驰无悔。宜往济险。宜升空。吉。

ИИИ	＋ИИ	〇ИИ	--ИИ	△ИИ
四四四	四四五	四四一	四四二	四四三
渊皋穹	渊皋穹	渊皋穹	渊皋穹	渊皋穹

展曰：循，依也。缘督周行，顺其气也。专而忘专，辟而忘驰，吉而无悔也。专以升空，辟以济险，循气之吉也。天地循而生寒暑，日月循而成昼夜，任督循而知生生。循时之义大矣哉。

断曰：四方生象，循。王以顺时终始。

本初四。神变物，物凝气，气行神，循行无悔。断曰：循行无悔，顺时也。

四中本。神其形,类其质,大人成性,君子循吉。断曰:大人神形类质以成性。君子循而存之,吉也。

本终四。幽明反复。瘦鹤鸣,翰音唱,孚而循。断曰:鹤幽鸡明,孚时也。

二初四。涝气升空,布恶有灾。断曰:升空布恶,位不当也。有灾,自取也。

四中二。循其息,以鼻以踵,志正有功。断曰:循其息,顺也。志正有功,位中也。

二终五。颂声作,怨气升,循凶。断曰:声颂气怨,失道也。循凶,不知时也。

三初四。五音循律,君子舍之,吉。断曰:舍音于律,成章吉也。

四中三。循法,吝。断曰:循法之吝,不知时位也。

三终一。循德丧业,循业丧德。大人止之,免咎。断曰:丧业之德,戕亡之凶德也。丧德之业,害人之恶业也。

四初四。亦坐亦卧,亦步亦趋,终有悔。断曰:随形失神,其终有悔也。

四中四。嚣嚣以游,循义济险,吉。断曰:循义济险,救民而吉也。

四终二。设险守循,小事免悔,大事有尤。断曰:设险守循,失中也。小事免悔,循也。大事有尤,及险也。

五初四。用循,宜初,世治安谧。断曰:宜初安谧,民心厌乱也。

四中五。王循八风,施命有庆。断曰:循风以施命,周行有庆也。

五终三。曲循缘督,吉。利观微,得敉。断曰:曲循之吉,体物不遗也。

本用四。循变有遂,中受福,无咎。断曰:自遂于中,无咎也。

擎 形 说

天地者,万物之本。易凝者,天地之象。阴阳者,天地之气。万物者,天地之蜕。昔者圣人,格物而辩其气,验气而悟其象,因象而知其形,神形而归于中。所以合天地,通鬼神,循时位,交纵横,定上下,化阖闾也。

其唯《神形》乎,有覆有载,有环有璇,有沺有焜,有磊淳,有米盐。乃覆以包之,载以厚之,环以行之,璇以通之,沺以流之,焜以炎之,磊淳以富之,米盐以辩之。是故法五典而天下平,执五端而尊卑别,用五器而吉凶定。五五而五,非磊淳乎。增三而判,非米盐乎。

《神形》之斋五,兼而二十有五,图而名之。参而一百二十有五,分图以判之。展以阐图,断以阖樛。图也者,象其喷也。樛也者,明其变也。总断根于图,飑断承于樛。静者观图玩展,动者察樛究飑,其归一也。凡五斋者,一三五属阳,二四属阴。当圆而专之,东西为阳,南北为阴。阳于德为乐,阴于德为礼。若执乐而未知礼则野,执礼而未知乐则拘。必礼乐并济,庶免于迂曲狂妄而性情和。和则专,专则交,交于中则信。信则方而布之,乃东北为阳,西南为阴。西之由阳而阴,仁而义也。北之由阴而阳,礼而知也。义本于仁,无刚卤灭裂之弊。知

143

由乎礼,免穿凿附会之病。由是而明四端,理五行,圣人以济民也。

显者仁,天之为道大矣哉。廓然无方,穹然无际,人颠之上,莫非天也。翕者知,地之为道至矣哉。窈然无垠,渊然无尽,人足之下,莫非地也。由颠而上,魂游九天以聚象。由足而下,魄接九渊而类形。仰观日月星辰,齐时位而象见。俯察山河大地,分疏密而形呈。是故化光而一之,邈然而通之,则垒然于太空之间者,盖气之斡旋耳。原气有阴阳,有上下,有顺逆,有分合,有迟速,有辟阖。一言以蔽之,曰有相错,相错则生克随之。是故一生一克之谓理,制之者知也,化之者仁也。仁以效天,知以则地。本天地以理之曰时,时行时止以处之曰位,既仁且知适时当位曰人,所以参天地也。

至若五耷之参天两地,当阴阳三二之交。凡三二之和为五,三二之积为六。五五二十有五,《神形》之图数也。六六三十有六,《神形》之策数也。是故用二十五图,以象天地万物之形。用三十六策,以得天地万物之象。分策而二以象天地,挂左手一策以象三才,挂右手一策以象四时,揲之以五以象五行。视左手之余策,以得其数,其数或一或二或三或四或五。以过揲策三十或二十有五,分之,左右挂之,揲之,视右手之余策以得其数,其数亦有五。凡左手之数,为本衍之一樛。右手之数,为变衍之一樛。此谓一讯。又以三讯时之二次过揲策二十有五或二十或一十有五,左右分之。若左奇右耦,占以初樛。左耦右奇,占以终樛。左右皆奇,占以中樛。左右皆耦,占以展辞。此三讯六分而二象成,七分而三衍展辞别,乃《神形》之筮占也。法乎此,可明阴阳生生之道矣。

展也者,言乎图者也,其道静。端也者,言乎樛者也,其道动。总断以善其言行,由静而动也。咇断以尽其变化,由动而静也。君子慎其言行,明其变化,动不乱,静不坠,进不躁,退不恐。或动或静,或进或退,其道一也。《神形》曰:"觉不觉,不觉觉",何谓也。夫觉者,非有所觉者也。以有所觉为觉,不觉也。觉而不知其所觉,是之谓觉也。

觉与不觉,相循无端,人其自取也(觉四中四)。玮者,美物也。在匦者,藏以待时也。君子翕合以养其气,位中以明其德,本玮以凝,凝而至五,则气足而德成。然后出匦以丽日射月,何悔之有哉(玮二中本,凝二中五)。哭者,人之所恶也。笑者,人之所喜也。哭笑者,情之动而合其性者也。是故当其时而哭笑,人之喜恶何与焉。《神形》曰"婴儿号咷无悔",此之谓也。而或谄笑以承人之喜,痛哭以动人之怜,与婴儿之号咷,岂可同日而语哉。情动而伪,交物而引,不亦悲乎(合三中本)。"循法吝",何谓也。法者,本诸时位而生者也。时位有变,法可不变乎。时位未变,法可变乎。循法者,知法而不知时位也,宜其执法不当而取吝(循四中三)。小人者,羡名者也。其形巍巍,其质眇眇。见形而未见质,有无实之名焉。君子则反是,疾名之不称。故池中之砥,乃小人所羡,而为君子所弃者也(砥二初一)。"颂声作,或快或怨",何也。夫颂声者,感德于中而发于外者也。感德之心,其快何如哉。心快而作颂,闻颂声而心快,永吉之道也。至若趋利以作颂,舍德以逢恶,循物失时,其怨何如哉。或快或怨,吉凶随之。作颂者,其戒诸勉诸(萧四中三,循二终五)。气有善恶,情有真伪。感善气,化恶而善焉。感恶气,化善而恶焉。善则情真,恶则情伪。真则降祥,国治而家兴,天下自然而平。伪则降殃,国灭而家亡,天下安得不乱耶。真伪之感,微焉显焉,可不慎乎。《神形》曰"辩气归真吉",谓君子辩明气之善恶而归诸情之真,其吉岂不大哉(邃肳三中二)。

　　观河图之象数,二五也。二为阴阳,五为五行。昔者庖牺氏之王天下也,则河图以究其阴阳,参人于天地而三才之八卦作。八卦者,阴阳也。若究五行而立以三才之道,《神形》之一百二十五象成焉。《神形》者,五行也。是故阴阳之交泰,见《神形》相生之象而明。阴阳之否塞,视《神形》相克之象而悟。君子本其象以生之,于克则制之化之,乃由克而生。所以倾否反泰,转消而息,其归无过,其要有中,此《神形》之道也。

　　有阴阳,消息以寓。消息者,生克之本。生克相绕,五行以成。故五行生克,自然之理也。《神形》者,生克观焉。以五耆言,当○生--克△,--生△克И,△生И克+,И生+克○,+生○克--。以三衍之五本图言,当易生凝克合,凝生合克循,合生循克定,循生定克易,定生易克凝。凡此易凝合循定五本图,又各自生克而成二十五图。若易生玮克砥,玮生砥克臑,砥生臑克芨,臑生芨克易,芨生易克玮是也。凝合循定同例。此二十五图中,尚可各自生克。若易之本终一生二终二克三终三、二终二生三终三克四终四、三终三生四终四克五终五、四终四生五终五克本终一、五终五生本终一克二终二是也。其他二十四图同例。故《神形》者,一而五、五而二十五、二十五而一百二十五。此下中上、初中终三者,又将自变其生克,故共有三百七十五㮕。㮕变凡五,数当一千八百七十五,始备生克之理,而尽变化之道。

《神形》之为书也,三才为经,五行为纬。是故立天之道曰幽与明,立地之道曰生与成,立人之道曰显与藏。夫三才有阴阳之源,五行生生克之用。用阳以生,用阴而克,生克迭运,万物流形。形以化象,象以变形,变化尽意,形象乃通。是故君子运心于中,范天地,度日月,知生死,感鬼神,于圣贤之道亦几矣。

附：蓍 策 图

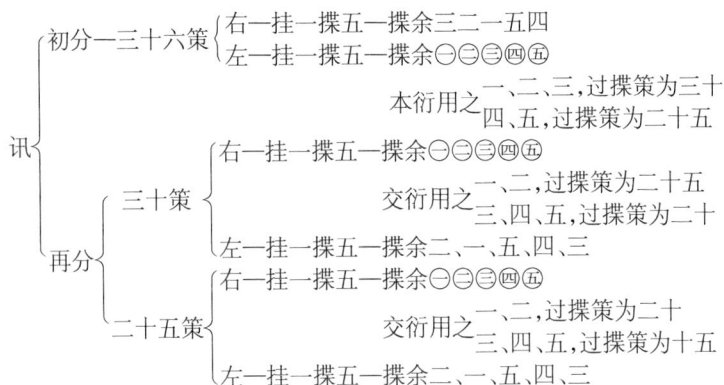

分第三讯过揲策 {
二十五策 { {右耦 左奇} 以初穋占之 ; {右奇 左耦} 以终穋占之 }
二十策 { {右奇 左奇} 以中穋占之 ; {右耦 左耦} 以展辞占之 }
十五策 { {右耦 左奇} 以初穋占之 ; {右奇 左耦} 以终穋占之 }
}

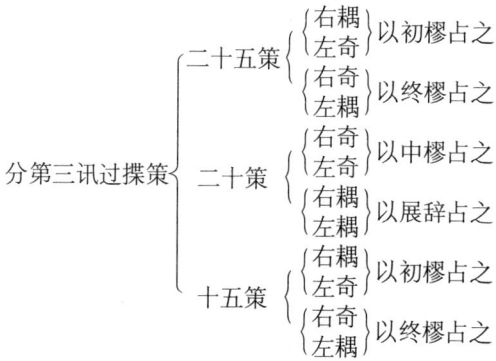

注：讯凡三，其法同，唯第三讯更须分之，故为三讯七分而筮事毕。然后以筮得之展穋辞占之，辞有二。若三讯之本变衍皆同，则其辞一。

附：生　克　图

一、五旮之生克

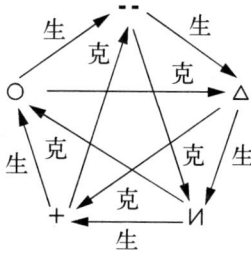

二、五本图之生克

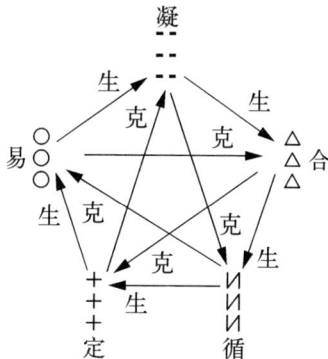

三、二十五图之生克(以易本图为例,其他四本图同例从略)

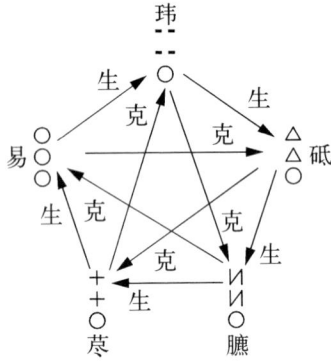

四、一百二十五分图之生克(以易本终一为例,其他二十四图同例从略)

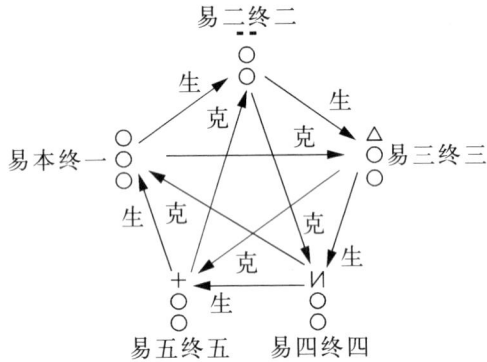

如 形 说

　　周者,理之本也。行者,道之见也。形者,器之成也。翕者,德之含也。显者,仁之实也。君子周理而不乱,行道而不惑,制器成形而不穷,翕德而不矜,显仁而不忧,故曰"易周行形翕显"。本初一曰:"易于地,井泉汲,大成周吉。"何谓也。曰:地中有泉,以润下为常,用乃未彰,圣人凿井以通之,制辘轳以汲之。井修泉冽,上出而养人,其功大,其理备。故曰大成周吉。一中本曰:"易于人,随有道,行形,寡咎。"何谓也。曰:人者参于天地者也。天地者阴阳也。阴阳者道也。有道则随以参之,行形以孚之,其咎盖亦寡矣。本终一曰:"易于天,贲时变,天下化,利翕。"何谓也。曰:日月推移,星辰易位。观其行,审其度,察其变,贲其时,静翕而天下化,天人其通焉夫。易于地者,渊上于阜也。易于人者,阜上下以得穹渊之中也。易于天者,穹下于阜也。渊穹互易于阜,是谓周行。周行以合人于天,形翕而道显,天下之理得矣。

　　人生莫不静,感物莫不动。静则翕,动则生。动静互宅,永生之吉也。本初二曰:"凝于渊,勿用。"何谓也。曰:用之为言也,其志正,其气专,其学博,其力厚。凝渊云者,正而未专,博而未厚,是以君子勿用

149

也。勿用以专之厚之,犹用也。而或忽此九渊之凝,乃志大才疏,心余力绌,非徒无益,而又害之也。二中本曰:"至德凝道,君子见,大人吉。正南大明。"何谓也。曰:东西北之易位,唯南不易。不易者,至德凝道而大明也。君子明以见大人,其吉必矣。本终二曰:"肃肃赫赫战于天,闪雷不雨,吝。"何谓也。曰:肃赫战于天,阴阳敌而不顺也。闪雷不雨,凝上而不知下也。久此不变,凶将随之。吝云乎哉,吝云乎哉。凝渊勿用,深藏也。至德凝道,文明也。肃肃赫赫,阴阳盛也。

憬形说

夫天地之理，有象斯有数，有数斯有形，有形斯有物，有物斯有斊。《神形》之为道也，象五而数五，数五而形五，形五而物五，物五而其斊有五。五斊谓○--△И+。○者，其数一。居中而周，圜专而复，万象之本也。--者，其数二。变而列，对而生，蜕化之出也。△者，其数三。兼天地以运气，合象数而成形，品物之始也。И者，其数四。节时而不紊，定向而不迷，动静之准也。+者，其数五。聚之散之，生之克之，交以成之，塞以毁之，宇宙之原也。用此五斊而杂以三衍，乃得天地之理，乃神万物之形。或穹或渊，通阜而妙。正性情，至天命，象数之极则也。

数者始于一，终于十，全于百。一者，天心也。十者，地极也。百者，品物也。本阴阳以开物，河图洛书出焉。河图为阳，其数五十有五，一至十之和也。洛书为阴，其数四十有五，一至九之和也。一至十者，五行之生成，五位相得而合，明其理也。一至九者，三才之消长，五处中以建皇极，成其务也。一、二、三、四、五，五者，五行之生数，《神形》之五穹法之。六、七、八、九、十，五者，五行之成数，《神形》之五渊法之。一九、二八、三七、四六、五五者，三才之消长，《神形》之五阜法之。大哉《神形》之道也，以穹制阜，以阜摄渊。五渊而统于阜，五阜而归于穹,五穹而始于一。渊阜穹,三衍也。各分为五,五夤也。五三以致一,兼图书以忻合天心,宜其形之神矣。

至若《神形》之方位,定易符一于东,凝于南,合于西,循于北。乃终定以出易,继成而生生,善莫大焉。以定而言,静为理,动为性。理以一之,性以生之。以易而言,静为元,动为仁。元以发之,仁以广之。理也,性也,元也,仁也,其道一也。凝于南者,至德大明也。静为礼,动为乐,所以节言行,通思虑,感情伪,化顽顿以归于正者也。合于西者,破执禁非也。静为义,动为断。义以类之,断以器之。类以开物,器以致用,养民于无穷也。循于北者,成德守业也。静为贞,动为知。贞以安之,知以淘之。安顾淘,淘顾安,德业互勉而不已也。而或定五之归中于信,则易一旋北,循四旋西,合三旋东,而数当河图之形。其唯凝二不变于南者,盖至德凝道而素誧神行也。

《神形》之为道也,观其类而知其性,察其族而识其情。易本之用在水,凝本之用在火,合本之用在木,循本之用在金,定本之用在土。五行迭运,生克互变,五用类之性情也。易二与究本,凝五与玮本,互为覆载也。易二与玮五,玮五与究本,究本与易二,互为环璇也。易二与凝五,玮五与究二,究本与玮本,互为泚焜也。覆载而二合,环璇而三合,覆载环璇而泚焜之,六合类之性情也。若覆载环璇而兼以五用,生克类之性情也。凡五用以应五行,属阜。六合以应六甲,属穹。生克以应五子,属渊。五子六甲,象各六十。参以五行,《神形》之象具矣。

易天也,凝地也,合人也,循时也,定位也。易为神,凝为祇,合为性,循为命,定为理。易为龙,凝为虎,合为麟,循为凤,定为龟。易为父,凝为母,合为子,循为女,定为孙。易为羽,凝为徵,合为角,循为商,定为宫。易为肾,凝为肺,合为脾,循为肝,定为心。

易为宇宙,为变化,为动静,为道,为极,为大成,为专,为不染,为朱,为笔,为狂,为黑,为究,为原,为阐幽,为马,为博,为大力,为气,为达,为行,为兢,为箫,为玉人,为铉,为金丸,为九窍,为冠,为显。凝为果木,为赤,为日,为大明,为对,为列,为宝,为苦,为帛,为纸,为物,为思,为牛,为灰灭,为结,为室,为包,为翁,为耿介,为怪,为丽。合为让畔,为表里,为祥,为青,为化,为玄黄,为星,为石,为砚,为进,为行,为敬,为齐,为耻,为文,为桌椅,为书,为聆,为中道,为甘。循为缘督,为带,为遂,为丧,为律,为白,为紫,为月,为晦,为浊,为妖,为流动,为车,为古今,为世,为从,为趋。定为觉,为城墉,为士,为黄,为绯,为辰,为界,为固,为静,为形,为上下,为前后,为执,为夬决,为大物,为杲,为交,为床,为屋,为臼,为隘陋,为閤。

附：五 耸 图

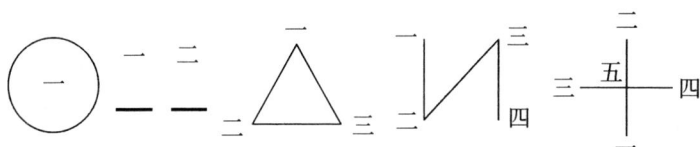

次 形 说

　　有天地,然后有变化。有变化,然后有象形。盈天地之间者,象形之变化也。易凝者,天地也,变化也,象形也。运乎其间者,有不运者焉,故继之以砥。砥者,立也。立则不孤,故继之以亲。亲者,感而通也。亲有上下,故继之以颉颃。颉颃者,上下也。颉颃不可不周,故继之以邃旸。邃旸者,周也,达也。达则有主,故继之以辟。辟者,主也。主不可不知文,故继之以焕。焕者,文也。文以嗟叹歌咏之而成乐,故继之以箫。箫者,乐也。乐而不节则情偏,故继之以靖毗。毗者,偏也。靖毗者,治其情也。治情而失其性,阴干于中焉,故继之以誂訐。誂訐者,阴盛也。阴盛以养物,故继之以臁。臁者,养也。物得其养则和,故继之以合。合者,和也。和合天地象形之变化则安,故继之以定。定者,安也。安内以安外,故继之以驰。驰者,驰外以化物也。物化光则进,故继之以苂。苂者,进也。进则物美,故继之以玮。玮者,美玉也。玮不可不究,故继之以究。究者,究其理也。理得于人为仁,故继之以素誧。素誧者,仁也。仁则诚明,故继之以允。允者,诚明而信也。信则不疑,故继之以齐。齐者,不疑而一也。得一则勉,故继之以勴。勴者,勉而升也。勴不可无助,故继之以翼。翼者,助也。助生

154

生以右神则悟,故继之以觉。觉者,悟也。唯觉可循,循变化于无穷,故继之以循而《神形》终焉。

附：次　形　图

○ ○ ○ 易	△ △ + 邃眑	○ ○ И 誂訏	+ +○ И 苠	ИИ ○ 齐
-- -- -- 凝	-- -- + 辟	ИИ ○ 膔	-- -- ○ 玮	△ △И 勖
△ △ ○ 砥	+ ++ -- 焕	△ △ △ 合	○○ -- 究	+ ИИ 翼
○○ -- 亲	И -- 箫	+ ++ + 定	△ △ 素誧	ИИ + 觉
+ + △ 颉颃	-- -- И 靖毗	○○ + 驰	-- △ 允	ИИ ИИ 循

缀　形　说

　　易,动也。凝,静也。素誧,仁也。砥止而驰行也。允,诚信也。箫,逸乐也。茋则进也,辟主翼助。颉颃,上下也。靖毗补过,合则形交也。定,善也。齐,一也。臕与诮誋,肥而争也。邃眑,达也。勖,勉也。焕文缬而玮质美也。究,研也。亲,爱也。研物而爱其亲,形有神也。觉,悟也。循,缘督也。悟神而循之道之,动静也。

附：缀　形　图

易	允	颉颃	臕	玮
○ ○○ ○○○	-- -- △	＋ ＋ △	ЖЖ ○○ ○	-- -- ○

凝	箫	靖毗	诮誋	究
-- -- --	ЖЖ ЖЖ --	-- -- Ж	○ ○ Ж	○ ○ --

素誧	茋	合	邃眑	亲
△ △ --	＋＋ ＋○	△ △ △	△ △ ＋	○ ○ △

缀 形 说

△
△
○
砥

--
--
+
辟

+
+
+
定

△
△И
勖

ИИ
+
觉

○○
+
驰

+
++И
翼

ИИ
ИО
齐

++
--
焕

ИИ
ИИ
循

157

《神形篇》跋

　　余性喜《周易》,近年究及《太玄》、《潜虚》等书,心亦好焉。盖易道阴阳,其象善变,何可执一耶。若扬子、温公,殊能深得乎易象,乃本其所处而畅所欲言,岂依样仿之而已哉。

　　自乙未年起,始述此《神形篇》,欲以明易象耳。四年间,时时审察乎天下事物之变。凡既有象,则思形以见之。凡既有形,则思象以通之。形象既合,乃类而分之,族而别之,文以载之,物以证之。其间有足乐者,自苦之讥,非知雄者也。若他日覆瓿,何与于余。

戊戌夏述毕而跋

《神形篇》又跋

　　余于乙未年春成《易象义例通释》。是书逐字分释《周易》经文,则整个易象散成一切,落英缤纷,美不胜收。是时也,形象之变化感也速,上下之变通合也和。乃即兴思之,宜有《神形篇》之说。困学卦爻,固有《六龙图》之获。迫准乎《六龙》而成《周易终始》。凡一切易象复归于一,则虽欲更合神形不可得焉。呜呼,易之象,思之神,文之杂,形之变,不亦妙哉。

庚子又跋

附:《神形篇》音义

《神形篇》自序

踦　　丘奇切,音敧。一足也。

礥　　下珍切,音䪗。难貌。

攡　　邻知切,音离。张也。

掜　　吾礼切,音倪,上声。拟也。

焱　　以冉切,音琰。火华也。

卝　　古患切,音惯。幼稚也。

戕　　楚良切,音窗。伤也。

斁　　夷益切,音亦。厌也。

《神形篇》图

臕　　卑遥切,音镳。肥也。

荩　　徐刃切,音烬。进也。

誧　　奔摸切,音逋。大也,相助也。

頡　　奚结切,音缬。鸟飞上曰頡。

頏　　胡冈切,音杭。鸟飞下曰頏。

160

誂　徒了切,音窕。相呼诱也。

訮　馨烟切(平声),显音。诤语。

毗　频脂切,音琵。明也。

邃　须遂切,音粹。深远也。

眛　莫佩切,音妹。目冥远视。

齐　音齐。等也。

沝　诩鬼切,音虺。水流貌。

焜　户衮切,音混。煌也,光也。

《神形篇》

翕　迄及切,音吸。起也。

痛　滂模切,音铺。病也。

铉　户畎切,音泫。举鼎也。

礐　克角切,音确。山多大石。

弋　逸职切,音翼。缴射也。

翲　纰招切,音漂。高飞也。

匦　古委切,音宄。匣也。

礧　鱼对切,音醴。磨也。

顜　忙经切,音冥。眉目之间。

珥　而至切,音饵。瑱也。

硗　五交切,音敲。石地。

蟒　丁计切,音帝。蟒蝀,虹也。

蝀　德红切,音东。蟒蝀,详蟒字。

寞　谟官切,音漫。穴黑貌。

窞　徒感切,音菼。坎中小坎。

厎　诸氏切,音指。定也。

嚚　疑巾切,音银。愚也。

溅　　阻限切，音醆。鸟鸷击势也。

爇　　儒劣切，音焫。烧也。

螭　　抽知切，音摛。若龙而黄。

翯　　胡沃切，音鹄。翯鸟羽肥泽洁白也。

翪　　祖从切，音騣。竦翅上下飞也。

跲　　讫洽切，音夹。蹶也。

穹　　五中切，音芎。高也。

翊　　逸职切，音弋。飞貌。

翐　　直质切，音秩。飞貌。

霿　　蒙弄切，音懞，去声。天气下，地不应，曰霿晦也。

睱　　亥驾切，音下。缓视也。

髑　　在谷切，音烛。髑髅，顶也。

髅　　即候切，音楼。

饕　　他刀切，音滔。贪财，贪嗜饮食。

餮　　他结切，音铁。贪食。

剠　　渠京切，音擎。同黥，墨刑在面。

劓　　以智切，音臆。刖鼻也。

霱　　以律切，音聿。瑞云。

袗　　止忍切，音轸。玄服也。

䴉　　胡闻切，音还。飞绕貌。

怗　　处占切，音沾。怗滞也。

懘　　尺制切，音掣。怗懘，音败不和也。

踥　　七接切，音妾。详蹀。

蹀　　达协切，音牒。踥蹀，行貌。

跙　　在吕切，音咀。行不进也。

踖　　资昔切，音积。小步也。

踅　　丑列切，音跇。一足行，或旋倒也。

缀　　株卫切,音辍。连也。

刁　　丁聊切,音貂。调调刁刁,摇动貌。

駗　　知忍切,音辗。駗驙,马载重难行。

驙　　诸延切,音邅。详駗。

次　　七四切,音佽。不前不进。

且　　七野切,音跙。未定之辞。

荏　　忍甚切,音稔。柔意也。

尪　　乌光切,音汪。跛曲胫也。

痟　　先雕切,音宵。酸痟,头痛。

慱　　徒官切,音团。忧劳也。

瘨　　多年切,音颠。狂也,病也。

矎　　渠龟切,音逵。注目视也。

闑　　丁结切,音窒。门阃也。

骀　　他哀切,音胎。驽马也。

趡　　愈水切,读如唯。走也。

趫　　诀律切,音橘。狂走也。

飖　　胡盲切,音横。暴风。

磻　　逋禾切,音波。石可为弋镞。

稂　　鲁当切,音郎。草名,似莠。

莠　　云九切,音酉。分别也。

祟　　素位切,音粹。神祸也。

濄　　古禾切,音过。水回也。

諮　　徒合切,音遝。妄语也,言相恶也。

謘　　陈知切,音驰。謘騭,轻薄也。

騭　　职日切,音质。升也。

恫　　他东切,音通。痛也。

瘝　　姑还切,音关。病也。

蓏　郎果切，音裸。草实。

艆　卢当切，音郎。海中大船。

烢　呼公切，音烘。光色火貌。

嘑　荒胡切，音呼。唬也，大声也。

刜　敷勿切，音拂。击也。

絿　巨尤切，音求。急也。

趣　演女切，音与。安行也。

趯　权俱切，音劬。走顾貌。

曭　他曩切，音傥。日不明也。

曈　徒红切，音同。曈昽，日初出将明未明之貌。

昽　卢红切，音笼。详曈字。

暾　他昆切，音墩。日始出也。

曀　一计切，音翳。阴而风曰曀。

魃　薄拔切，音跋。旱鬼也。

䨟　古历切，音激。雨鬼。

䰟　侧灭切，音蕲。鬼名，辟邪。

傀　火跨切，音化。鬼变也。

衊　莫结切，音蔑。污血也。

盥　奴冬切，音农。肿血。

旸　移章切，音阳。明也。

澖　乌绀切，音水。大主也。

谧　迷逸切，音密。静也，安也。

擥形说

擥　罗敢切，音览。总持也，采也。

磊　鲁猥切，音垒。象石也。

竧　都罪切，音堆（上声）。磊竧，重聚也。

樛　　居尤切,音鸠。周流也。

飐　　职琰切,音拈。风吹浪动。

憬形说

憬　　俱永切,音炯。觉悟也,远也。

窈　　伊鸟切,音杳。深也,静也。

垠　　疑巾切,音银。地垎也,岸也。

《内经》七篇大论述义

自　序

　　《内经》一书,为中医之经典文献。未通全书之旨,中医之所以成中医,将失其源。源远流长,中医已起历史作用,而今而后,仍将有所发展。故于《内经》全书,不可不深入理解。探其源,观其流,疏浚之事,时时不可废。观今日已进入原子时代,于中医理论尤宜正本清流,以期走向全世界,为全人类服务。然则于经典文献之内容,首当深入研究。今本《内经》唐启玄子王冰所编,自序于唐宝应元年(762)。宋嘉祐(1056—1063)中,高保衡、孙奇,林亿等为之"正缪误"、"增注义",于七篇大论之意见为:"……七篇居今《素问》四卷,篇卷浩大,不与《素问》前后篇卷等,又且所载之事,与《素问》余篇略不相通。窃疑此七篇乃阴阳大论之文,王氏取以补所亡之卷。犹《周官》亡《冬官》以《考工记》补之之类也。"按高氏等之见未可谓非,然习《内经》者信之,而对七篇大论每多忽视,似觉未是。因虽非《内经》原文,仍属医理要义,王冰补以旧藏之卷,至少非其自作。即以王冰编辑之时论,宝应迄今已一千二百余年,且中唐之时在吾国文化史上属可贵之时代,王冰取旧藏以补《内经》之阙,正可足成中医之理论。故先不必详考其真伪,宜直接理解其内容。其内容是否有价值? 是否与《内经》之理论相似? 是

169

否符合本有整体概念之中医理论？况中医理论之完备，初不限于《内经》，若此七篇大论即是。王冰既已纳入《内经》作为全书之组成部分，则理应认识唐宝应元年起之中医理论，已包括此七篇大论。凡由战国秦汉至唐之历史发展，中医理论亦在发展，增此七篇大论以发展前人之说，更宜重视之，何可因后起而轻视之。况详究其内容，如阴阳五行与五运六气等，本属秦汉时通行之说，探其原盖与战国时邹衍之说相通。自战国至中唐约经千年而合诸《内经》，由是中医理论之要旨什九在《内经》一书。本此理以通观千年之史迹，可免迷于考据者之拘。且此稿不以考据为主而以述义为主，以期说明七篇大论之旨，所以溯其源，畅其流，以得大瓠耳。

又宝应元年，正值李鼎祚上《周易集解》于代宗。此书于今日属仅存之汉易，深入究其易象，实与七篇大论之象数相似。考盛唐文化之繁荣，重视象数理论为其基础之一。象数于今日当属自然科学，然经安史之乱损失极重，故于《易》有李鼎祚辑成《周易集解》以补汉易之阙，于医亦有王冰辑成《内经》以补医理之阙，此又见易理医理之相通处。

公元一九八四年岁次甲子月旅姑洗
潘雨廷自序于华东师大古籍研究所

一

天元纪大论述义

　　七篇大论中,唯此篇托名黄帝与鬼臾区之问答。明五运六气之纲要,为以下六篇之基础。凡以下六篇托名黄帝与岐伯之问答,所以纠正充实此篇之义。故此篇之说,尚非七篇大论之旨,仅为深入讨论之质。因鬼臾区之见尚有所执,未及岐伯之知变。然五运六气之概念,此篇中已有说明。全篇论题一,经九问九答而黄帝作结。

　　唯一的论题,即黄帝已知五运而未知其与三阴三阳六候之合。然黄帝已知之五运,仅为"天有五行,御五位以生寒暑燥湿风;人有五脏,化五气以生喜怒思忧恐"。则以数而论,知五而未知六,何能论其合。且五数与阴阳之关系亦未明确,虽知天人五数之应,尚未取天地人三才之理。宜鬼臾区之第一答,说明阴阳之五运。凡天地万物之理,莫不在变化,变化原乎阴阳五行之生克,其间有神明主之。此同《阴阳应象大论》第五中黄帝之言,本其理,故先定义神圣变化四概念,其言曰:"故物生谓之化,物极谓之变,阴阳不测谓之神,神用无方谓之圣。"此四概念,基本取诸易理,凡经"大哉乾元""至哉坤元"之资始资生而万物生,于数为乾元一变而为七,坤元二变而为八,七八曰象为化。由物生而物极,即由化而变,数亦由七而九,由八而六。于九六曰爻为变,犹爻之用九用六。以下"阴阳不测谓之神",《易·系辞上》曰"阴阳不测之谓神",之谓而谓之,所以定名,其实仍同。又《易·系辞上》曰"神无方而易无体",此处取其本而定名圣,犹取中央戊己土。今知早期以五德合五行,本取仁义礼智圣,此以无方名圣,属子思孟子之古义。由是述变化之用,以三方为体,以神为感,作下表以示之:

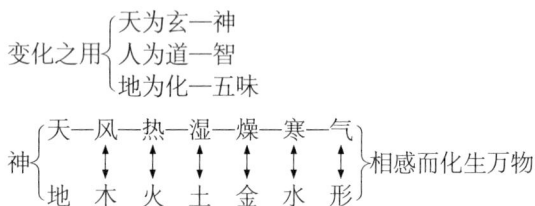

$$
\text{变化之用}\begin{cases}\text{天为玄—神}\\\text{人为道—智}\\\text{地为化—五味}\end{cases}
$$

$$
\text{神}\begin{cases}\text{天—风—热—湿—燥—寒—气}\\\quad\updownarrow\ \updownarrow\ \updownarrow\ \updownarrow\ \updownarrow\ \updownarrow\\\text{地\ 木\ 火\ 土\ 金\ 水\ 形}\end{cases}\text{相感而化生万物}
$$

且明由一而二,由二而四,由四而八,其中央戊己土犹人之圣,所以用多少之气盛衰之形,使上下相召而损益彰。

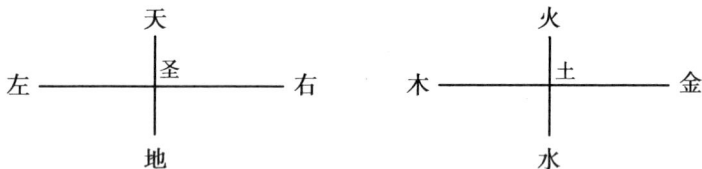

$$
\begin{array}{ccc}
& \text{天} & \\
& \text{圣} & \\
\text{左} &\!\!\!—\!\!\!| \!\!\!—\!\!\!& \text{右}\\
& \text{地} &
\end{array}
\qquad
\begin{array}{ccc}
& \text{火} & \\
& \text{土} & \\
\text{木} &\!\!\!—\!\!\!| \!\!\!—\!\!\!& \text{金}\\
& \text{水} &
\end{array}
$$

第二问答明五运各终期日,即一运当一回归年,岁实取 365¼日,此四分历先秦早已知之。

第三问答,鬼臾区引《太始天元册文》以明五运之理,其文曰:"太虚廖廓,肇基化元,万物资始,五运终天。布气真灵,总统坤元,九星悬朗,七曜周旋。曰阴曰阳,曰柔曰刚,幽显既位,寒暑弛张,生生化化,品物咸章。"然鬼臾区虽引此,尚未得其理,下篇《五运行大论》中,岐伯始能释之。而知所谓"五运"者,盖出于此书,此《太始天元册文》为古天文书,今已佚。其文如"万物资始"、"坤元"、"品物咸章"等,皆取于《易·彖》,理亦本乾元统坤元以运天而生化品物。

第四问答,继第一答,再问"气有多少,形有盛衰"之义,则天气风热湿燥寒,将成三阴三阳之六气。地形木火土金水各有过不及。又用专门名词三即"应天为天符,承岁为岁直,三合为治",含义详下。

第五问答,仍继第一答,再问"上下相召"之义,则天气增火而成天之阴阳,地形增火而成地之阴阳,且上奉天之三阴三阳,下应地之生长化收藏。其间增一火,可当生命绵延之几,今属热力学之范畴。又阴阳为二,二而四指阴阳各二以当四时。即阳阳曰生,阳阴曰长以当春夏;阴阳曰杀即收,阴阴曰藏以当秋冬。此四方而以无方化之,即圣土。由五之阴阳,增火而成六之阴阳,始备天干地支之相感,由是动静相召上下相临而可合。然此答大误,因于天动地静之象,下篇中岐伯即有以正鬼臾区之失。考鬼臾区之天文知识,尚不知地动,岐伯之天文知识,已似浑天仪。浑天仪之知识,邹衍已知之,乃能推得大九州之说。《易·系辞上》:"夫乾其静也专,其动也直,是以大生焉;夫坤其静也翕,其动也辟,是以广生焉。"此明生生之易,视乾天坤地各有相对之动静。或视为天动地静之相召,皆误于鬼臾区之说。若《周易》与岐伯之言,方属邹衍等已理解的浑天之象,此一认识不可不分辨之。

第六问答始明五六相合之数,其言曰:"天以六为节,地以五为制。周天气者,六期为一备,终地纪者,五岁为一周。"且准卦气图之理,凡一气约十五日,一年二十四气,即十二中气与十二节气,天六地五组合,三十岁一纪,有720气,六十花甲当二纪为一周,共有1 440气,过不及之盛衰,皆在其中。鬼臾区此答,已尽五运六气之要,亦为七篇大论归于六十花甲为周期之旨。此一问题,有关七篇大论的价值。自天文学角度论,得岁实后增加月之运行,则十九年七闰,合诸四分日之一,须76年为周期。更本诸花甲之理,即$76 \times 60 = 4\,560$年,作为四分历的历元。此数至迟在战国时已存在。其后汉之三统历,本诸五行星之实测,又造三统历之历元得23 639 040年,名之曰太极上元。可见秦汉于天文之发展已理解须会合行星周期,故势必愈演愈繁,于认识宇宙亦逐步深入。反观五运六气之医理,其发展的方向与天文学不全同,宜处处注意于宇宙对人生之影响。且个人之生命有限,今所谓生物钟,皆须相应于生物一世之时间,故最重要者为岁实。至于月之运行,实与遗传有关,故于医理之影响,岐伯于《上古天真论》中,早已总结成"女子七岁"、"丈夫八岁"之统计数。凡"四七筋骨坚,发长极,身体盛壮","四八筋骨隆盛,肌肉满壮",此二十八与三十二之平均数为三十,吾国于文字"世"字,即取三十年为一世之义。可见六十花甲之应用于医理,正当二世遗传。此属生物钟之周期,亦即五运六气相合成一纪一周,于人类生命周期有相应的客观事实。乃不必兼取76年的周期,且见七篇大论与《内经》原理之相通处。

第七问答,所以重视"天以六为节,地以五为制"之说。故黄帝曰:"余愿闻而藏之。上以治民,下以治身,使百姓昭著,上下和亲,德泽下流,子孙无忧,传之后世无有终时。"犹欲以数建立遗传规律,可喻六十花甲于医理所起之大作用。进而究其原,亦可能因用医理之故,始用甲子以纪年。此一观点须加考证,今可以假设观之。若鬼臾区答以"无道行私,必得夭殃",正明治民治身之旨。因上层建筑必须掌握自然规律以治民,于生物遗传规律尤不可忽。此七篇大论之旨,实在说明生物遗传规律与客观世界之相应关系,乃与治民有关。暂不论其是否正确,亦不加考证其成书年代,唯以成书之下限即王冰编辑时论,吾国在一千二百余年前,已知研究遗传规律与客观世界之关系,及执政者应如何掌握之,则不能不赞叹当时思路之深邃。故如对五运六气之医理尚未了解,何能建立适应于今日之中医理论。凡成为理论者,当有高度抽象,方能概括大量事实。今日所用之抽象方法,仍以数学语言为主。于数学语言仍不外形数二方面,由数而形,即成数学模型。以实质论,所谓五运六气,已自成其体例,能包括天地人三才的整体,恰属完备的中医理论,亦有合于今日西方所谓"数学模型"的概念。故此篇最后之二问二答及以下六篇,皆在述此"数学模型"。

第八问答明五运,作岁运表以示之。所谓五运者,即五行与天干之关系。

岁运表	岁	甲 乙 丙 丁 戊 己 庚 辛 壬 癸
	五运	土 金 水 木 火

第九问答明六元,所以总答第一问,作六元表以示之。所谓六元者,即六气与地支之关系。五六相合者,即干支相交以成六十花甲云。凡以少阴至厥阴六者为标而终于厥阴,又以风至寒六者为本。以例推之,盖终于寒。然此标本始终之义,与岐伯所言者不尽同,当以岐伯之说为准。

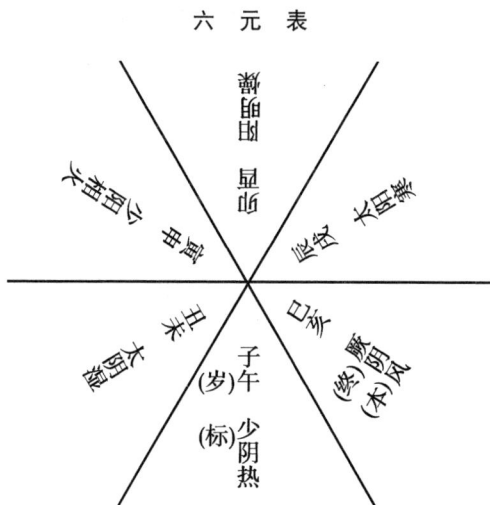

六 元 表

第十段为黄帝之赞辞,谓当刻此文于玉版,藏玉版于金匮,且名此篇曰《天元纪》。凡此七篇之名下,各加大论者,似欲与《四气调神大论》、《阴阳应象大论》相应。

二

五运行大论述义

此篇岐伯足成五运六气之象,颇有纠正鬼臾区之说。全篇经十五次问答而黄帝善之。

第一问答,黄帝据上篇之结论以问岐伯,岐伯答以"天地阴阳者,不以数推,以象之谓也"。盖象数宜合观之。

第二问答,岐伯亦据《太始天元册》文以见五运之气。其文曰:"丹天之气经于牛女戊分,黅天之气经于心尾己分,苍天之气经于危室柳鬼,素天之气经于亢氐昴毕,玄天之气经于张翼娄胃。所谓戊己分者,奎壁角轸,则天地之门户也。"此说明五运之气所以当五行之色,且由固定之天干配五行,变成运行之天干配五行。一动一静,庶见天气之神。又使戊己土分成天门地户,于天门当西北奎壁,地户当东南角轸,正合吾国地形西北高东南低之事实。观汉代已有之二十四向图,于四维用乾(西北)坤(西南)巽(东南)艮(东北)四卦象,《参同契》亦有"始于东北,箕斗之乡"之文。凡艮坤之位,正与天门地户垂直,合诸地支配五行,当辰戌丑未属土。此以二十八宿以定五运之位,且尚未知因岁差而有恒星东移之象。如《参同契》言"四七乖戾,誃离俯仰",似见及当时已不起于牵牛初度。由是可证《太始天元册》之成书,当在《参

176

同契》之前。观五气之图案对称于艮位，于箕斗为定点，实有得于天象之实测，正当银河之起讫处，此肉眼可见。不期文化发展至今日，仍知此点之重要，乃当银河系之中心坐标点。然则五运之气是否有与银河系之信息，今尚未可必。仅以数学模型观之，则五方由静而动，既有对称的中心点，又己土本诸地户而准五行相生之次，故所定五色之气亦非贸然而言，此即甲乙木等化成甲己土等之理论根据。或视为纯数学之假设，于十点间之二种配合法，更觉自然，如下图示之：

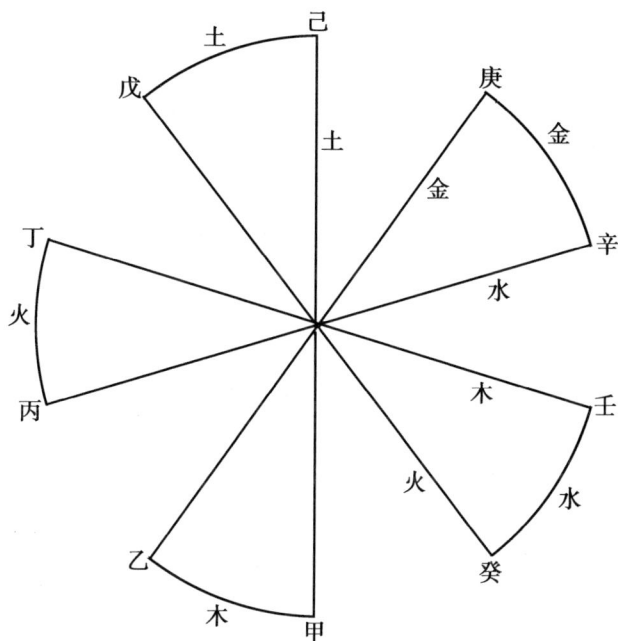

凡外圈当固定之五行，过中心当五运之五行，合于地户己土，五行皆以相生为次。准此原则而观阴阳五行之动静变化，与今日已渐起作用的图证原理完全一致。以天象言，二十八宿之方位图已得于曾侯乙墓，下葬时为公元前 433 年，当孔子后孟子前。然则取二十八宿定方位可云复古，五运从之，决非后起。详下三图：（一）曾侯乙墓之二十八宿图；（二）五运终天图；（三）银河坐标图。

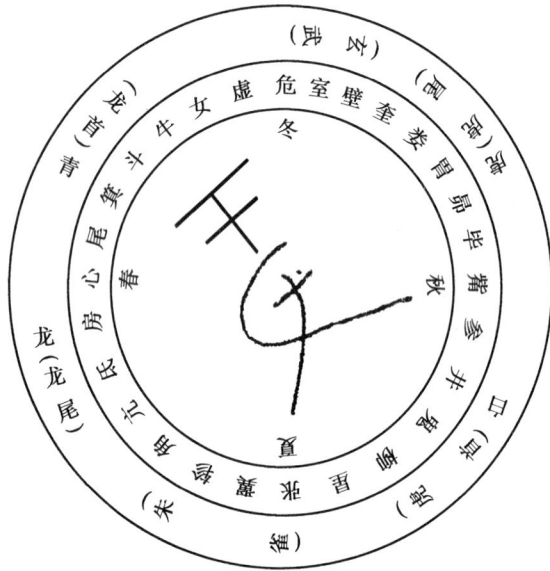

曾侯乙墓出土文物示意图

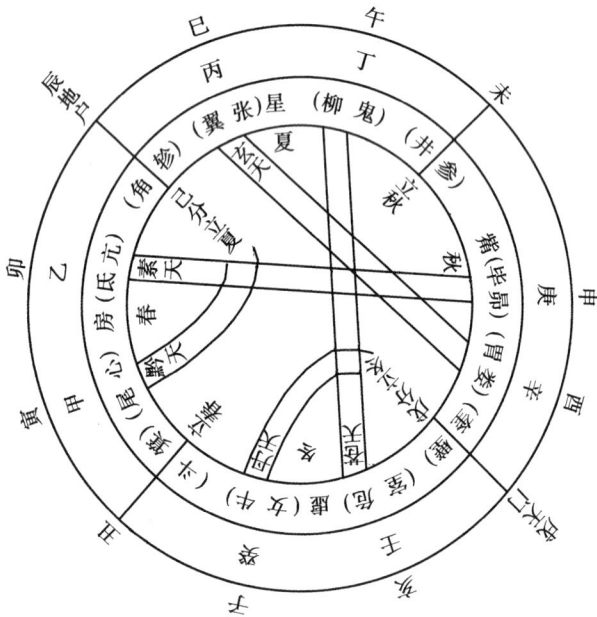

五运终天图

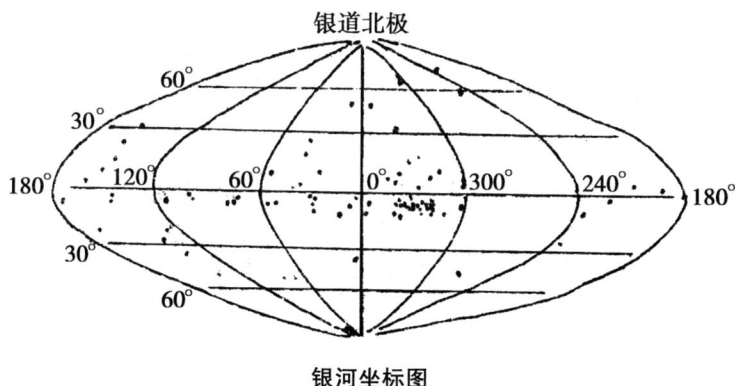

银河坐标图

　　第三问答,黄帝再问上篇中鬼臾区所谓"天地者,万物之上下也,左右者,阴阳之道路也"之义。岐伯之答,所以足成鬼臾区之义,以见合六气于上下左右。以数学论,由二轴交成 90°,化成三轴交成 60°,庶可合三阴三阳之理,此当面北而命其位。详示如下:

	(1)　　上 　　厥 　　阴		(2)　　上 　　少 　　阴		(3)　　上 　　太 　　阴
左少 阴	右太 阳	左太 阴	右厥 阴	左少 阳	右少 阳

	(4)　　上 　　少 　　阳		(5)　　上 　　阳 　　明		(6)　　上 　　太 　　阳
左阳 明	右太 阴	左太 阳	右少 阳	左厥 阴	右阳 明

　　且必言其半,先明上与左右之关系,乃准观察二十八宿之事实。因白天日光强不能见星象,迨日光尽而乃见。故逐晚观星象,仅得二十八宿之半,且因时而渐移,须一年的观察,方能见及二十八宿之全。然亦明阴阳各半,理可得其全,于一时之观察,仅能得其半。今西方所以重视吾国太极图者,就在渐知两仪之合。因于两仪之一的观察,决不能得两仪之他一,如动量与坐标决不能同时测准,就是出名的"测不准定律"。可见了解《周易》所谓"周流六虚"非同时可得,此不可不注

179

意上下北南,岐伯分上下回答,即作此大论者之思路,不可草草读过。

第四问答,继续说明下与上之关系,此当面南而命其位,详示如下:

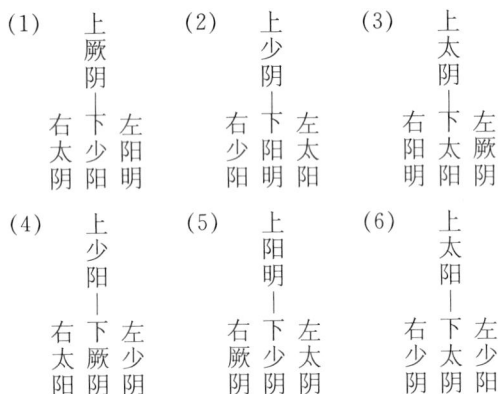

```
(1)        上          (2)        上          (3)        上
          厥阴                    少阴                    太阴
          ↑|                     ↑|                     ↑|
    右   下   左           右   下   左           右   下   左
    太   少   少           少   阳   太           阳   太   厥
    阴   阳   阳           阳   明   阳           明   阳   阴

(4)        上          (5)        上          (6)        上
          少阳                    阳明                    太阳
          ↑|                     ↑|                     ↑|
    右   下   左           右   下   左           右   下   左
    太   厥   少           厥   少   太           少   太   少
    阳   阴   阴           阴   阴   阳           阴   阴   阳
```

由是合成六气周流,不加分析,则不知左右因上下南北而异,势必影响理解万物之上下与阴阳之道路。所谓"气相得则和,不相得则病",正见人体与客观世界的关系,此实为中医之重要理论。

第五问答,更深入而问,何故气相得仍将有病?此因客观环境每年分六气当二月,二月中其气虽得,然何能无一人病,故气虽相得,又增加以下临上不当位之例,仍将有病。此例之理详下,然须说明此五运六气之理,须以统计规律观之,决非论个别之例。

第六问答为此篇之关键,明上天右行,下地左行。右行者东由南而西,即顺时针方向,左行者西由南而东。皆以天顶为南,故六元表必须分成上下,以见天地各自在动。天右旋而地左旋,皆于观察星象时可了解。

第七、八、九三次问答,所以破鬼臾区之天动地静说。岐伯曰"仰观其象,虽远可知也","地为人之下,太虚之中者也","大气举之也"等名言,于吾国天文学中宜有崇高之地位。须知哥白尼卒于公元1543年,即以宝应年论已早七百余年,况此七篇大论决非王冰自作,且整体之中医理论必须兼及天地人三才之道。此有正确的天文知识,归诸中

医理论,何可认为不属《内经》原文而不加重视。以下岐伯即述天人地三才当天气之象,以下表示之:

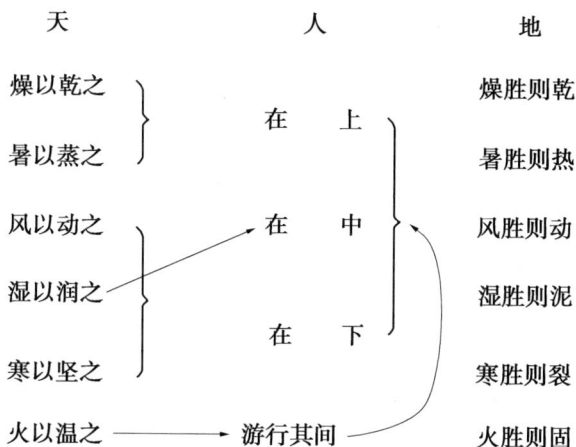

天	人	地
燥以乾之		燥胜则乾
暑以蒸之	在　上	暑胜则热
风以动之	在　中	风胜则动
湿以润之		湿胜则泥
寒以坚之	在　下	寒胜则裂
火以温之	游行其间	火胜则固

第十问答,岐伯据《脉法》谓"天地之变无以脉诊",尤合自然之变,非关人体之病。凡天灾而死亡,与脉诊无关。然预防天灾,虽非医师之责任,而预防疾病乃中医之要务。故对将起天灾之因,亦不可不随时注意,方不失为有整体概念的中医理论。唯重视种种原因之几,是之谓象,以下各答所以综述之。

第十一、十二两问答,以明气之从违,即本左右以观之,"从其气则和,违其气则病",且定义病危死三者之标准:

不当其位 } 者病
迭移其位

失守其位者　危

尺寸反 } 者　死
阴阳交

至于具体之事实,应先立其年以知其气,左右应见,即知病者之年龄,合诸运气之左右应见,以测病者死生之趋势。测之之法,盖本人合运气之象。以下诸问答皆属象,亦即中医理论所取之,为辨证治疗的信息来源。

第十二问之答,岐伯总结五行之象,宜分四表以示之。

表一　明天地人相生之次

生生\\五方	天	地		人		
东方	风	木	酸	肝	筋	心
南方	热	火	苦	心	血	脾
中央	湿	土	甘	脾	肉	肺
西方	燥	金	辛	肺	皮毛	肾
北方	寒	水	咸	肾	骨髓	肝

表二　明天地人三才之本象

三才\\五方	天	地	人		
			体	气	脏
东方	风	木	筋	柔	肝
南方	热	火	脉	息	心
中央	湿	土	肉	充	脾
西方	燥	金	皮毛	成	肺
北方	寒	水	骨	坚	肾

表三　以十二类明辨五行之象

十二类\\五方	性	德	用	色	化	虫	政	令	变	眚	味	志
东方	暄	和	动	苍	荣	毛	散	宣发	摧拉	陨	酸	怒
南方	暑	显	躁	赤	茂	羽	明	郁蒸	炎烁	燔焫	苦	喜
中央	静兼	濡	化	黄	盈	倮	谧	云雨	动注	淫溃	甘	思
西方	凉	清	固	白	敛	介	劲	雾露	肃杀	苍落	辛	忧
北方	凛	寒	(阙)	黑	肃	鳞	静	(阙)	凝冽	冰雹	咸	恐

182

表四　明三才之相克及同类相伤

三才 五方	人 胜 | 伤	天 胜 | 伤	地 胜 | 伤
东方	悲—怒—肝	燥—风—肝	辛—酸—筋
南方	恐—喜—心	寒—热—气	咸—苦—气
中央	怒—思—脾	风—湿—肉	酸—甘—脾
西方	喜—忧—肺	寒—热—皮毛	苦—辛—皮毛
北方	思—恐—肾	燥—寒—血	甘—咸—血

　　由上四表之象，庶可见五运六气之大义。或忽其象而观其数，则数学模型之本身，无内在矛盾即已成立。其用于何处？有何价值？必须代入各种形象。而形象本身自然须高度抽象，识其高度抽象之象与数学模型之数，及其相互结合之理，庶为得此七篇大论之旨。

　　又以上四表中，遵其生克之理，可纠正原书若干误字。表三于北方阙二字，以象推之，其用似当为"藏"，其令似当为"雪霰"(仅据明顾从德翻刻宋本，未参校他本)。且此四表于取象之分类，有数存焉。表一为天一地二人三，即取老子顺则一生二，二生三，逆则人法地，地法天之象。天一即气，地二当五行与味，人三当脏体与脏之相生，其数为5×6之矩阵。表二取天地各一人当体气脏三者；于体脏外即以气参天地而生，以当三才整体之本象，其数为5×5之方阵。表三取十二类，以当十二地支数，合诸五方成花甲之象，其数为5×12之矩阵。表四取天气地味人志为本，各观其胜与伤，胜者克我之谓，伤者五行同类比肩之谓，其数为5×9之矩阵。合上四表，乃知象本"五气更立，各有所先"。得五气之先，是谓"当其位则正"，失五气之先，是谓"非其位则邪"，此所以得病与危之信息。又将死之信息，不外脏体失调而尺寸反，志气混乱而阴阳交。

　　岐伯此义，既属此篇之主旨，亦为七篇大论中取象之旨。推其原，所以充实上篇鬼臾区所述之变化之用。此篇文字中于东方有重出，可删去。

第十四问答,明气相得时,则虽病犹微,气不相得时,则病变将甚。此识气之法,即本上述之信息。传说名医之善见病几,病危死之预告殊能正确者,端在识象。此纯属由科学分析而得,惜象数之学渐失传授之法,以致无道可循而视为神秘。如能准上四表之象,核实于种种病状而得其几,其法尚未失传。而此具有整体概念的中医理论,必须建立所谓理论者,何可不知象数。此为时至今日,仍必须深入理解七篇大论之原因。

第十五问答,明气有余与不及之情况,实即五行生克之变。凡气有余能制其克而侮克我者,气不及克我者侮而乘之,我克者亦将轻而侮我。凡立一"侮"字,所以破正常之五行生克。然侮之来有二方面,一属克我者甚其克,二我克者我不能克彼而彼反来侮我,则后者在足我之气,前者在足我之敬畏。且后者彼自将受邪,故仍宜畏于正常之五行生克。依医理言,脏体志气间之五行生克,乃人生之正常情况。病即生于侮,侮来有气,未能早辨则气来既甚而病,病即五行不当其位或迭移其位,以致失其位而病危。故生死之几能敬畏其时而侮不受邪,是即养生之道,可云中医之至理,宜黄帝善之作结。

此篇名五运行者,纯以五运之象为主。于六气当分南北上下以辨左右,其详阐明于下篇云。

三

六微旨大论述义

此篇岐伯足成第一篇中鬼臾区所谓"天以六为节"之义,间经三十余问答而黄帝善之。要在明六节经四年气会之具体时间。

第一、二两问之答,岐伯承上篇以明六气之周流。须注意者,有左右行。凡六气之次相同,上右行为气之标,盖南面而待。下左行为气之本,犹北面而待。中者少阳等六气之标,因左右行而见于火等六气之本。因左右行而本标不同,且轴之两端又宜相交,宜气应异象,详见下:

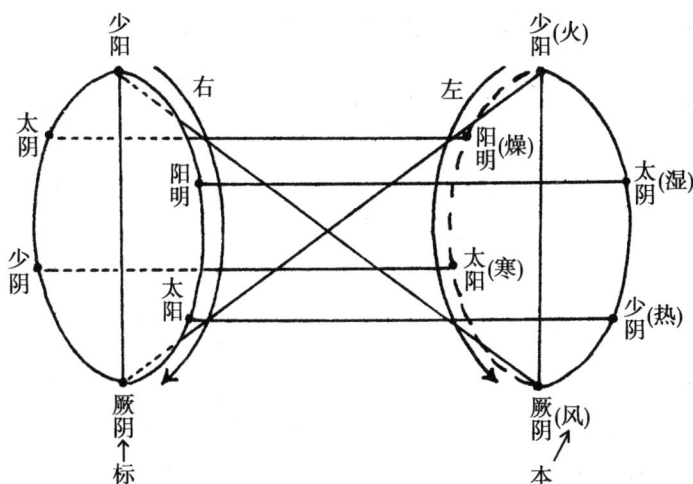

第三、四两问之答,明气来有三种情况,其一,当至而至名和。其二,来气不及则至而不至。其三,来气有余则未至而至。和则应而顺,不应则逆变而病生。

第五至八四问之答,明地理之应天气六节。乃于火分君火、相火,仍明其生克之次。复行一步指相生,承之指相克,由五而六,另表示之。谓阴精承君火之下,即水克火,当显明之时则以君火为主。必须有承者,所以防亢害。然害则败乱,承制、生化有盛衰。盛衰本位,位之正邪,亦将致病。

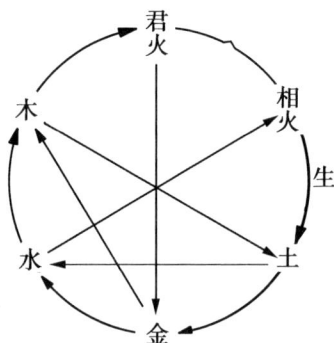

君火
相火
木
生
水
土
金

第九、十两问之答,明气平之岁会,当土旺四季以合五行之位,故岁会即当其位。反之,非其位即岁不与会。

第十一问答,以释天符。天符者,天之与会,当五运与六气之五行同,且明天符之名,亦出于《天元册》。

以下第十二问,脱"帝曰"两字。凡合天符岁会者,即名太一、天符之会。由第九问至此,所以说明第一篇中鬼臾区所谓"应天为天符,承岁为岁直,三合为治"三句之义。岁直犹岁会、岁位。三位指太一、天符、岁位三者,其详仍宜见下。

第十三、十四两问,明三者之形象及其对病之影响。示如下表:

天符——执法——速而危
岁位——行令——徐而持
太一天符——贵人——暴而死

第十五问之答,明二火之病状,即君火病近害速,相火病远害微。此上二火三合之相应于病,当以主客观合一而断之。且须理解此属统计规律,而或坚信而不知变,未达辨证治疗之中医原理。

第十六至二十问之答所以明四年一纪气会同,是即取周天三百六十度,合于岁实365¼日。凡六气而六分之,每气当60°有奇,是名一步,故每岁六步。且以一日当百刻,5¼日为525刻。分成六步,每步又取87.5刻。又1刻为10分,故每步之日数为60日87刻5分。则六气时间之周流须积四年是谓气会,算自甲子年起。下以具体之时间列成下表:

	始	终
甲子年初之气	0日0刻0分 →	60日87刻5分
二之气	60日87刻5分 →	121日75刻
三之气	121日75刻 →	182日62刻5分
四之气	182日62刻5分 →	243日50刻
五之气	243日50刻 →	304日37刻5分
六之气	304日37刻5分 →	365日25刻
乙丑年初之气	0日25刻0分 →	61日12刻5分 (初六)
二之气	61日12刻5分 →	122日
三之气	122日 →	182日87刻5分
四之气	182日87刻5分 →	243日75刻
五之气	243日75刻 →	304日62刻5分
六之气	304日62刻5分 →	365日50刻
丙寅年初之气	0日50刻0分 →	61日37刻5分 (六二)
二之气	61日37刻5分 →	122日25刻
三之气	122日25刻 →	183日12刻5分
四之气	183日12刻5分 →	244日
五之气	244日 →	304日87刻5分
六之气	304日87刻5分 →	365日75刻
丁卯年初之气	0日75刻0分 →	61日62刻5分 (六三)
二之气	61日62刻5分 →	122日50刻
三之气	122日50刻 →	183日37刻5分
四之气	183日37刻5分 →	244日25刻
五之气	244日25刻 →	305日12刻5分
六之气	305日12刻5分 →	366日 (六四)

由是四年增一日为一纪,气会同。可合诸花甲之地支,凡子辰申皆起于 0 刻,丑巳酉皆起于 25 刻,寅午戌皆起于 50 刻,卯未亥皆起于 75 刻。此与西历每隔四年之二月份增闰一日之理全同。合诸地支言,吾国加闰日在卯未亥年,西历在子辰申年。今年 1984 年为甲子,宜二月为 29 日。吾国于古代已能详计岁实之气,不可不重视之。逢 4 整除之百数不须闰,此属二十世纪初始加之规定。

第二十一至二十七之问答,所以足成三才中天地相感之理,详以下表示之:

$$
\begin{array}{l}
\text{天—求之本} \\
\text{人—求之气交——天枢} \\
\text{地—求之位}
\end{array}
\left\{
\begin{array}{l}
\text{天气—　中} \\
\text{人气　升↑↓降} \\
\text{地气—　初}
\end{array}
\right.
$$

第二十八问答,黄帝问六气相对冲之气交。岐伯答以气胜复之作,有德有化有用有变,因变有邪。

第二十九问答,黄帝追问何谓邪?因邪由变动而起,包括生化,故直至篇末皆讨论生化之理。岐伯以不生不化为静之期,且提出出入升降。名言曰:"出入废则神机化灭,升降息则气立孤危。故非出入,则无以生长壮老已。非升降,则无以生长化收藏。"此乃用吾国汉以前之哲学名词,绝不及佛教概念,亦可间接考察其成书年代,与《周易》"出入无疾"及《参同契》"消息应钟律,升降据斗枢"之理完全一致。盖用黄老道之思想,归诸"无形无患",即老子所谓"我有大患在我有身"之义。视真人为不生不化与道合同之象,犹以为坐标云。人之生死,物之成毁,皆在其中,此所以能成中医之整体概念,足与《上古天真论》并观。然确非一人作,亦不可不知。

四

气交变大论述义

岐伯于《五运行大论》及《六微旨大论》两篇,基本已说明五运六气之客观事实。以今日论,五运本诸银河系中二十八宿之周期为坐标,六气本诸太阳系中地球之岁实为坐标。此篇更进而说明五行之太过不及,且合以五行星。全篇经十六问答而黄帝赞叹之。

第一至三,三问答犹总结上二篇所说之理。岐伯引《上经》曰"夫道者,上知天文,下知地理,中知人事,可以长久",全同《周易·系辞下》"易之为书也,广大悉备,有天道焉,有人道焉,有地道焉。兼三才而两之故六,六者非它也,三才之道也"。然所谓《上经》未知何经,定属古籍。春秋时起,早已盛行三才之说(来源可推至有史之前),是吾国最可贵的整体哲理,《内经》即准之以成医理。七篇大论犹医理之总结,其视易道之阴阳,成五行之生克,发展为此篇中之太过不及,乃易学哲理应用之一方面,所谓"近取诸身"是其义。又曰"太过者先天,不及者后天",定义亦妙。

第四、五、六,三问之答,岐伯述五运太过不及之象。以下三表示之:

表一为太过,表二、表三皆为不及。

表　一

太过\情况	流行	受邪	上应　民病		过　甚	上临	上应
木	风气	脾土	岁星	殰泄……	善怒……	厥阴	太白星
火	炎暑	肺金	荧惑星	疟……	胸中痛……	少阴少阳	荧惑星
土	雨湿	肾水	镇星	腹痛……	肌肉萎……	太阴	岁星
金	燥气	肝木	太白星	两胁……	喘咳逆气……	阳明	太白星
水	寒气	心火	辰星	身热……	腹大胫肿……	太阳	荧惑、辰星

表　二

不及\情况	大行 受邪	上应	民病(不及甚)	
木	燥 脾土	太白星	中清……	阳明
火	寒 肺金	辰星	胸中痛…… 屈不能伸	太阳
土	风 肾水	岁星	殰泄霍乱……	厥阴
金	炎 肝木	荧惑星	肩背……	少阴少阳
水	湿 心火	镇星	腹满身重……	太阴

表　三

不及\情况	脏	病
木	东肝	内舍肤胁 外在关节
火	南心	内舍膺胁 外在经络
土	脾	内舍心腹 外在肌肉四支

续　表

不　情况　及	脏	病
金	西肺	内舍膺胁肩背 外在皮毛
水	北肾	内舍腰脊骨髓 外在䐐谷踹膝

以上三表仅略录其概,此分春夏秋冬加长夏或四季为五时,以观一年间之病状。且注意每段时间中客观条件之变化,要在太过与不及,今正宜考察每年中各病的发病率及生死数据的时间。且用概率统计之,证以客观事实,方能逐步建立中医理论。凡由阴阳五行发展成五运六气,就是古代中医理论的发展,以太过不及视五行,犹推究生物适应自然界的条件。唯客观条件有变化,生物未能适应,是以有病,故当时已有此统计记录,实属可贵。虽不及今日之明确,正宜有专业工作者加以整理发扬,而病以五行之太过不及加以分类,至少宜深入了解其原则,方可讨论其是非价值。且论客观气象之正复情况,与《礼记·月令》之旨相似,更可以今日之气象记录合观之。岐伯总结曰:"夫五运之政犹权衡也。高者抑之,下者举之,化者应之,变者复之。"此所以知其属统计标准,能以权衡之理读之,庶可见七篇大论之重要。又鬼臾区所谓"天地者万物之上下也,左右者阴阳之道路也",岐伯既已说明上下相召之左右旋不同,又定五运六气之方位时间。此更明太过不及之中,方能进一步定义天地阴阳之动静往复,故曰"天地之动静神明为之纪,阴阳之往复寒暑彰其兆"。是犹继承《洪范》"四五纪"与"八庶征",明辨天文学与气象学,观其对人生及疾病之影响。

第七、八、九,三问之答岐伯又说明应常不应卒。应常见下表:

应 常 五方相生	德	化	政	令	变	灾
东方—风—木	敷和	生荣	舒启	风	振发	散落
南方—热—火	彰显	蕃茂	明曜	热	销烁	燔焫
中央—湿—土	溽蒸	丰备	安静	湿	骤注	霖溃
西方—燥—金	清洁	紧敛	劲切	燥	肃杀	苍陨
北方—寒—水	凄沧	清谧	凝肃	寒	溧冽	冰雪霜雹

此以德化政令变灾六者辨五行之取象,殊简明。第一次提及上应五星,作为太过不及之客观事实,即战国以来二千余年的星占基础。至于五行星对地球之有何作用,此正待自然科学的进一步研究。以医理言,本诸五行生克为主要的辩证基础,于生克两方面又能注意太过不及,则于阴阳生克之辩证,更能深入一层。此点虽无天文之认识,仍合数学原理。惜在各国尚未认识纯数学之重要,故必合诸天文,可见五行星对医理之作用虽未可必,亦不妨碍五运六气之理论仍可建立,且亦不可否定五行星的客观事实。

第十至十二,三问之答,即述五行星之作用。结论曰"时至有盛衰,征应有吉凶",当然全本人之假设而有"盛衰"、"善恶"、"胜负"、"吉凶"。唯所谓"时至"、"形见"、"宿属"、"征应",全本天文所见的客观天象。至于"凌犯有逆顺,留守有多少"二句,更视为迷信者,纯系误解。故医理既已取此五行星之象,有加以说明的必要。考五行星的运行周期,西汉的三统历已知之,本来认为系西汉所首创,今已得马王堆中有《五星占》的资料,可见至迟在战国时,早已理解除恒星外有行星的事实,及注意行星与恒星的关系。故此曰"时至"、"形见"及至时之形,属于二十八宿中一宿,完全是天象记录,有此天象自然有"征应"。至于五行星运行的天象对地球的影响为何?须积累各种数据加以验证,故简化成"盛衰"、"善恶"、"胜负"、"吉凶",势必陷入迷信之深渊。而或不辨客观事实,除专业天文工作者外,根本不知有五行星的运行,故对

此莫不作简单的否定。今以天文之事实核之,三统历所取五星会合周期与今日之实测数据,列表如下:

五　行　星 ＼ 会合周期	三　统　历	今　测
木星一见	398.70……日	398.88……日
金星一见	584.12……日	583.92……日
土星一见	377.93……日	378.09……日
火星一见	780.52……日	779.94……日
水星一见	115.91……日	115.88……日

此证当时重视实测的事实,所谓"凌犯"、"留守",纯属天文学之专用名词,因五行星的地位实与地球等。当时早知地动而亦不取以日为不动之日心说。在吾国天文学的标准不动点,盖取二十八宿分成十二星纪,此十二星纪以北辰为不动点,而视五行星的地位,不可与整体不变之二十八宿并论。且于运行的行星中,自然不及日月,由是观察见五行星经过日月之位置,是名凌犯。且以地球上观察,五行星运行的路线,自然有往复,是即逆顺。当改变逆顺时,自然似有不行之时,是即留守。此取其逆顺为五行生克与反侮之象,留守为同类相伤之象。而此类情况,确属五行的数学模型中所必须兼有者。今每多忽视五行之反侮与相伤,乃视五行生克为简单的阴阳变化,而不知阴阳变化中有种种情况。故于"凌犯有逆顺,留守有多少",既有天象之事实,亦属阴阳本有之变化,决不可视为星占之迷信。此一分界线必须严格区分,方能脱离传统的封建迷信,而逐步建立合乎现代化的中医整体理论。既为整体,故于天象决不可忽,本已取二十八宿之坐标,更宜重视之。

第十三问,黄帝深入而问何谓善恶?而岐伯以喜怒忧丧泽燥答之,今属心理学之范畴,亦即《乐记》所谓"感物而动",由是与中医理论联系,极为自然。

第十四至十六,三问之答,所以以各人之心理情感,合诸上表所示德化政令灾变六者之关系,且归诸气,以为致病之因。结论以下表示之:

德化—气之祥
政令—气之章
变易—复之纪
灾眚—伤之始 }气 {
相胜—和
不相胜—病
重惑于邪—病甚

上表犹此论之总纲,黄帝大感赞叹,已渐知理论之旨。所谓"无穷"、"无极",即"阴阳不测"、"神用无方"之象。且曰:"善言天者,必应于人,善言古者,必验于今,善言气者,必彰于物,善言应者,同天地之化,善言化言变者,通神明之理。"尤属至理。忽此天人古今气物应化之关系,其何以论神明之理,亦何由建立中医之理论。合上二、三、四三篇大论,运气学说之概要已明,基本合诸天象言。

五

五常政大论述义

此篇总上三篇之义,而详论五行之平气与不及太过,又论地域与司天在泉之不同,以影响生物之疾病与生育。凡经十八问答而黄帝善之。

第一至第三三问,所以欲闻五运之平气与不及太过。岐伯之答,立名十五以分辨之。详下三图:

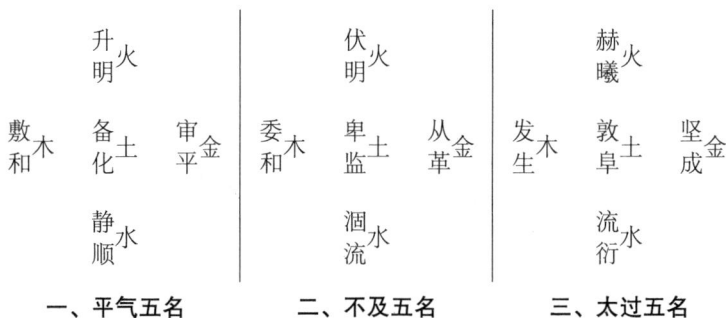

一、平气五名	二、不及五名	三、太过五名
升明 火	伏明 火	赫曦 火
敷和 木　备化 土　审平 金	委和 木　卑监 土　从革 金	发生 木　敦阜 土　坚成 金
静顺 水	涸流 水	流衍 水

此十五名的含义,极形象化,殊便于理解平气与不及太过的分辨。

第四问答详述其候,有总结中医象数之作用。条理清晰,取类

195

广博,与《周易·系辞下》所谓"其称名也小其取类也大"之理相似。

下列十五纪,更成三表以见其义。

一、敷和之纪,木德周行,阳舒阴布,五化宣平。——生而勿杀

二、升明之纪,正阳而治,德施周普,五化均衡。——长而勿罚

三、备化之纪,气协天休,德流四政,五化齐修。——化而勿制

四、审平之纪,收而不争,杀而无犯,五化宣明。——收而勿害

五、静顺之纪,藏而勿害,治而善下,五化咸整。——藏而勿抑

以上一至五　　平气

平气五纪表

平气五纪＼廿四目	气	性	用	化	类	政	候	令	藏	其畏	主	谷	果	实	应	虫	畜	色	养	病	味	音	物	数
一	端	随	曲直	生荣	草木	发散	温和	风	肝 →	清	目	麻	李	核	春	毛	犬	苍	筋	支满急 里	酸	角	中坚	八
二	高	速	燔灼	蕃茂	明曜	火暑	热		心 →	寒	舌	麦	杏	络	夏	羽	马	赤	血	瞤瘈	苦	微	脉	七
三	平	顺	高下	丰满	土	安静	溽蒸	湿	脾 →	风	口	稷	枣	肉	长夏	倮	牛	黄	肉	否	甘	宫	肤	五
四	洁	刚	散落	坚敛	金	劲肃	清切	燥	肺 →	热	鼻	稻	桃	壳	秋	介	鸡	白	皮毛	咳	辛	商	外坚	九
五	明	下	沃衍	凝坚	水	流演	凝肃	寒	肾 →	湿	二阴	豆	栗	濡	冬	鳞	彘	黑	骨髓	厥	咸	羽	濡	六

六、委和之纪,是谓胜生—乘危而行

七、伏明之纪,是谓胜长—不速而至

八、卑监之纪,是谓减化—微者复微甚者复甚 ⎫ 气之常也

九、从革之纪,是谓折收—暴虐无德 ⎬ (即常于不及)

十、涸流之纪,是谓反阳—灾及反之 ⎭

不及五纪表

十八目 / 不及五纪	气	用	动	发	藏	果	实	谷	味	色	畜	虫	主	声	病	化	邪	眚
六	敛	聚	緛戾拘缓	惊骇	肝	枣李	核壳	稷稻	酸辛	白苍	犬鸡	毛介	雾露凄沧	角商	摇动注恐	从金	伤肝	三
七	郁	暴	彰伏变易	痛	心	栗桃	络濡	豆稻	苦咸	玄丹	马彘	羽鳞	冰雪霜寒	徵羽	昏惑悲忘	从水	伤心	九
八	散	静定	疡涌	濡滞	脾	李栗	濡核	豆麻	酸甘	苍黄	牛犬	倮毛	飘怒	宫角	留满	从木	伤脾	四维
九	扬	躁切	铿禁	咳喘	肺	李杏	壳络	麻麦	苦辛	白丹	鸡羊	介羽	明曜	商徵	嚏咳	从火	伤肺	七
十	滞	渗泄	坚止	燥槁	肾	枣杏	濡肉	黍稷	甘咸	黅玄	彘牛	鳞倮	埃郁	羽宫	痿厥	从土	伤肾	一

十一、发生之纪，是谓启陈
十二、赫曦之纪，是谓蕃茂
十三、敦阜之纪，是谓广化
十四、坚成之纪，是谓收引
十五、流衍之纪，是谓封藏

（以上五纪）：不恒其德—所胜来复；政恒其理—所胜同化——此之谓也

太过五纪表

二十目 / 太过五纪	化	气	政	令	动	德	变	谷	畜	果	色	味	象	经	藏	虫	物	病	音	邪
十一	生	美	散	条舒	掸	鸣	摧拔	麻稻	鸡犬	李桃	青黄白	酸甘辛	春	足厥阴 少阳	肝脾	毛介	中外坚	怒	上徵	伤肝
十二	长	高	动	鸣显	炎	暄	沸腾	麦豆	羊彘	杏栗	赤白玄	苦辛咸	夏	手少阴 太阳 厥阴少阳	心肺	羽鳞	脉濡	狂	上羽与正徵同	伤心
十三	圆	丰	静	周备	积	柔	崩溃	稷麻	牛犬	枣李	黅玄苍	甘咸酸	长夏	足太阴 阳明	脾肾	倮毛	肌核	腹满		伤脾
十四	成	削	肃	锐切	暴	萧飋	凋零	稻黍	鸡马	桃杏	白青丹	辛酸苦	秋	手太阴 阳明	肺肝	介羽	壳络	喘喝	上徵与正商同	伤肺
十五	凛	坚	谧	流注	漂泄	凝惨	冰雪	豆稷	彘牛	栗枣	黑丹黅	咸苦甘	冬	足少阴 太阳	肾心	鳞倮	濡满	胀	上羽	伤肾

　　由上十五纪三表,可进一步明确五行之平气与不及太过之不同点。一般论中医之五行理论,仅限于平气,乃视为简单之循环。实则以阴阳理论,发展成五行中之生克,以生属阳,以克属阴,阴阳各行其道而包含在同一五行中,早已变化多端,决非简单之循环。或更观其气之不及与太过,则生克两种变化多端的循环中,又发展成当令者仍可被克,是谓不及,或者虽然克而仍有所克,是谓太过。由是当令者已变成胜我者所主,唯当令之时仍属客观之事实,则时与胜我者两者将合成不及者之时,时与胜我者兼我胜者三者又将合成太过者之时。此不及与太过之时,于人之生理即属病态,而平气之生理即属正常态。故平气五纪表之二十四目,所以示当时的科学水平,以理解宇宙间的生态平衡,其来源即本诸自然之天道。故必须由二三四三篇大论之客观事实,方能合成此篇之大义。凡不及太过之十纪,又来源于平气之五纪,以见气象学不同于天文学。今须进而阐明之者,除天文气象外,特取声色数三者以言。

　　于《金匮真言论》早有五行与声色数之相应关系。示如下图:

七徵赤火南

八角青木东　　五宫黄土中央　　九商白金西

六羽黑水北

　　此图所示与平气同,且不仅见于《内经》,《礼记·月令》《吕氏春秋》等古籍中皆同。至少自商周之际起,已形成五行之数与声色之关系。凡耳闻曰声,目见曰色,声色之感,情之所生。且人感外物有邪有正,屡感外邪,疾病所由起。可见声色之感人不可不究其故,知其故然后能辨其邪正,然后能知所取舍。以医理言,庶有扶正抑邪以治人之病之标准。以下分声色二部分论之:

　　(一)以声论,吾国早有完整之音乐原理,且属人之标准。凡整体理论之中心,不外天地人三才之道。地道指空间,标准为度量衡;天道指时间,标准为历法;人道指人本生物钟以产生之性情,标准为律吕。于西方之标准,如十八世纪之米突制,仅属度量衡,于历法毫不相关。

自二十世纪起,能逐步理解历与度量衡宜有联系。而与音乐律吕之关系,迄今尚未为一般自然科学家所了解,由是对吾国之律历志,仍多认为未合科学。如朱文鑫、吕子方等近代著名之天文学家,既通近代西方之天文学,又能反观吾国古天文学,故于说明吾国古天文学中之科学部分,贡献实大。然一生精力基本在天文学,其于音乐律吕之科学原理,未必能深入研究,乃亦不理解律历须合一的科学性。又如王光祈等近代著名之音乐家,亦既通近代西方之音乐原理,又能反观吾国古代乐理,故颇能说明吾国古代乐理中之科学部分。凡京房之音差,皆了解其理,推崇万事起于黄钟之说,尤合乎人定胜天之旨。然进而以究律历相合之理,郑玄爻辰之象,今于天文学家音乐家中殊难得其兼通之人,是皆囿于所学,未足为怪。或必谓律历无相通处,如通观之即不科学,则未敢苟同。《尚书·尧典》中既述羲和氏之天文,于"岁二月东巡守"必须同律历度量衡。故于医理中早准古代之哲理而通贯律历,或于医理兼取律历之平气,尚不知其理而误认为不科学,则更将不能了解不及与太过之变化,故须从平气说起。

考西方之乐理,推原于希腊之毕达哥拉斯(Pythagoras)学派,产生于公元前六世纪,约与孔子(前551—前429)同时代。所得音乐的和谐与数学的比率,其值如下:

音　程	比率
八 音 度	2∶1
五 音 度	3∶2
四 音 度	4∶3

而在我国亦早已理解。景王二十三年(前522)时已将铸无射,更以曾侯乙墓出土之编钟观之(时当前433),早完备十二律吕。乐理之产生,至迟在夏商。及周初由五音而增二半音,且非仅知七音,早本十二律吕中以取五音与七音。十二律吕本诸十二地支,相应于恒星坐标系的十二辰次,宜《国语·周语》记载伶州鸠之言,必谓武王"七同其

数",本于天象。可见律历同源已有三四千年的史迹。凡用"闰定成岁"之循环无已以计时,与乐律八音度比率的循环无已,其理全同。十二辰次以天象言,十二律吕以乐律言。天象有闰,律吕有音差,故于乐律不仅理解五音度的比率,更在考虑五音度于八音度间的循环情况。故总结音乐原理成"三分损益"与"隔八相生"二种基本规律,庶可律历相通。今由曾侯乙墓的编钟出土,则事实俱在,已完全不需要考据记载此二种基本规律的古籍如《管子》、《淮南子》等书的成书年代。孟子所谓"师旷之聪,不以六律,不能正五音",指当时最简单之乐理,其实以乐律六吕正五音七音早已完备。南方长江流域且然,况北方黄河流域之乐。在齐闻韶而三月不知肉味,非韶乐之八音克谐,何能感人如是之深。又武乐之尽美而未尽善,似指已增五音而七音,唯增入变宫变徵两半音后,其乐即不如五音之和平。此一事实吾国人民有传统信息,宜直至元明之南北曲犹然。

至于三分损益律的内容,即于八音度间取五音度之相生。律于一数化成九九八十一,其音名宫,于宫音取三分损一以得徵,于徵音取三分益一以得商,于商音取三分损一以得羽,于羽音取三分益一以得角。其数值如下示:

$$81(宫) \times \frac{3-1}{3}(三分损一) = 54(徵)$$

$$54(徵) \times \frac{3+1}{3}(三分益一) = 72(商)$$

$$72(商) \times \frac{3-1}{3}(三分损一) = 48(羽)$$

$$48(羽) \times \frac{3+1}{3}(三分益一) = 64(角)$$

凡五音度之相生,宜用一损一益,方能控制其音在同一八音度间。此由81宫音始而穷于64角音,完全合乎乐理,而81即九畴之变,64即八卦之变。且除三分损益律外,又有谐律,谐律之本在宫、角、徵三和音。以谐律之音程论,其比率当为 $1 : \frac{4}{5} : \frac{2}{3}$。合诸81分宫者,则徵音 54 同,而角音当为 64.8。知此 0.8 之异,庶能穷变通久。故易学贵变,以使通于谐律与三分损益律之间而不穷,亦为易理合于乐理之关键处。而或角音更生,其数见下:

$$64(角)\times\frac{3-1}{3}(三分损一)=42\frac{2}{3}(变宫)$$

$$42\frac{2}{3}(变宫)\times\frac{3-1}{3}(三分益一)=56\frac{8}{9}(变徵)$$

武王既增二半音,势将穷于变徵。而变徵又可更变以合于商,变徵、羽亦为一三和音。下以数合诸五音之序,并作图以见其三分损益律与谐律比率数之关系:

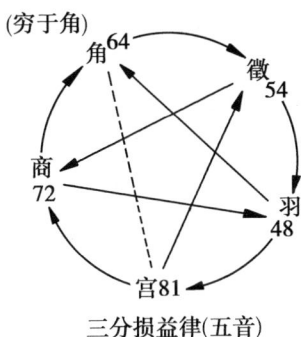

三分损益律(五音)

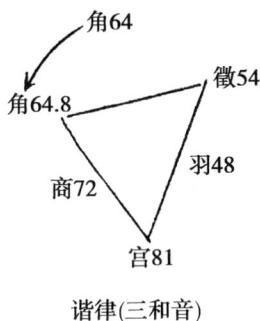

谐律(三和音)

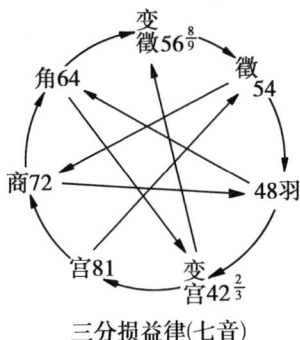

三分损益律(七音)

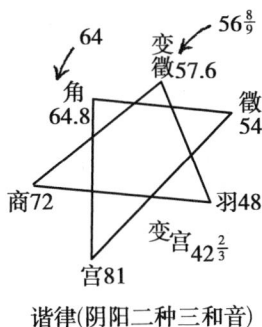

谐律(阴阳二种三和音)

若由五音以变角,七音以变变徵,乃可由三分损益律以得谐律。然变之本先有不变之标准,其标准即十二律吕,《周礼》名之曰六律六

201

同。六律名黄钟、太簇、姑洗、蕤宾、夷则、亡射,六同即六吕名大吕、夹钟(《周礼》作圜钟)、仲吕、林钟(《周礼》作函钟)、南吕、应钟。以律吕相间而生,本三分损益而其次隔八,如子至未,是故又名隔八相生。至仲吕又不能生黄钟,然其音差已微,古以之合诸周天历法之有奇,大别为十二亦同。六律当子寅辰午申戌之奇月,六吕当丑卯巳未酉亥之偶月。必准此十二律吕之标准音,方能旋相为宫,以取五音、七音然后作曲。又十二律吕不取分数,故黄钟数为十七万七千一百四十七。如以之为宫,则太簇为商,姑洗为角,蕤宾为变徵,林钟为徵,南吕为羽,应钟为变宫,详见律吕相生图。

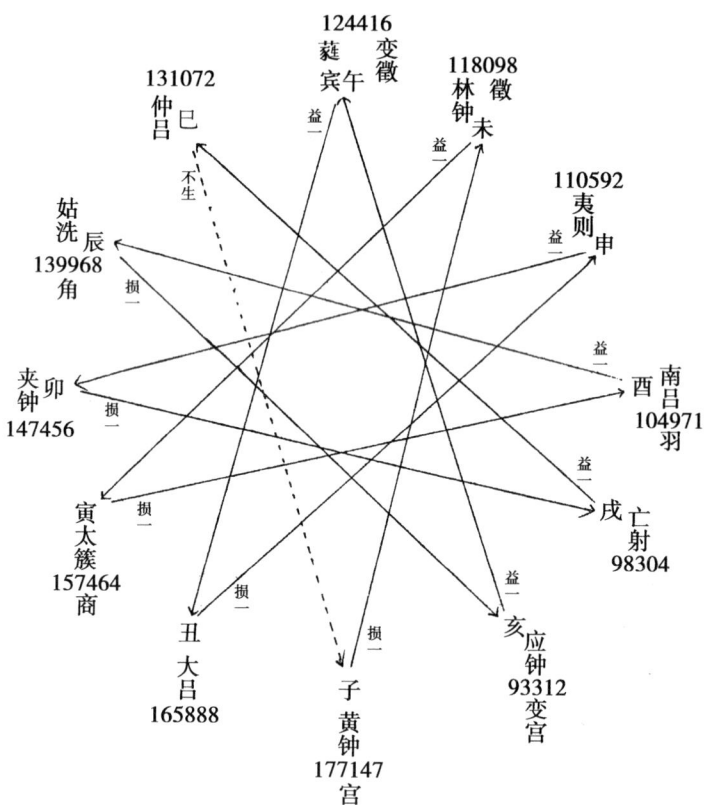

律吕相生图

合诸西乐,变徵不同,即取蕤宾而不取仲吕,迄今尚有专攻中西方音乐者有不必要的误解,今可以钢琴琴键示其同异(以 C 调为准)。

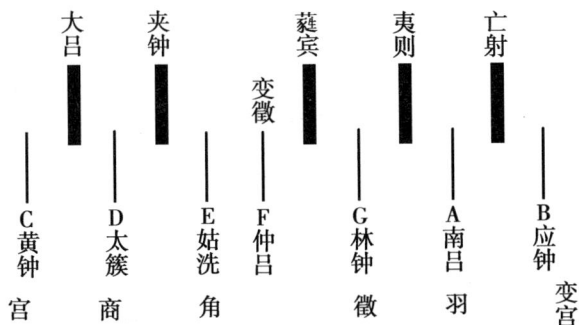

至于钢琴用十二平均律,唯便于转调,对三分损益律及谐律皆所未合,故于深入扣人心弦,表达精细之人情尚未及提琴。因演奏提琴,演奏者能掌握音律,非若钢琴之音律已固定。今日西方已有改革乐律、改革乐器之要求,而在吾国早有合乎自然之乐理存在,此对人之性情有莫大影响,研究医理者决不可忽略。《内经》著者取之,方能建立整体之医理。今日音乐地位之重要,知有音乐语言在其间,对养牛尚能增牛乳之产量,何况于人。故人而知音,必已兼取五行之生克,决不固执于相生或相克之序。凡五音相生已非五行相生之次,即宫土在角木徵火间,且贵在角音能变以得谐律,此音乐所以能移人性情而得其正,以方位论当地户之象。示如下:

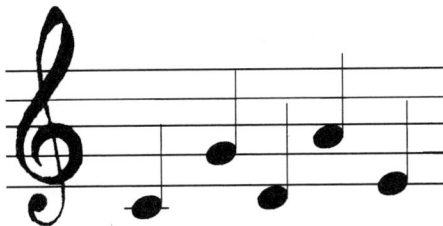

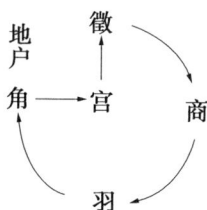

如已理解平气,于不及之乐理极简单,盖取五行相克的胜我者,与当令之音相合。其时之音以胜我者为主,以见当令者之其气不及。

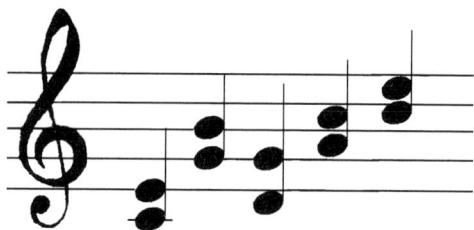

徵 羽 火 南
少徵与少羽同

角 商 木 东　　　宫 角 土 中央　　　商 徵 金 西
少角与少商同　　少宫与少商同　　少商与少徵同

羽 宫 水 北
少羽与少宫同

(不及五音图)

原文于委和尚有"上角与正角同,上商与正商同……上宫与正宫同"。于伏明尚有"上商与正商同",于卑监尚有"上宫与正宫同,上角与正角同"。于从革尚有"上商与正商同,上角与正角同",于涸流尚有"上宫与正宫同",其间难免有误,已无从校勘。其间何以仅言上宫、上商、上角而未言上徵、上羽,尚可以乐理加以说明。所谓上者岁上所值之音,其音用正,则与少当差 8 音度,而宫商角兼用正少,徵羽用少而不用正。由是五音间可分二组,或定前者为 C 调,后者即为 G 调,然

204

则不言正徵、正羽,或非偶然。唯正宫正商正角之重出,未喻其理。

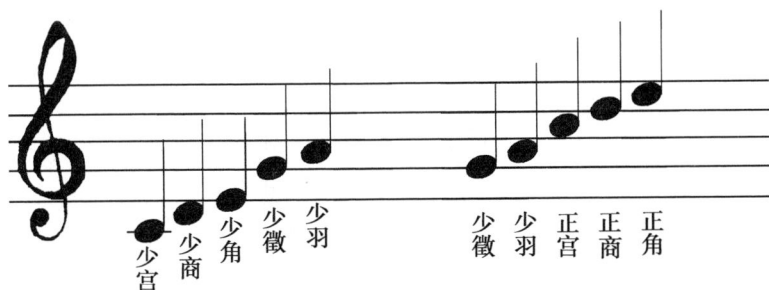

由不及而太过,乐理亦简单,盖取五行相克的我克克我两者,与当令之音相合。其时之音以我克者被克为主,虽我克者生克我者,仍未起作用,以见当令者之其气太过。

原文于色、味等皆明三者之合,于音独阙,尚可依例补之,成太过五音图。

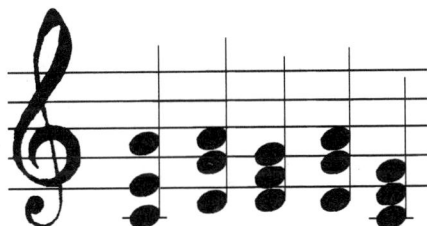

徵 商 羽 火 南

角宫商木东　　　　宫羽角土中央　　　　商角徵金西

羽 徵 商 水 北

(太过五音图)

又于发生有"太角与上商同,上徵则其气逆",于赫曦有"上羽与正徵同……上徵而收气后也",于坚成有"上徵与正商同",于流衍有"上羽而长气不化也"。然例既不一,敦阜又阙,可见传抄有误。唯知不及仅及上宫上商上角,此太过乃及上徵上羽,其音高确可示太过之象。或谓即此宫商角徵羽五音,如何能见人之情,则可一言而喻。试读南曲若干种,繁赜之人情莫不寓焉。且由不及太过之取五音,尚见古代本有复音,亦属可贵之资料。

(二) 以色论,色之变见于虹。《诗经·鄘风·蝃蝀》曰:"蝃蝀在东,莫之敢指。……朝隮于西,崇朝其雨。"此名蝃蝀,名隮,皆指虹。虹由水气折光而分成七色,其次为红橙黄绿蓝青紫。而光之本有全部反射成白色,全部吸收成黑色。此黑白二色自然成为阴阳之标准,扩大取五行之色。即此黑白二色外,更于虹之彩色中择三色。其一,红紫中取红,孟子曾言"恶紫,恐其乱朱也"。然道家重紫色,刘向《列仙传》:"老子西游,关令尹喜望见有紫气浮关,而老子果乘青牛而过也。"可证红紫两色各有其象。其二,于橙黄中取黄,因早有黄帝之存在。自然界中约于七万年前,华北黄土层形成,当旧石器时代中期,人类亦由原始人类进化成现代人类。吾国重视中央土色黄,决非偶然。其三,于绿蓝青中取青,所以中和绿蓝与紫。由上简释可喻古代定五行之色,早已归纳所有之色而取其宜,蝃蝀屡见,决不必待牛顿用三棱镜分光而始知七色。以七色中之红黄青与东南地户,白黑与西北天门,其象自然。且白色反射,黑色吸收,已合七色。

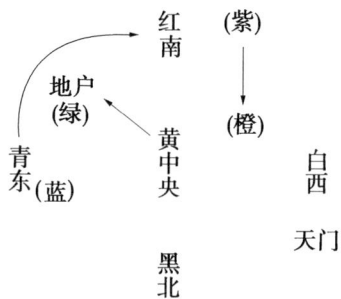

光谱分红外紫外而二,由可见光及不可见光,当时未必知,然已

能重视南方之不可穷。红指红尘属地,紫指紫微垣属天,两端犹阴阳。合诸今日之电磁波,理仍一致,知红外之微波,不可不知紫外之尤微。

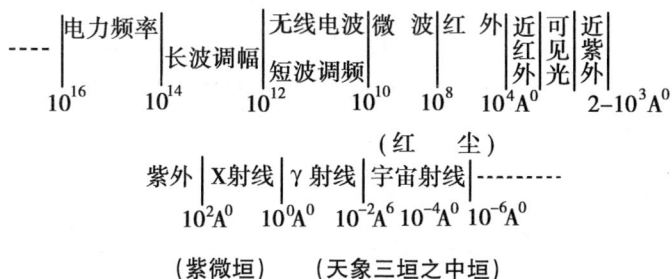

```
----|电力频率|      |无线电波|微  波|红  外|近  |可|近
    |      |长波调幅|      |      |     |红  |见|紫
    |      |      |短波调频|      |     |外  |光|外
   10^16   10^14   10^12   10^10   10^8  10^4A^0    2-10^3A^0
                        （红    尘）
        紫外|X射线|γ 射线|宇宙射线|--------
           10^2A^0  10^0A^0  10^-2A^6  10^-4A^0  10^-6A^0
        （紫微垣）    （天象三垣之中垣）
```

合不可见光以论光,庶可睹色之诱人,正邪之感人,疾病所由起。未知天门之黑白两端以冒之,其何以辨地户之是非。凡医理十分重视对病者气色之观察,实属最合乎科学的方法,殊可深入研究。此处推而观五色之不及太过,示如下:

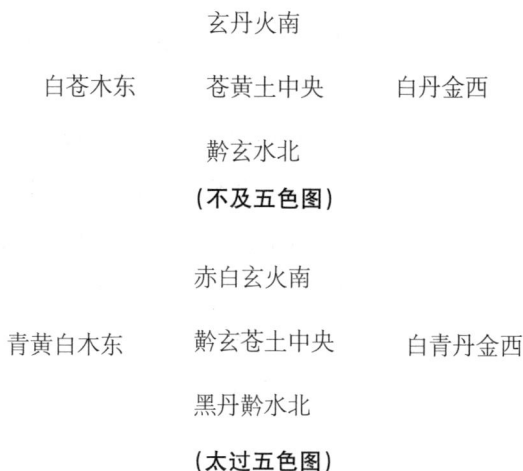

玄丹火南

白苍木东	苍黄土中央	白丹金西

黔玄水北

(不及五色图)

赤白玄火南

青黄白木东	黔玄苍土中央	白青丹金西

黑丹黔水北

(太过五色图)

凡色彩缤纷,宜见其主色而辨其邪正。含白则整个色彩淡,含黑则整个色彩深,仍将显其他色彩,与纯白纯黑不同。且有黑白两端,势

207

必有五行之运行,而两端即成运行中之各种向量。此即阴阳五行之道
而为中医理论之基础。于声色两方面意义尤重大,须兼及不及太过,
更合乎客观事实。然每为今人所忽,故特详为介绍,宜先客观了解其
理,切忌先以好恶是非之。此第四答本为此篇大论之主旨,上列三表
可随时参考,然决不可执而不化。此与取易象同理,既无不变之象,亦
无虽变而无象,能循此理以深入体味,定将有得。凡声色之变,莫不以
数示之,于数本身,又属高一层次之抽象。

第五至第九之五次问答,皆明病因地域而异。吾国整个地势本属
西北高东南低,故有"天不足西北,地不满东南"之说。于一洲中,仍将
有高下之异。岐伯谓"阴精所奉其人寿,阳精所降其人夭",又曰"高者
其气寿,下者其气夭",实与知者乐水而乐仁者乐山而寿同义,盖当时
早已积有大量经验事实而得此总结。于医当然应同病异治,此为中医
可贵处之一。

第十、十一两问答,述六气司天的不同,以应于可能生不同的疾
病。第十二、十三两问答,又述司天的不同,应于动物生殖的强弱。岐
伯曰:"气主有所制,岁立有所生。地气制己胜,天气制胜己。天制色,
地制形。"以形色当天地阴阳,犹孟子所谓"形色天性也"之义。得阴阳
之正,方能制天地而生。又合制己胜与制胜己,所以通不及太过而得
其平。"神去则机息,气止则化绝",诚至理名言。根中根外之化机,生
化之原,必当准时空以存之。既属养生之诀,亦为医理之根,此处说得
简要之至。

第十四、十五两问答,又总上两种司天而述在泉之不同。由五气
而五味,由动物而植物,亦即阴阳相对之象。凡六气之司天在泉,恰当
对冲而永不相遇,然虽不相遇而必当知其理。在泉者仍将司天,司天
者仍将在泉,此决非简单的循环论,内含无穷的信息。而归纳整个信
息之生灭,其象又如何? 今以阴阳两光锥,示司天在泉之辗转变化。
至于睹此六气以治疗之法,仍须"上取下取,内取外取,以求其过。能

毒者以厚药,不胜毒者以薄药"。又曰:"气反者,病在上,取之下;病在下,取之上;病在中,傍取之。"此六气之价值所在,以司天取上,在泉取下,左右间傍取之理,合人之首胸腹三部分,此实为辩证治疗之基本原则。具体治法如下:

治热以寒——温而行之
治寒以热——凉而行之
治温以清——冷而行之
治清以温——趣而行之

此即阴阳对治法,凡寒热对治,温清对治,而热寒与温清,更须以温凉冷热对行,即温以和其寒才能治其热,凉以和其热方能治其寒;冷以和其清方能治其温,热以和其温方能治其清。此理尤见保合太和之旨,不及太过之气庶可归诸平气。

最后三次问答,名言叠出。结曰:"夫经络以通,血气以从,复其不足,与众齐同。养之和之,静以待时,谨守其气,无使倾移。其形乃彰,生气以长,命曰圣王。故《大要》曰:无代化,无违时,必养必和,待其来复。"诚得医理之要。当时早有总结,今当据此以发展之充实之。

六

六元正纪大论述义

此篇承上篇不及太过之义,乃能总结以上诸篇而全部说明五运六气之理。然了解其理仅属形式,由形式而得其所以然之应用,庶可形式为我所用,而非我为形式所囿,内有几微之辨,不可不慎思之。全篇经五十一问答而黄帝大加赞叹,藏诸灵兰之室,可与《灵兰秘典论第八》参阅。十二宫犹十二地支,合诸五行,即当花甲之数。以年论,合诸人类之生物钟,尤要者在于:"恍惚之数,生于毫厘。毫厘之数,起于度量。千之万之,可以益大。推之大之,其形乃制。"可喻五运六气之数,本通宏观与微观。故此篇整个说明其形式前,特先合诸微观之数以言,所以旷达其思,免为所羁。

第一至第八之问答,所以明六气与五行之运行。凡六气分六政,每政各具五行。须知此属数,数可任加大小之名,故第二答岐伯曰:"先立其年以明其气。"盖数通大小,此以年名数,庶可有据而言,决非气象之变化,必经六十年而循环。而一人之新陈代谢,因传二代而必变,则不可不认为是事实。故借年以观阴阳卷舒,亦不可忽。凡十二地支当三画八卦之二次消息。六政之时,即太阳之政辰戌之纪,阳明之政卯酉之纪,少阳之政寅申之纪,太阴之政丑未之纪,少阴之政子午

之纪,厥阴之政巳亥之纪。详下六政图:

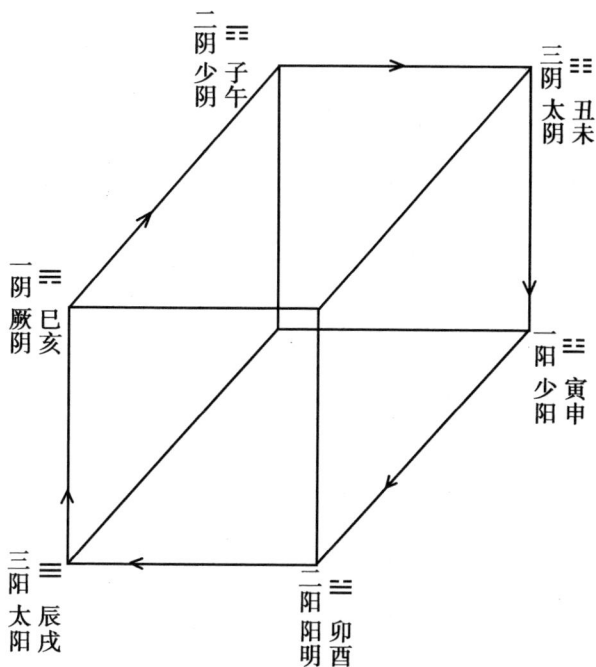

二阴 少阴 子午　　　　　三阴 太阴 丑未

一阴 厥阴 巳亥　　　　　一阳 少阳 寅申

三阳 太阳 辰戌　　二阳 阳明 卯酉

六　政　图

至于每纪之中,各分金木水火土五运,且以五音分太少当之。然太少五音仍依五行相生为次,而非五音相生之次。又太少之五音,似非八音度之差,或可以男声女声当之。如一以宫一以徵,亦旋相为宫,则太少相间之次,自然含有种种之情。惜《乐经》久佚,今乐器尚能复得而乐谱无传,其何以闻太少相间之曲。仅传此辗转之排列法,犹存五音六十调之程式,有其理,无其情,令人慨然! 考《淮南子》中有记录,隋唐尚传汉代之清乐。《隋书》开皇九年(589)牛弘等奏议有云:"……乐名虽随代变更,而音韵曲折,理应常同。"宋沈括尚能以古乐合诸当时之燕乐,然燕乐仅有二十八调,可见五音六十调与七音八十四调之程式,日后仍将有所发展,则人情毕现,物无遁形,以音乐语言传出无穷之心理思维。此于治病实有密切关系,故建立中医理论,此五音太少之相应乐理,必须确切理解。人籁比竹,地籁众窍,未识天籁之吹万不同,其何以知人之情,治人之病。故定五运之主运,非属简单之循环。凡四分历与音差之密切关系,其形式本极易简。今西乐用平均律而忽视其音差,音程间之差别又略而不问,转调虽繁赜,实仅二十四调。故似有万千之情趣,或以基本形式观之,其情仍少变化。若此五运之旋,其调大备,庶可尽万籁之情。有志于乐律者,可深入研究之发挥之。

以下由五运六气之相合,产生种种相应关系,且各有专名。此可全部指出其定义之事实,于六十周期中示之:

甲子	乙丑	丙寅	丁卯[2]	戊辰	己巳	庚午[4]	辛未[4]	壬申[3]	癸酉[4]
甲戌[2,3]	乙亥	丙子[1]	丁丑	戊寅	己卯	庚辰	辛巳	壬午	癸未
甲申	乙酉[1,2,5]	丙戌[1]	丁亥[1]	戊子[1]	己丑[1,2,5]	庚寅	辛卯	壬辰	癸巳[4]
甲午	乙未	丙申	丁酉	戊戌	己亥	庚子[3]	辛丑[4]	壬寅[3]	癸卯[4]
甲辰[2,3]	乙巳	丙午	丁未	戊申	己酉	庚戌	辛亥	壬子	癸丑
甲寅	乙卯[1]	丙辰[1]	丁巳[1]	戊午[1,2,5]	己未[1,2,5]	庚申	辛酉	壬戌	癸亥[4]

注：1　为天符凡十二年
　　2　为岁会凡八年
　　3　为同天符凡六年
　　4　为同岁会凡六年
　　5　为太一天符凡四年

以下第九至第二十问答,实在明此加临之变化。凡加临共二十四岁以当平气,不加不临共三十六岁以当不及太过。于加临之二十四岁即天符十二年,同天符六年,同岁会六年。且有意不计岁会八年不可不知,所以主此二十四岁为加临之平气,实即得统计周期。其周期数以十五年分四阶段,即六年为不及太过,五年为平气,三年为不及太过,一年为平气。如是辗转于十五年中,即平气六年,不及太过九年。于六十年中,即平气二十四年,不及太过三十六年。大之以周天三百六十度观之,以一度当一年,则平气一百四十四年,不及太过二百十六年。是即《周易》之策数,《系辞上》曰:"乾之策二百一十有六,坤之策百四十有四,凡三百有六十,当期之日。"是其义。所以分周天为二百十六与一百四十四者,盖以五分而阳得其三阴得其二,是即《说卦》所谓"参天两地而倚数"之义。故于十五年周期中,阳有不及太过之变化当占九年,阴有平稳正常之变化当占六年,实则不及太过之年份中未尝无平气,平气之六年中又未尝无不及太过之变。须识此参天两地之理而观其阴阳互根之杂,庶可以语五运六气之妙。凡阳数九而分六与三,阴数六而分五与一,其安排之巧,有自然之理在其中,殊未可等闲视之。此《乐记》所谓"声音之道与政通矣",实与人情本为一事。此天符与同天符、同岁会之理全出于乐理,更属信而有徵,故土旺四季之说,又可得其深一层之含义。凡此五运六气之蕴,莫非《内经》、《周易》中所本具,理至迟在西汉时已完备。而此七篇大论,所以总结之而使辗转于六十年中,故加临之理不可不加详察,即岐伯答黄帝第十五问。

于第二十一问之答,岐伯详述六十年中之气,全属形式,既不可忽,尤不可执。故岐伯之结论曰:"知其要者,一言而终;不知其要,流散无穷。"宜三复斯言。今日于中医之理论,正值流散无穷之时,而视此一言而终之形式,又不屑一顾,此一情况似可注意。而数之形式,尚可进一步以现代化之数学形式加以阐明。

凡六十周期,由四分历而以十五为周期,合五与六之周期,自然通于三十,故甲子、甲午以至癸巳、癸亥皆同。且五运之五,即五音五色而通于五行之生克,仅以数论,实同于 4 维-5 胞腔之辗转无穷。于六气之六,即六爻六虚以合于十二律吕与十二辰次之天秩天序。更抽象而仅以数论,则阴阳消息而坎离没亡,又同于 5 维-6 胞腔之辗转无穷。由是 5 维-6 胞腔中每一胞腔之形象,即为一个 4 维-5 胞腔,故于 5 维-6 胞腔之图形中,共有三十个正四面体,正像一年四时之运行。考古人未详多维空间之形象,而能以数推之而得六合之外之周期变化。今则准其数究其象,恰可以正则多维空间之图形加以说明,则似有神秘色彩之五运六气,已可粲然分明。其运行之有应与否,正宜收集统计数加以证实,方为研究学术之基本态度。下附 4 维 - 5 胞腔与 5 维 - 6 胞腔二图,或可喻五六三十之周期。因内含时空三才之理,故似非简单之循环可比。

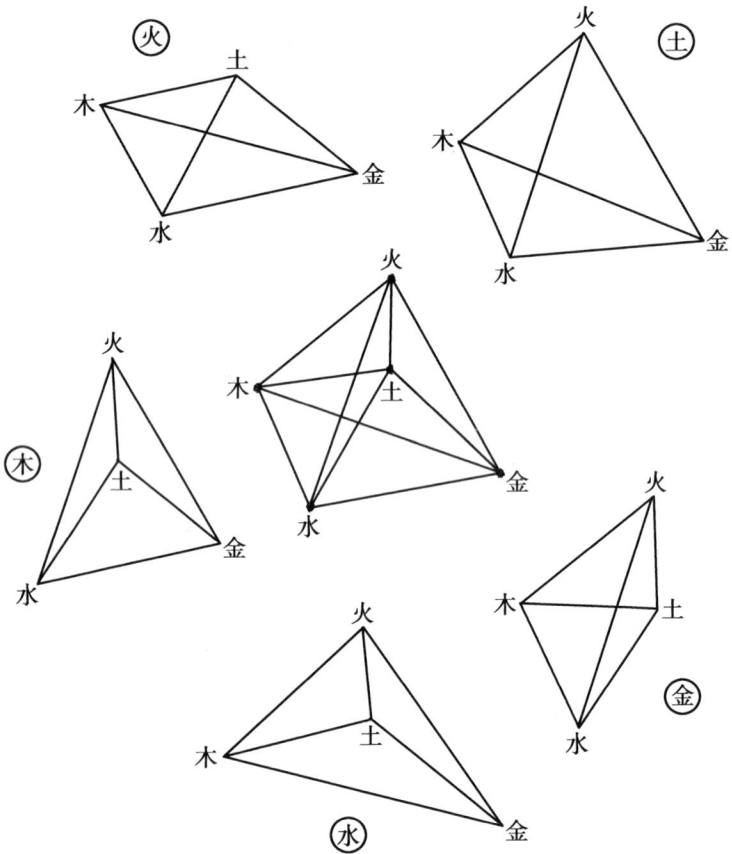

4 维 - 5 胞腔

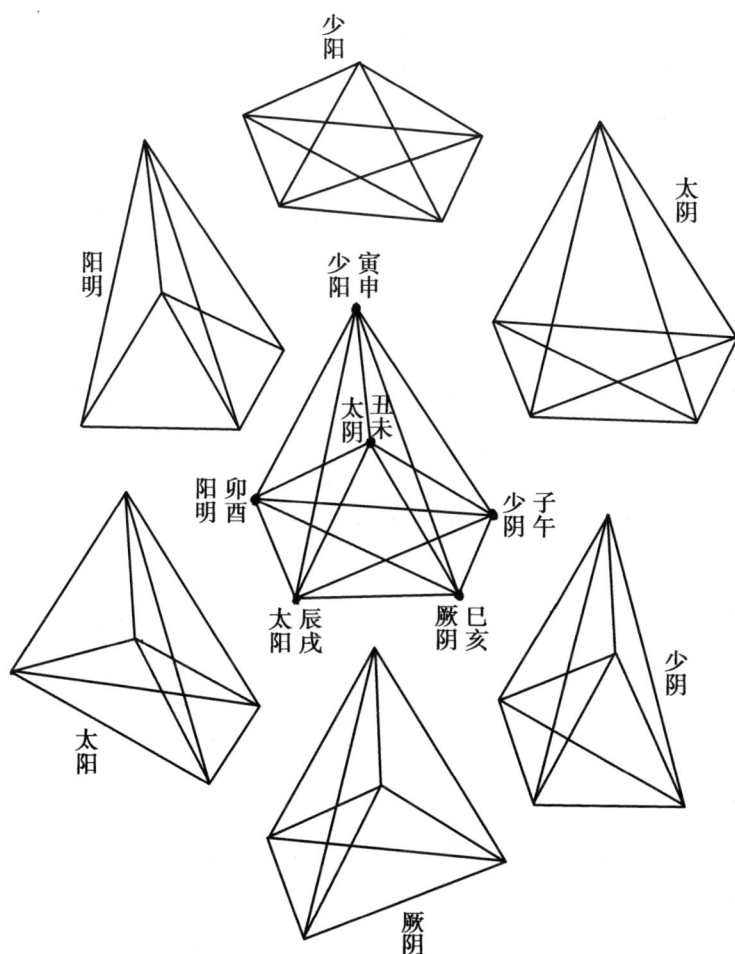

5维-6胞腔

下示三十周期之辗转变化：

阳明　甲子甲午，庚午庚子，丙子丙午，壬午壬子，戊子戊午。

太阳　乙丑乙未，辛未辛丑，丁丑丁未，癸未癸丑，己丑己未。

厥阴　丙寅丙申，壬申壬寅，戊寅戊申，甲申甲寅，庚寅庚申。

少阴　丁卯丁酉，癸酉癸卯，己卯己酉，乙酉乙卯，辛卯辛酉。

太阴　戊辰戊戌，甲戌甲辰，庚辰庚戌，丙戌丙辰，壬辰壬戌。

少阳　己巳己亥，乙亥乙巳，辛巳辛亥，丁亥丁巳，癸巳癸亥。

以多维空间之形象观之,此属(n＋1)维类型之多维空间。凡5维-6胞腔之任一胞腔,同为一个4维-5胞腔,故六政之气同具五音。于五音之中,又自然有五种四时之变化,即每一个4维-5胞腔,必有五个正四面体。可见因时作乐之情,决不可穷,而理则何尝不可穷。能辨情理之同异,庶可玩此五运六气之说。爱之欲其生,恶之欲其死,非惑乎。今日能借多维空间之形象以喻其数,当可解惑。况人类生物钟的事实,取三十年一世之周期,以现代人距今七万年论,已约积二千数百代的经验。乃于二千余年前,方完成干支纪年之形式,此于人类文明为一大进步。于中医之五运六气,更能进一步考察其参天两地之变化,此于生物学的人,确有密切联系。故其形式,既得一言而终,而其不及太过与平气之变化,即产生中医必据三才之理加以辨证治疗之基础。

以下黄帝第二十二问起,及下篇《至真要大论》皆在说明五运六气相应于天地形象与人生疾病之事实,对建立中医理论尤有重要意义。

岐伯曰:"太过者其数成,不及者其数生,土常以生也。"义同《太玄经·玄数》之五五相守。继述五行气郁之发与疾病相应,正宜以今日之自然科学知识加以验证。谓不及"后皆三十度而有奇也",凡节气有一月之差未足为怪,而疾病由是而蔓延亦属事实。中医整体理论之可贵,即能合时空而言,所谓运太过则其至先,运不及则其至后,"故太过者化先天,不及者化后天",皆属不刊之论。考《礼记·月令》早有时令变化之记载,而此七篇大论即推求时令变化之原则。最后,岐伯曰:"故至高之地,冬气常在;至下之地,春气常在,必谨察之。"此当然因见高山积雪常年不化,河水结冰由上而下所推想而得。然能由上下而理解有不变之时令存在,则已由地轴而通诸天人,斯又属整体理论之基础。养生术贵得活子时,即人类之生物钟可超越客观世界之时空,或能谨察其理,则于运气学说决不会有简单的是非结论。而中医最可贵之辨证法,自然于不及太过与平气中显其作用。又不计岁会之八年,实则甲戌、甲辰"同天符",乙酉、乙丑、戊午、己未又属"天符"中之"太一天符",故实仅不计岁会中之丙子、丁卯二年。而此二年,即丙子常在至高之地,丁卯常在至下之地。上下交流之活子时,犹指整个生物钟不限于以年为时之人类生物钟,必由之乃能通诸宏观与微观。则既知有数量级不同的时令,自然可知不为时令所限之理。

　　由第卅六问起,岐伯又分十二种条件,以述六气所至之情况,宜以下表尽之:

		厥阴	少阴	太阴	少阳	阳明	太阳
时化		和平	暄	埃溽	炎暑	清劲	寒雰
司化		风府璺启	火府舒荣	雨府员盈	热府行出	司杀府庚苍	寒府归藏
气化		生、风摇	荣、形见	化、云雨	长、蕃鲜	收、雾露	藏、周密
德化 {一二}	一	风生、终为肃	热生、中为寒	湿生、终为注雨	火生、终为蒸溽	燥生、终为凉	寒生、中为温
	二	毛化	羽化	倮化	羽化	介化	鳞化
布政		生化	荣化	濡化	茂化	坚化	藏化
气变		飘怒太凉	火暄寒	雷霆骤注烈风	飘风燔燎霜凝	散落温	寒雪冰雹白埃
令行		挠动迎随	高明焰为暄	沈阴、白埃、晦暝	光显、彤云、暄	烟埃、霜、劲切、凄鸣	刚固、坚芒、立
病之常 {一二三四}	里急	里急	疡胗、身热	积饮否隔	嚏呕疮疡	浮虚	屈伸不利
	支痛	支痛	惊惑、恶寒、战栗、谵妄	稸满	惊躁、瞀昧、暴病	尻阴阴股膝髀腨胻足病	腰痛
	续戾	续戾	悲妄、衄衊	中满霍乱吐下	喉痹、耳鸣、呕涌	皴揭	寝汗、痉
	胁痛呕泄	胁痛呕泄	语笑	重胕肿	暴注䐃瘛暴死	尻嚏	流泄禁止

217

以下又及人气之化,谓:"各归不胜而为化",理当五行相克,未及少阳相火。实即六气合诸五行,二火相合;五运合诸六气,火分君相。分合之几,即起于音差。详论天地阴阳气之交,谓"微者小差,甚者大差,甚则位易气交,易则大变生而病作矣。《大要》曰:甚纪五分,微纪七分,其差可见"。此所谓大差大变犹指五行五音之本位,因不及太过而易,则自然有病。《大要》所谓五分、七分亦可合五音、七音论之,既增七音,其差已小,理指人有适应环境之能力。岐伯因问寒热而总结之曰"时必顺之,犯者治以胜也",所以正其不及太过而不使大差易位也。至于上述五气郁塞之情状,此明其调气之理曰:"木郁达之,火郁发之,土郁夺之,金郁泄之,水郁折之。"可云调气之至诀。

最后,黄帝赞之曰:"至哉,圣人之道,天地大化,运行之节,临御之纪,阴阳之政,寒暑之令,非夫子孰能通之。"此以天地人三才之道,归于节、纪、政、令四者,实为深合五运六气原理之总结,未可认为是一般赞辞而忽之。

七

至真要大论述义

此篇深入说明六气之变化与脉象病症等之相应关系，故即六气运行的具体应用，末以调气作结，可视为七篇大论之旨。凡经七十三问答而黄帝善之。

初明六气之化，准岐伯第七答，作成下表可尽其理：

运气之变	司天	在泉	司气	间气
厥阴	风化	酸化	苍化	动化
少阴	热化	苦化	不司气化	灼化
太阴	湿化	甘化	黔化	柔化
少阳	火化	苦化	丹化	明化
阳明	燥化	辛化	素化	清化
太阳	寒化	咸化	玄化	藏化

上表中少阴不司气化，即为五运，合五运于六气，即岁主六气之化。而六气有司天在泉为之轴，两旁即间气，故"主岁者纪岁"，每岁各合间气以纪六步。于治病之时，准"谨候气宜，无失病机"之戒，方能用此运气说，诚为辨证之原则。且知司气虽同主岁，然有余不足，天气犹

219

然,何况人气。结曰:"气味有薄厚,性用有躁静,治保有多少,力化有浅深。"庶当气化之至理,忽此而执六十岁运气之变,其何能识此周期之几。岐伯第十五答曰:"谨察阴阳所在而调之,以平为期,正者正治,反者反治。"是即总结《五常政大论》中之义,归太过不及于平气。其调法合正反而四,即太过与不及各有正治反治,以期归于平气。以哲理考之,盖准《书·洪范》"六三德:一曰正直,二曰刚克,三曰柔克。平康正直,强弗友刚克,燮友柔克;沈潜刚克,高明柔克"之义。曰"强弗友刚克,燮友柔克",犹以正治太过不及以归于平;"沈潜刚克,高明柔克",则以反治太过不及以归于平。此理用于治病,当寸口与尺候以辨阴阳气之所在。

总结见岐伯答第十八问,成下表以示之:

南北政 ＼ 三阴之位	在　泉	司　天
北政之岁	寸不应(尺应)	尺不应(寸应)
南政之岁	尺不应(寸应)	寸不应(尺应)

然于三阴中尚可分辨之以当左右,且寸口与尺之应不应,有相对之理而非截然相反,更主要点在南北政之分辨,方有统一之认识。故所以主之岁既变,应不应已无客观之标准。其实南北政者,实对地球之南北极言。惜邹衍大九洲之说,岐伯"大气举之"之论,于秦汉后思想反隘,基本已不认识。故未明南极而欲明此南政,宜其注皆在疑似恍惚之中,今后更当以实验检验之。古以脉象应于北极星犹北政,然南政何指? 南斗属二十八宿之一,未可与北斗相对。即以二十八宿分南北,然同属赤道之星象,以今日之天文学名词言,仅相应于地球自转而非其轴,故未可为六步之主。此篇重视南北政,可喻作者之思已有南北极之象。此实可贵之古义,秦汉后不易多得。由是以合南政之岁,旧注取甲己化土以旺四季当之,犹见南北政之义指地球言。在不

见南极之情况下,不得已而取甲已仍有其理,庶合《六微旨大论》"此所谓气之标,盖南面而待也。故曰因天之序,盛衰之时,移光定位,正立而待之"之义。凡甲已化土,于地支辰戌丑未属之为南政。其他金木水火,于地支为亥子寅卯巳午申酉属之为北政,应于天象即属二十八宿。或于二十八宿分南北政,取角宿至壁宿为南政,奎宿至轸宿为北政,亦有其理,是之谓"移光定位"。而于"正立而待之",则非知南极之南,其何以合北斗七星而为六步之主。今已知近南极有"南三角"、"南十字"等星座,方能相应土旺四季之义。故北政者由北辰而及二十八宿,《论语·为政》"子曰:为政以德,譬如北辰,居其所而众星共之"是其义。更由四时之二十八宿,合诸兼旺四季之土,即《周易·说卦》"圣人南面而听天下,向明而治"之象,是之谓南政。识此南北政之本标,于自然界,于人皆有阴阳之不同。故能以南北纬理解南北政,既合土旺四季之义,且中医理论有推向世界之可能。

此节之末与上篇《六元正纪》结束六十花甲运气后之总纲相同,岐伯仍曰"知其要者一言而终,不知其要流散无穷"。彼以自然界言,此以人体相应于自然界言。既有客观存在的自然界,自生命起源后及生物进化而成人类后,更有人类的生物钟以对应于客观自然界的情况。至于对应的情况,此处即人之脉象当之,亦即明辨人身之气与自然界之气之间的相互关系,知其相互关系即为知要。而或不知,则人自人,天地自天地,未合三才之道而不得整体概念,是以流散无穷。此归诸南北政之脉象以推步,合诸正治反治以平为期,其思可云精深而几微,然其理仍可求得,决非无据之妄言。今日须总结中医理论,正宜由此而更上一层。王冰知之而用之,已在千余年之前。用之而迷之,既非王冰之过,亦非著此《阴阳大论》者之过,乃后人不善学之所致。故今日研习此七篇大论者,尤宜慎之,一言而知其要果何指,不可不察。

自十九问答至二十八问答,所以明"治之大体",其初说明六气在泉与司天之十二种病状与十二种治法。凡在泉为六气淫于内,司天为六气淫于外。或内或外,确属病因之两大来源。各因六气分辨而十二,属象数之必然。观其症状而开出治病之纲,方能对症下药。此于病症之分类和治疗之原则,皆准五行生克六气周流之自然,故此十二症状与十二治法,可视为以五运六气治病之坐标。由此坐标方可论其变,又分五行与六气两方面。先明五行生克有变,则于十二治法外又增十二反胜治法,故症状十二,治法有二十四。然以此六气观之,仍属正常未变。由是更观六气之相胜与恢复,亦分类而得十二种症状。于治法又因五行有变而当考虑正治反治,则又有二十四种治法。总以下表示之,可喻正变之象,凡六气与于症状,五运与于治法。

	症状			治法	
六气 {	正	12——五运 {	正 变		12 12
	变	12——五运 {	正 变		12 12
		24			48

由上表所示之二十四种症状与四十八种治法,纯为客观辨证人与自然界之条件,包括本身与自然界之变化。准其理庶可讨论对症下药,斯诚"治之大体"。或知正而不知变,如仅取坐标系而未知坐标系上可示种种变化,未识变化之情状,其何以识五运六气之旨。

自二十九问答至三十九问答,更以人身合之,取身半当天枢。岐伯曰:"身半以上其气三矣,天之分也,天气主之;身半以下其气三矣,地之分也,地气主之。"此合三才之古义,即承《六微旨大论》中气交之说,而足成其致病之象。又曰"时有常位而气无必也",更属要义。识此无必之气以合于客观之天枢,方能"复己而胜"以免"不复"而"伤生"。有此基础则在身已正,又将反病者,乃属位之不相得,即起于本身之气不胜客观之气。故上述"治之大体",又分主客辨之。既以司天在泉之十二气,分主客而有二十四种情况,总结其治法曰:"高者抑之,下者举之,有余折之,不足补之。佐以所利,和以所宜,必安其主客,适其寒温,同者逆之,异者从之。"实已得致中和之理,位天地育万物,其气自然而平,而医理之精粹处可得而言。此有与于中医之基本认识,乃以养生防病为主。故气之治,理尽于此,始可尽正治反治之道。最后由气而味,所以以气辅味,"开发腠理,致津液通气也"。至于以主客分五位六气而明其味之不同,于补泻之用味殊多变化,正见土旺四季之不同。究其气味之应,于人当鼻与口,皆人体与外界交流之通道。人首七窍之辨,耳目鼻口而已,耳闻声,目见色,鼻通气,口知味。于声色之理上已详论,此处又宜一论气味之变。凡味有口舌以辨,当饮食时知之,然《礼记·中庸》有言:"人莫不饮食也,鲜能知味也。"盖未知由味可通气。《礼记·大学》更合视听而言:"心不在焉,视而不见,听而不闻,食而不知其味。"此明食当知味,知味者当知其味之气,与五色五声之理同。更示如下:

七火
丹苦
南夏

八木	五土	九金
苍酸	黅甘	素辛
东春	中四季	西秋

六水
玄咸
北冬

五行气味图

上言声色已明与五行之具体关系,此论气味亦当知其与时位之相应。东春曰木,其味酸。《周易·说卦》:"艮为果蓏。"《吕氏春秋·贵信》:"风不信,其华不盛;华不盛,则果实不生。"凡果实之味酸,今所谓果酸。虽果实之成四时皆有,视其根木之生必本春风,艮位东北以果蓏反生,乃生东方之酸木,即天气苍以应地味酸,故当知酸具春生之气。且人类文明之本起于火化,火化之功使人类疾病大量减少,人之智慧即增长而渐异于生食之禽兽。而火化之中苦味所由出,能知苦味之当南方向明之治,宜有良药苦口利于病之谚。当进入农业社会而重稼穑,稼穑之味甘,甘土以旺四季,所以中和诸味,亦以见吾国之重农。凡农业之周期变化,古人早已总结成春生夏长秋收冬藏,于秋收成其味为辛,于字收禾以刀是谓利,有杀伤象,早已引申有春生秋杀之义。杀气味辛,今知辛味有杀菌作用。有生必有杀,犹五行之生克,宜则当生而生,克而克;不宜则生克之变,其味最能扰人。辛酸之情,起病内因之根;春秋之时,起病外因之源。味以通气,须慎此辛酸。又不舍昼夜之水,必及海而止,沟渎受浊,海水味咸,而咸味之中有生物之基因。今知生命初生于海底,于吾国之名即咸生酸,于医理亦确有所据。故知味者当知时令之变,庶可开发腠理以通气,治病以味,自然宜顾及运气之时。虽然,合诸人情其变尤多,嗜味无已,势必成饕餮之象,古鼎每用其象,所以示戒,亦合养生之理。

自四十问答至四十三问答,即准气味之理以处方。《大要》曰:"君一臣二,奇之制也;君二臣四,偶之制也。君二臣三,奇之制也;君二臣六,偶之制也。"此《大要》为古医书,岐伯引用之以为处方之原则。曰君者,犹治某病之特效药。然不幸而病,虽有特效药以去其病,奈其病必与全身有关,不注意其他影响,是之谓单方,对轻微之病仍有其效。而中医之治病,早有整体观。故既有君药,必有臣药,其用臣药所以防君药之流弊。故一君二臣最简单,主病已定,有二臣防其二方面之流弊即可。凡二君者,指二方而兼治。于主病已有二方面,则每一方面各须有二臣以防其流弊,是即君二臣四之制。再者,臣四之作用可兼可分,此由君二而定。如兼治两方面之流弊不多,则君二臣三即可。如二方面有甚大距离,则流弊丛生,此须以君二臣六治之。此取阳一阴二,参天两地,一分为三之数,确可得整体之象。其间分奇偶之制,亦自然可取。以下更须及制之大小,则由君臣而佐。佐者,佐君以治病,非仅防其流弊而已。故曰:"奇之不去则偶之,是谓重方。偶之不去,则反佐以取之。所谓寒热温凉,反从其病也。"

自四十四问答至五十问答,进而推究标本之不同。凡上所治皆由本而言,以下更及治标之法而兼及标本中之理。其于脉象之关系如下,且明致病之因。

六气　　脉象	对人体之影响
厥阴之至——其脉弦 少阴之至——其脉钩 太阴之至——其脉沉 少阳之至——其脉大而浮 阳明之至——其脉短而濇 太阳之至——其脉大而长	至而和则平 至而甚则病 至而反者病 至而不至者病 未至而至者病 阴阳易者危

合六气于标本,凡"少阳太阴从本,少阴太阳从本从标,阳明厥阴不从标本从乎中也"。亦即百病必从本标中三者而生。有合本标凡四,且分逆取、顺取二法,故共八法,病因可得。详示如下:

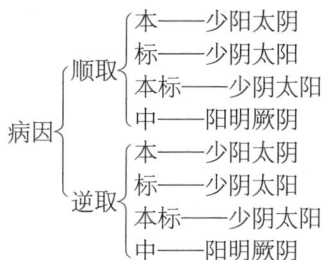

病因
　顺取
　　本——少阳太阴
　　标——少阴太阳
　　本标——少阴太阳
　　中——阳明厥阴
　逆取
　　本——少阳太阴
　　标——少阴太阳
　　本标——少阴太阳
　　中——阳明厥阴

四句结论为"知标与本,用之不殆;明知逆顺,正行无问",上表已尽其义。又引《大要》曰:"粗工嘻嘻,以为可知。言热未已,寒病复始。同气异形,迷诊乱经。"或未识中医之整体理论,当引此为戒。

末曰:"夫标本之道,要而博,小而大,可以言一而知百病之害。言标与本,易而勿损;察本与标,气可令调。明知胜复,为万民式,天之道毕矣。"可视为六气之蕴。其间分辨标与本,本与标,决非空文,此于天象即南北政,以当南北极之义。唯其相反相成,未能同见,故必有标本与本标之异。曰标本者犹由动而静,曰本标者犹由静而动。合诸今日物理学的名词,标犹动量,本犹坐标。合此二者,是名量子。量子者,基本能量单位不能再分,合诸医理即人之整体观。凡人之整体,必兼及自然界,故医理之本,必须与兼及天地人三才之道的易理相通。治《易》而未知医,殊难理解生物界的人,不本生物界的人,其何以能深入研究社会学的人。反之治医而未知《易》,其何以能深入研究医理之究竟。故《易》之整体理论,与医之整体理论,其致乃一。而以此七篇阴阳大论,本属易理与医理结合的产物,正待继承发展之。所谓整体理论,切忌视之为空泛而无实,此结于"易而勿损","气可令调",何等明确。因时空而变易,未尝损其整体;既得整体之气,何可不应时空而调之。故六气之蕴此二句可尽,宜三复斯言。至于胜复之变,其详在下。

自五十一问答至五十六问答,详论胜复之早晏,则六气与四时相合,庶可毕天之道。

因六气之来有过与不及,故有胜复。此究其胜复之差数,凡三十度,义即归六气于四时。凡标本各三十度,可化成南北极各一点,则间气四犹四时。本标犹冬至夏至,详如下图示之:

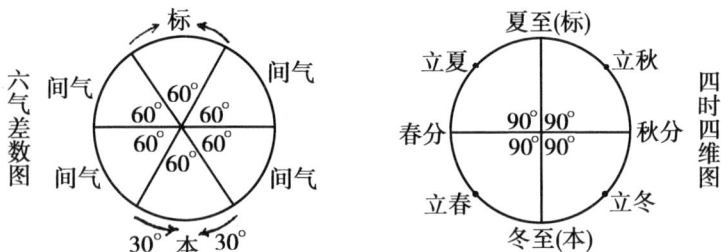

凡胜复顺逆有不同之变化,而其差数同为30°。观其差数之合,六气即成四时,本标当二至,合间气之分辨处为二分,是之谓四时,指中

点而言。曰四维者,指四时之起讫点,是名四立。四立与四时间同为90°,即春夏秋冬各差其分。引《大要》曰:"彼春之暖,为夏之暑。彼秋之忿,为冬之怒。谨按四维,斥候皆归。其终可见,其始可知。"宜中医之重视四时八节。二至幽明,或寒或暑,其气则同,分则春秋,寒暑变易,其气则异。合诸脉象,引《脉要》曰:"春不沉,夏不弦,冬不濇,秋不数,是谓四塞。"能以四塞六气之脉象,辨人之病因,亦以观人之气,可云精微之至。《史记》记扁鹊之神奇,读此三十度之变,以得几妙之脉应,其理非传自扁鹊歟。

自五十七问答至六十问答,明以味得气,乃见病机而以味调气。于得气引《大要》之说,作下表示之:

六气之主 五味先后	少阳	阳明	太阳	厥阴	少阴	太阴
先	甘	辛	咸	酸	甘	苦
后	咸	酸	苦	辛	咸	甘

此以先后不同之味当六味不同之时以入口,能佐以所利,资以所生,则味以正其情,情有所变,气必从之,故能得气。继之即本气宜以审察病机,凡分八类:

病机	风 掉眩	寒 收引	气 膹郁	湿 肿满	热 瞀瘛	痛 痒疮	厥 固泄	痿 喘呕
于身	肝	肾	肺	脾	火	心	下	上

此八类即五脏合火气贯通于上下。惟火气未能调达于上下,以使五脏受邪而病。此火气实即生气,由五味之食气化成,今所谓人必须有若干热量方能生存。而受此热量尤不可有瞀瘛之疾,则当先疏其血气,使五脏能受五味令其调达而致和平,庶可通上下而去其病机。而

于五味又益以淡味而六,凡辛甘淡为阳,酸苦咸为阴,三阴三阳可得六气。视收散缓急燥润耎坚八者,利取而行之,乃能调气而使其平。此节饮食以防病,中医之原则,亦为能知五运六气之大用。

自六十一问答至末,所以总结处方与调气。上已引《大要》之说,处方当有君臣奇偶之制,此处岐伯更发挥成上中下三制,于君臣外又增佐使。其言曰:"君一臣二,制之小也;君一臣三佐五,制之中也;君一臣三佐九,制之大也。"此所以发展奇偶之制,凡偶之不去必增佐,佐以佐君犹臣,然不仅防其流弊,亦起治病作用,然与二君不同者,视病原为一。多其臣佐,犹从多方面治其病,"所谓寒热温凉反从其病"是其义,制由小而及中、大,尤能起中和作用。又由味得气,得之而不平,且"气增而久,夭之由也"。此所以当知调气之方。最后第七十三答,岐伯曰:"调气之方,必别阴阳,定其中外,各守其乡。内者内治,外者外治,微者调之,其次平之。盛者夺之,汗者下之,寒热温凉,衰之以属,随其攸利。谨道如法,万举万全,气血正平,长有天命。"则于调气法中,莫善于此,录其全文,以备参考。由三制之方而归于调气之方,因血行本气,气为却病之主因,调气得宜,方能气血正平,贵于微者调之,不可不重视之。

总观此篇,确能准上篇之理以处方。然据君臣佐使以处之,其方之变殊无穷尽。仅论其纲,可得若干方,于治病时参考的几率极低。因虽本五运六气之理以治病,仍须以病者的具体病情加以辨证。此五运六气可当辨证治疗之一法,且此法极精细,有整体观念。即此二点,为建立今日的中医理论,此七篇大论,理当加以研究。

初 步 结 论

　　七篇大论之旨,宜与全部《内经》融而为一,此王冰之所以合于《内经》。然善为附离者不以胶漆,若王冰之所为,难免现其胶漆而为后人所觉。虽然其形非一,未可谓其理非一。当其分置之时,习医而研读《内经》后,未尝无更欲极致其理论之源而深涉此《阴阳大论》者。唯其以胶漆而一之,则读《内经》者,莫不见此七篇大论。奈精深之理论,与应用势必有歧,业医者皆须通其精义,斯诚难事。如今业西医者,亦未必全部了解分子生物学之蕴,况由量子论、相对论以及非欧几何、多维拓扑之理,夸克隐蔽、黑洞成毁之论。盖术业有专攻,贵能理解之。而吾国之中医,尤以整体理论见长,所兼之理可云无所不包,实与《周易》一书有异曲同工之妙。隋唐时孙思邈(581—682)言:"不知《易》,不足以言太医。"时在王冰前,七篇大论或尚未合于《内经》。所谓《阴阳大论》似与"《易》以道阴阳"之说本通,故其理实应于医易。此当有专攻医理者掌握之,研究之,变化之,改进之。反观中医理论之失坠,就在乏人详究三才之道。而此五运六气之大义,在阐明自然界之情况,以示天人合发之理,正属医理之源。凡生物存在必当适应自然条件,合诸古名,生物以人为主,自然条件即以天地阴阳概括之。奈知其迹者鲜,何能究其履。且由迹考履,中医有数千年实际经验,而于二千年来逐步有可贵之总结,《阴阳大论》即属之。故今当详为分析以考察其理,于历史之陈迹中,识其步履之神为贵,既不可不知其迹,更忌亦步亦趋。故对五运六气之数学模式本身,不宜用简单之是非加以判断,其所利用之律历象数,正宜深究其所指,方能知其与医学之汇合处。由王冰迄今千余年来,尚未有更精辟之理以辅佐《内经》。观今日之情况,于中医理论决不在深考七篇大论是否与医理有关,而重在研究应如何说明医理与三才之道之联系。现已进入人类能步履于太空之中的时代,然未尝独立于天地之外,故七篇大论之旨仍未可忽,愿与有志于探索中医理论者共勉之。以上七篇大论述义,乃历年来阅读时之随笔,失误必不一而足,深望专业工作者有以正之为感。

附录一

论《太玄》象数

　　《太玄》者,法《易》而著。今观其八十一首之象数,与《易》之六十四卦,能息息相通,不亦妙乎。以下分类论之。

　　一、《易》有两象易,所以变其贞悔。唯八纯卦之两象易同,其他五十六卦则两象易而成二十八卦。以之观《太玄》之八十一首,其理同。《易》之两象易,于《太玄》犹方、州与部、家易位。以方、州、部、家而成部、家、方、州,贞悔变焉。凡《易》有六爻,故贞悔各三爻。《太玄》有四重,乃贞悔各二重。且《易》分阴阳,则三爻而其卦象八。《太玄》分三才,乃二重而其变九。八者二之立方,九者三之平方也。故《易》有八纯卦,虽两象易而其象不变。《太玄》亦有九首,其两象易仍同。不妨准八纯卦之名,名之曰九纯首。详如下图:

中　差　释　装　应　常　饰　止　养

《太玄》九纯首图

　　此外之七十二首,则由两象易而二首合一成三十六,加上图之九纯首,共四十五首,于《易》犹两象易卦三十六。凡此四十五首,已内外合一,盖部、家当内,方、州当外,内外相交,其齐家而治国之象乎。合一者,理为君子不出家而成教于国,孝于事君,弟以事长,慈以使众。部、家与方、州之事,岂有二哉。详下"《太玄》两象易图"。其间礼、乐二首互为两象易,实其至理。夫乐由天作,礼以地制,《易》以豫卦为乐,履卦象礼,准人道之阴阳而变之,所以以礼乐中和人之性情也。《太玄》既法《易》之豫、履二卦,更以三人以当一天二地为礼乐。内以对天、外以对地为礼者,必中心有乐之和,其对外之礼,始能自然而不拘。内以对地、外以对天为乐者,必中心有礼之和,则形外之乐,庶几畅而不狂。礼乐互根之理,观《太玄》之象而益明,扬子诚深思之士也。

周／羡	礥／从	闲／更	少／睟	戾／廓	上／减	干／沈	狩／成	童／进
增／断	锐／盛	达／文	交／啥	夬／内	傒／阒	格／毅	夷／居	乐／礼
争／守	务／去	事／失	众／法	密／逃	亲／翕	敛／晦	强／剧	迎／唐
遇／聚	灶／曹	大／驯	度／积	永／穷	昆／将	疑／割	视／难	坚／勤

《太玄》两象易图

二、《易》有综卦，所以倒其爻位。有八卦虽倒而仍同，曰反复不衰卦，亦曰自综卦。其他五十六卦，则由综而成二十八卦。以之观《太玄》之象，亦有此理，即方、州、部、家之位综而成家、部、州、方之次，或由内以及外或由外以及内，是之谓综。考《太玄》之自综首有九，犹《易》之自综卦八。图见下：

中　增　争　断　应　永　守　穷　养

此外之七十二首，则由综而二首合一成三十六。加上图之九自综首，共四十五首，于《易》犹综卦三十六，详下"《太玄》综首图"。其间积

周／更	礥／减	闲／羡	少／睟	戾／沈	上／从	干／廓	狩／成	差／装
童／翕	锐／法	达／晦	交／格	㒜／逃	傒／剧	进／亲	释／饰	夷／遇
乐／割	务／度	事／难	毅／㕮	众／盛	密／内	敛／文	强／阄	居／聚
迎／㫺	灶／唐	大／驯	礼／疑	常／止	昆／勤	积／去	视／失	坚／将

《太玄》综首图

233

综去,即大畜综无妄,与易象不谋而合,不亦巧乎。他如周综更,义当或谓周而复始,或谓已有更革。上综从,义当或谓上升不已,或谓随从而已。敛综文,义当或谓畜敛于内,或谓焕文于外。常综止,义当或谓恒常,或谓艮止。凡此等皆不同于《易》,然究乎内外相综之象,理仍相通。《太玄》综首之义,妙旨具矣。

三、《易》有卦变,凡阴阳画数相同者,有互变之法,计有纯阴、纯阳、一阴、一阳、二阴、二阳、三阴、三阳七类。画数阳一阴二,故纯阳卦画数六,一阴卦画数七,二阴卦画数八,三阴三阳卦画数九,二阳卦画数十,一阳卦画数十一,纯阴卦画数十二。详见下表:

《周易》卦变分类表

类别	纯阳	一阴	二阴	三阴三阳	二阳	一阳	纯阳
卦数	1	6	15	20	15	6	1
画数	6	7	8	9	10	11	12

以之观《太玄》,亦有此象,类别共九。张行成以初变至九变名之,可从。计画数之变,由中首之四以至养首之十二。详见下表及"《太玄》首变图"(图见下页)。

《太玄》首变分类表

类别	初变	二变	三变	四变	五变	六变	七变	八变	九变
首数	1	4	10	16	19	16	10	4	1
画数	4	5	6	7	8	9	10	11	12

凡上图中九类之首,各可互变,犹《易》卦之阴阳画数相同者,乃可卦变。然《太玄》由一而三,《玄攡》曰"三仪同科"是也。故《易》之卦变与《太玄》之首变,理同而法未尽同,其别在消息也。若旋卦之变,六爻间之变,《太玄》亦同,下将分述之。至于九变之次,画数当由少而多。

成

晦

内

沈	饰	剧
翕	聚	阂
险	守	割
廓	逃	晋
法	文	去
盛	遇	疑

减	亲	应	积	难
晬	众	居	度	驯
装	毅	敛	唐	失
断	格	密	礼	止
从	进	争	灶	穷
增	交	夷	迎	视

更	差	锐	释	强	永	勤
羡	上	童	爽	务	常	将
闲	少	干	达	乐	大	坚

| 中 | 周 | 礥 | 庚 | 狩 | 羡 | 事 | 昆 | 养 |

| 初变 4 | 二变 5 | 三变 6 | 四变 7 | 五变 8 | 六变 9 | 七变 10 | 八变 11 | 九变 12 |

《太玄》首变图

《玄莹》曰:"凡十有二始,群伦抽绪,故有一、二、三,以絓以罗,玄术莹之。"此谓一、二、三者即三摹。《玄告》曰:"玄一摹而得乎天……再摹而得乎地……三摹而得乎人……"以三摹而四重,乃成画数之变。盖一摹而四重,当中首之四。二摹而四重,当应首之八。三摹而四重,当养首之十二。此一、二、三,恰处八十一首之始中终,祸福絓罗,其首变图之谓乎。

四、《易》有旋卦,计六十四卦合成旋卦十四。凡旋卦者画数皆同,故通于卦变。以观《太玄》象数之变化,与《易》全同。唯《易》有六爻,故一旋卦中含有六卦,《太玄》仅四重,乃一旋首中含有四首耳,计八十一首合成旋首共二十四。详见下表:

《太玄》旋首表

类别	初变	二变	三变	四变	五变	六变	七变	八变	九变
首数	1	4	10	16	19	16	10	4	1
旋首数	1 1含1首	1 1含4首	3 2含4首 1含2首	4 4含4首	6 4含4首 1含2首 1含1首	4 4含4首	3 2含4首 1含2首	1 1含4首	1 1含1首

凡旋首必含四首,然四首中有相同者,或四者皆同,则仅含一首。计二十四旋首中,含一首者有三,于《易》犹乾坤旋也。或四首为两两相同,则含有二首。计二十四旋首中,含二首者亦有三,于《易》犹既济、未济旋也。此外之十八旋首,各含四首。再者,旋之取象,两象易已在其中,综则或在内或在外。以首变图论,初变、二变、三变、七变、八变、九变之旋首皆含综首。若四变、五变、六变之旋图,各有一其综首当另一旋首。故合综首而观之,八十一首合成旋首为二十一。详下"《太玄》玄首图"。

初变一首 (1) 中 中 中 中	三变四首 (3) 减 戚 丁	七变四首 (22) 事 盛 失 难	九变一首 (24) 养 养 养 养
二变四首 (2) 羡 溪 更 周 图	三变四首 (4) 翕 唫 少 阳	七变四首 (21) 务 大 永 劳	八变四首 (23) 昆 勤 耕 羡 图
四变四首 (6) 唫 戾 交 综	三变二首 (5) 装 差	七变二首 (20) 止 常 丁	六变四首 (19) 积 傒 綜 綜 更
四变四首 (7) 毅 士 格 沈 綜	五变一首 (12) 应 迎 应 应	五变二首 (13) 饰 释	六变四首 (18) 去 语 剧 务
四变四首 (8) 亲 童	五变四首 (11) 聚 达 遇	五变四首 (14) 居 晦 增	六变四首 (17) 疑 乐 属
四变四首 (9) 众 锐 器 法	五变四首 (10) 守 狩 寻	五变四首 (15) 密 瞢 逃	六变四首 (16) 唐 曹 成

《太玄》旋首图

观玄首之象,理全同乎《易》。今以《太玄》论,旋者,或家位乎方之上,或方位乎家之下,家者,扬子取以为最小之单位者也。积家而部,积部而州,积州而方,方者,扬子取以为最大之单位者也。由于旋,乃最大者可下于最小者,最小者可上于最大者,盖以通大小之辩。凡初终之时,上下之位,胥赖此而变,不亦玄哉。

再者,《太玄》一首分九赞,九赞与四重,似未若《易》之六爻以合六画。故有轻之者,以为九赞之分,无与于四重,乃勉为辏合而已,实则亦切乎自然之数,非以意附会也。盖四重者,三之四次方,四次方者,其间为三,故各以三赞赞之而为九,即初一至次三以赞家而部,次四至次六以赞部而州,次七至上九以赞州而方是也。此九赞与四重之关系,以旋首视之,犹可窥各首与各赞之互应。下示其式,并以二变四首为例,余可类推。

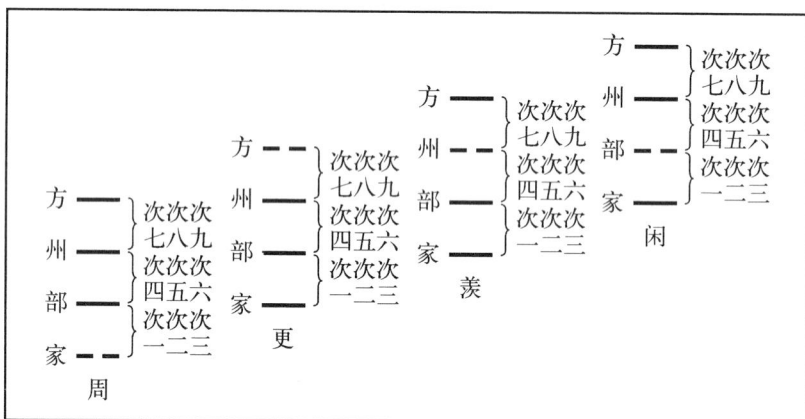

五、六爻间之变,《易·文言》曰"六爻发挥旁通情"是也。今观《太玄》唯四重,其间之变有六,当家与部变、部与州变、州与方变。此三者,与《易》犹比爻。又家与方变,此于《易》犹应爻。然以《太玄》之四重论,方与家仍属旋首之比爻,故间隔二爻之应,《太玄》中未见其象。此外当家与州变、部与方变,此二者于《易》犹同功异位之挥,于

《太玄》中反可以应视之。乃《太玄》四重之六变,凡四比二应。下以积首为例。

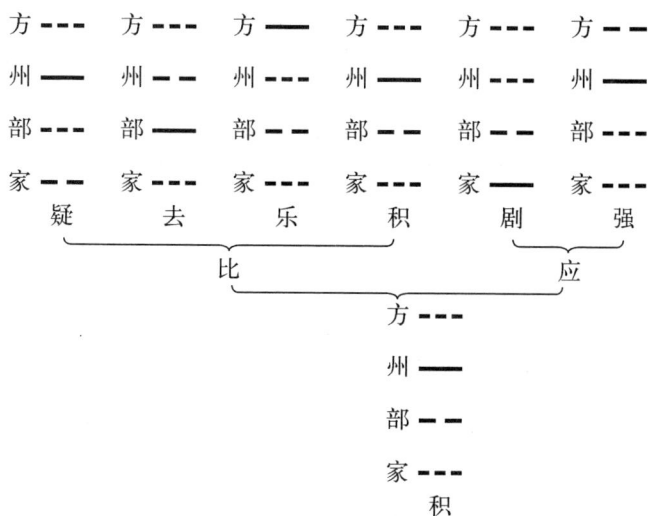

按:《易》有六爻,宜有六比三应。爻各有一应二比,应阳比阴,数当阳一阴二。于《太玄》亦然,既有四重,宜为四比二应,各重之应比,以下表示之。

四重应比表

四重 应比	家	部	州	方
应	州	方	家	部
比	部·方	州·家	方·部	家·州

由上表乃积首之例,于四重间之变,盖以备矣。此应比之变,宜以变化多少分类,计有不变之首三,能变三首者二十四首,能变四首者十八首,能变五首者三十六首。上例积首,盖能变疑、去、乐、剧、强五首,即属三十六首之一。此四类之不同,可以旋首图示之,详见下表:

应比变化分类表

类别＼首之名数	应比不变者	应比变三首者	应比变四首者	应比变五首者
首名以旋首数论	(1)(12)(74)	(2)(3)(9)(16)(22)(23)	(4)(5)(10)(13)(20)(21)	(6)(7)(8)(11)(14)(15)(17)(18)(19)
首数	3	24	18	36

夫旋首共二十四,以综相合,已成二十一,更合应比,乃成十五。凡不变者、变三首者仍同,其他二者示如下:

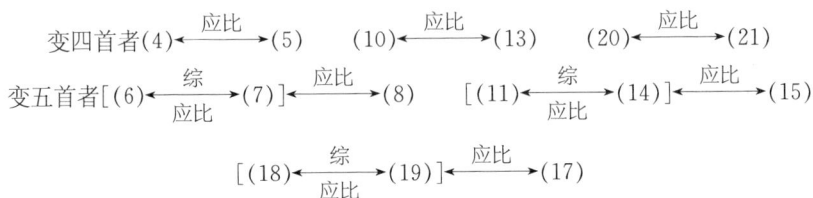

变四首者(4)　←应比→　(5)　　(10)　←应比→　(13)　　(20)　←应比→　(21)

变五首者[(6)　←综/应比→　(7)]　←应比→　(8)　　[(11)　←综/应比→　(14)]　←应比→　(15)

[(18)　←综/应比→　(19)]　←应比→　(17)

至于每首之应比,有变不变,变又有多少者,盖三分之不同者也。凡三分仅得其一者,于应比不变,故仅三首,得一曰中,得二曰应,得三曰养是也,于《易》犹乾坤之象。或三分得其二者,且二者之比为一三,则可变三首,如周等二十四首是也,于《易》犹一阴一阳之象。若二者之比二二相等,则可变四首,如少等十八首是也,于《易》犹二阴二阳之象。唯四重中兼有三分,方可变五首,如戾等三十六首是也。于《易》则无此例,然不妨以三阴三阳之象喻之。则《易》卦之变数六、八、九,于《太玄》首之变数三、四、五,亦自然吻合,岂有求而为哉。

《玄数》曰:"子午之数九,丑未八,寅申七,卯酉六,辰戌五,巳亥四。故律四十二,吕三十六。并律吕之数,或还或否,凡七十有八,黄钟之数立焉。其以为度也,皆生黄钟。"宋张行成释之曰:"自子至亥,自一至十二,积数七十八。六奇为律,得数三十六。六偶为吕,得数四十二。阳少阴多者,如天数二十五、地数三十,自然体也。子云取中数

240

六偶而用之者,用中也。律数四十二,吕数三十六,阴少阳多,扶阳抑阴,尊君卑臣,参天两地而倚数之理也。本数为体数,自少而多,积数也。中数为用数,自多而少,分数也。皆天地自然之理也。《易》天地之数五十五者,十也,为十日。《玄》律吕之数七十八者,十二也,为十二辰。《易》用天《玄》用地也。《易》六爻则用十二辰而分阴阳为二,《玄》九赞则用十日而和戊己为一者,天役地,地承天也。故律数四十二,吕数三十六,并律吕之数或还或否,凡七十有八,黄钟之数立焉。"夫张氏之释,明《易》与《太玄》,当阴阳互根之理,于七十八之数,又能别出新义。虽扬氏所未言,不可谓非扬氏之意也。作表于下,以见扬氏与张氏之说。

十二	子	丑	寅	卯	辰	巳	午	未	申	酉	戌	亥	总数
六律	黄钟		太簇		姑洗		蕤宾		夷则		亡射		
扬氏数	九		七		五		九		七		五		四十二
张氏数	一		三		五		七		九		十一		三十六
六吕		大吕		夹钟		仲吕		林钟		南吕		应钟	
扬氏数		八		六		四		八		六		四	三十六
张氏数		二		四		六		八		十		十二	四十二

夫《玄图》曰:"九九实有,律吕孔幽,历数匿纪,图象玄形,赞载成功。"盖玄尚九九,数当八十一,而律吕又虚三,以立黄钟于七十八者,乃有与图象玄形之自然,非徒准二倍九至四或十二数之和也。凡九九实有者,即八十一首。律吕虚者,所以当纯一中、纯二应、纯三养三首。律数四十二者,凡三分中其二分者,共四十二首,即应比变三首、四首者。吕数三十六者,凡三分兼有三分之三十六首,即应比变五首者。可见八十一之虚三及分成四十二与三十六,皆起于首之形象不同耳。究《太玄》者,宜详察焉。若律吕之变化,另详《玄数图解》。

六、《易》有错卦,所以变其阴阳,凡六十四卦错成三十二卦是也。以之观《太玄》颇有不同,计八十一首中,惟四十二首含二分者,始可观其错,其他三十六首兼含三分者,则何从定其错象。含一之三首亦然,缘《太玄》者一而三分,非若《易》之分成阴阳为二,二则此错为彼,彼错为此也。故六十四卦莫不有错,三则此之错有二者,安能定其一耶。乃于三分中仅含二分之首,尚可即以阴阳视之,其例同《易》。故四十二有错成二十一,此《太玄》之错首也。凡一二相错、一三相错、二三相错,各十四首,详见"《太玄》错首图"。[1] 若错之为言,杂也,置也。《太玄》有《玄错》,错取杂义,故《玄错》者,法《易》之《杂卦》也。于玄首之次,错杂以置之。依易象言,错杂者,莫若阴阳之相反,宜治《易》者以阴阳相反之卦名之曰错卦。今又以之观《玄》,始有"错首"之名,与《玄错》之义,源同而其流有辨,未可混而为一也。

七、《易》有消息,《太玄》亦有消息,理皆同,而于象之变化,有二、三之异。二者《易》之阴阳,三者《太玄》之三分。其唯二,故消息之成为错。其唯三,消息非错。以数言,错当一百八十度。若三之消息,仅一百二十度云。《玄图》曰:"九营周流,终始贞也。始于十一月,终于十月。罗重九行,行四十日。诚有内者存乎中,宣而出者存乎羡,云行雨施存乎从,变节易度存乎更,珍光淳全存乎睟,虚中弘外存乎廓,削退消部存乎减,降队幽藏存乎沈,考终性命存乎成。是故一至九者,阴阳消息之计邪。反而陈之,子则阳出于十一月,阴终于十月可见也。午则阴生于五月,阳终于四月可见也。生阳莫如子,生阴莫如午。西北则子美尽矣,东南则午美极矣。故思心乎一,反复乎二,成意乎三,条畅乎四,著明乎五,极大乎六,败损乎七,剥落乎八,殄绝乎九。生神莫先乎一,中和莫盛乎五,倨剧莫困乎九。夫一也者思之微者也,四也者福之资者也,七也者祸之阶者也,三也者思之崇者也,六也者福之隆者也,九也者祸之穷者也。二五八,三者之中也,福则往而祸则丞也。九虚设辟,君子小人所为宫也。自一至三者,贫贱而心劳。四至六者,富贵而尊高。七至九者,离咎而犯菑。五以下作息,五以上作消。数多者见贵而实索,

---

数少者见贱而实饶。息与消纠,贵与贱交。福至而祸逝,祸至而福逃。"
此言消息之理犹《易》,唯《易》准十二辟卦,每卦当三十日。玄用九营,每
首当四十日,仍为三百六十当期之日。详下"《易》《玄》消息图"。

《易》《玄》消息图

由上图可窥《易》、《玄》消息之象。《易》尚二,宜消息终于乾坤而起
于姤复。《玄》尚三,故消息潜变于中五。中五者,转息而消,其对九一之
间为转消而息,实亦中五所摄也。一、五、九之始中终,消息之几在焉。
"莫先"、"莫盛"、"莫困",以喻消息之理,不亦简要乎。先乎中首,中孚
也,卦气所由起。气者生生之本,息之源也。盛乎睟首,乾也,息之而至,
消将继之。次六曰"大睟承愆易",测曰"大睟承愆,小人不克也"。次七

243

曰"睟辰愆,君子补愆",测曰"睟辰愆,善补过也"。盖继息而消,其愆自然而降,犹亢龙之有悔。然或承或补,君子小人见矣。《易·系》曰:"无咎者,善补过也。"唯善于补过,庶几无入而不自得,消息无有于我哉。困乎成首,既济也,是谓"初吉终乱"。吉者,考终性命而定,乱者,殄绝倔剧而其道穷也。夫《玄》之法《易》,诚得其精。若分思福祸,三三而九,则准首象而言。于消息之首,由中应养而变,《玄衡》始于中应而终于养是其义。下以《衡》言,中数一,养数八十一,应位于其中数四十一,即始中终也。详如下示,凡八十一首,皆生于此,犹《易》之乾坤也。

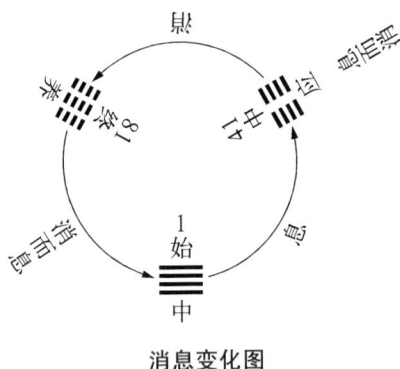

消息变化图

《易》由乾坤消息而生十二辟卦,《太玄》则本中首而生消息九营。以九营而位于洛书,图如下:

九营洛书图

"九"图极重要,或谓扬氏未言,然九首之象,本其地理,凡方、州之象,不论纵横斜角,当洛书数为十五。《玄》之象皆分当一、二、三,如九五一之方,当成三睟二中一,八一六之州当沈二中一廓三等等是也。唯四五六之方,二五八之州则皆为二,因睟之方、州为二也。象数吻合之妙,岂容附会者哉。

又上图中二与四、三与七,皆可以旋首通之。六与八,又可以旋而综通之。五与九,于消息时亦可以综通之。于五、九、六、八尚可变其应比,乃八十一首悉备。故由"消息变化图"一变而为四,首象已全,四者即二与四、三与七、五与九、六与八。图见下,以前一数为准。

消息变化图二

消息变化图三

消息变化图五

消息变化图六

以消息变化图一之州,旋转一圈,当一为二,则二为三、三为一,是即图二。又一当三,则二当一、三当二,是即图三。又使方、州皆旋一位即图五,以方旋一位州旋二位即图六。以上五图,用旋象观之,各以旋首数代之,示如下:

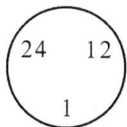

图一

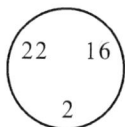

图二

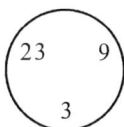

图三

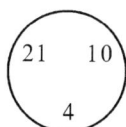

图五

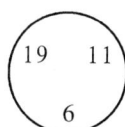

图六

更观综象,图六通如下:

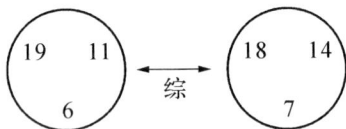

图六

又以应比变之,图五、图六各有所通。

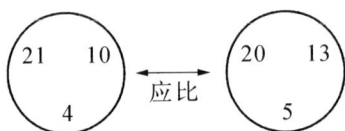

图五

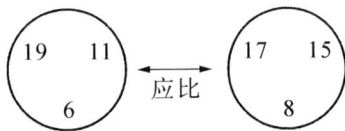

图六

由是具备二十四旋者,亦即八十一首悉在其中,执简御繁,非消息之几乎。

八、《易》有筮法,以大衍之数五十,《太玄》则有三十六策,亦法异而理同。《玄数》曰:"凡筮有道,不精不筮,不疑不筮,不轨不筮,不以其占若不筮。神灵之曜曾越卓,三十有六而策视焉。天以三分,终于六成,故十有八策。天不施,地不成,因而倍之。地则虚三,以扮天之十八也。别一挂于左手之小指,中分其余,以三搜之,并余于芳。一芳之后,而数其余。七为一,八为二,九为三,六算而策道穷也。逢有下中上。下,思也。中,福也。上,祸也。思福祸各有下中上,以昼夜别其休咎焉。"按:《太玄》之筮法,较《易》筮为简。《易》有三次分二,即变化数有三。《玄》仅有变化数二,盖策唯三十六也。下以式示《太玄》之筮法:

(1)   3   ×   6   =   18(天数)
(天以三分,即一二三)(终于六成,即一二三之和)

246

(2)　18(天数)＋　18(地数)＝　　36(倍天数为策数)
　　　　天施　　　　地成　　　　（于《易》犹大衍之数五十）

(3)　18(天数)＋　18[(地数)－3]　＝　　33(策数之用)
　　（地虚三以扮天之十八）　　　　　　（于《易》犹其用四十有九）

(4)　33　　　－　　　1　　　＝　　　32
　　（别一挂于左手之小指中）
　　（《玄》挂一在分二前,盖以挂一当一,《易》则挂一以象三也）

(5)　(32－x)　　　＋　　　x　　　＝　　　32
　　（左手之策）　　　（右手之策）　（于《易》犹分而为二以象两）
　　（分其余,余谓挂一之余,即三十二策,以之分于左右手）

(6) $\left.\begin{array}{l}\dfrac{32-x}{3}=A+a\\[2mm]\dfrac{x}{3}=B+b\end{array}\right\}$（以三搜之)(于《易》犹揲之以象四时)

　　设：A 为左手之商数,a 为其余数。
　　　　B 为右手之商数,b 为其余数。
　　　　且必使有余数,如除尽者,则减一商数作余数三。

(7) 凡 $A+B=10$ 或　9
　　当 $A+B=2$ 或 $a+b=2$
　　当 $A+B=9$ 或 $a+b=5$

(8) $a+b+1$ ＝　3 或　6 （以 e 代之）
　　（并余于芀）(于《易》犹归扐于物以象闰)

(9) $\left.\begin{array}{l}\dfrac{[(33-e)-1]-x'}{3}=A'+a'\\[2mm]\dfrac{x}{3}=B'+b'\end{array}\right\}$（一芀之后再数)(凡挂一分二搜三同上)

　　设：A′ 为一芀后左手之商数,a′ 为其余数。
　　　　B′ 为一芀后右手之商数,b′ 为其余数。
　　　　仍使必有余数。

(10) 凡　$A'+B'=7$ 或 8 或 9
　　　以 7 为 1 　其象——又为下,思也。
　　　以 8 为 2 　其象— —又为中,福也。
　　　以 9 为 3 　其象- - -又为上,祸也。

由上十式,筮法备矣。于整个三十六策之变化,尚可总示如下:

$$(36-3)\begin{cases} 6-\begin{cases} 6 = 21 \quad 即 \quad 7 \quad 即 \quad \text{———} \\ 3 = 24 \quad 即 \quad 8 \quad 即 \quad \text{— —} \end{cases} \\ 3-\begin{cases} 6 = 24 \quad 即 \quad 8 \quad 即 \quad \text{— —} \\ 3 = 29 \quad 即 \quad 9 \quad 即 \quad \text{— — —} \end{cases} \end{cases}$$

至于"六算而筮道穷"之六字,先儒皆与"六成"之六同解,似未可。六者,当指下文之推表、家、部、州、方。《玄数》绝之曰:"极一为二,极二为三,极三为推,推三为赢赞,赢赞入表,表赢入家,家赢入部,部赢入州,州赢入方,方赢则玄。"盖玄一化三,由六乘方而达七百二十九赞。赞犹推,每赞各其一二三三才之理,故极一极二极三而为推。推有下中上,三赞为赢,赞赢入表,表即三赞,表亦赢于三。三者,思福祸是也。以下则入家入部入州入方而玄,特详示如下:

$$1 \underset{\text{玄}}{=} 3 \underset{\times 3\text{方}}{=} 9 \underset{\times 3\text{州}}{=} 27 \underset{\times 3\text{部}}{=} 81 \underset{\times 3\text{家}}{=} 243 \underset{\times 3\text{表}}{=} 729 \underset{\times 3\text{推}}{=} \underset{\text{三}}{=} 极 \underset{\text{二}}{=} 极 \underset{\text{一}}{=} 极 \text{(即赞)}$$

老子曰:"道生一,一生二,二生三,三生万物。"扬子之极三为推,义即本此。观《太玄》七百二十九赞之情状,皆由三而生。负阴抱阳冲气为和,天地人物之理在矣。推凡下中上三赞,赞赢而备思福祸,是谓表。此推与表,所以足成方、州、部、家者也,故筮时必经六次为六算,初得之数当为推,以下为表、家、部、州、方。举例如下:

1. 六算所得为一二三二二三
当为三方二州二部三家福之下,即穷首之次四。

2. 六算所得为三一二一三一
当为一方三州一部二家思之上,即进首之次三。

3. 六算所得为二三一二二三
当为三方二州二部一家祸之中,即晦首之次八。

由上三例,余可类推。或仅算四次者,得首而已,于九赞中何取仍未知,故必为六算,方穷策道。穷之为言,于七百二十九赞中能定其一矣。故每赞之策数为三十六,一日二赞,策数为七十二。七百二十九赞,共为二万六千二百四十四策,是谓"泰积"云。

总上所述,曰"两象易",曰"综",曰"首变",曰"旋",曰"应比",曰"错",曰"消息",曰"筮",凡八者,略可言《太玄》之象数,亦以见《太玄》法《易》之迹。若《太玄》之总图,犹先天图,形式有三,曰"《太玄》圆图",曰"《太玄》方图"、"《太玄》横图",义与先天易全同。唯"相错"各异,故"圆图"仍以养首与中首相连,于"横图"更以卦气图之次注明之,庶见《系辞》之象。若"方图"之变化,尤为自然,仅使八八成九九耳。其间之变化,亦与《易》方图相似者也。最后尚宜明《太玄》首象画法,其数仍相同于《易》。夫《易》者,阳一阴二谓画数,参天两地为阴阳之比数。盖阳画一(——)阴画二(— —),然合阴二画之长,仅当阳一画之三分之二,即于阳一画而三分之,取其中一,乃成阴之二画也。以《太玄》言,一、二之象数全同于《易》。然更有三数,虽卦象所无,理则已具,《系》上曰"参伍以变"是其义。凡以一分三而取其二,是二也,以一分五而取三,即三也。此三分五分以得二三,非参伍以变之象乎。详如下示:

画数	1	2	2
比数	1	$\frac{2}{3}$	$\frac{3}{5}$
(通分)	$\frac{15}{15}$	$\frac{10}{15}$	$\frac{9}{15}$

由二三而通分于十五,即三五之积,洛书之和亦在十五。盖九畴者,扬氏所宗者也。夫以参天两地而成参伍以变,犹以人参天地,《易》之精义而有《太玄》言之者,其在此乎,其在此乎。

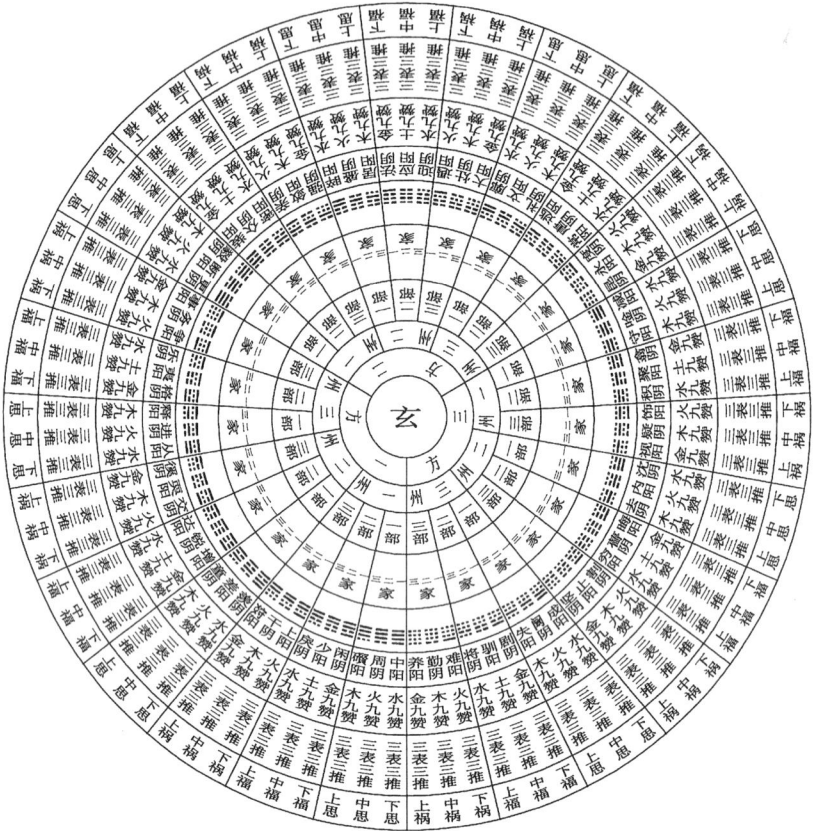

《太玄》圆图

三部			二部			一部			
三家	二家	一家	三家	二家	一家	三家	二家	一家	
养	勤	难	将	驯	剧	失	阒	成	三州 / 三方
坚	止	割	穷	曹	晦	去	内	沈	二州
视	疑	饰	积	聚	翕	守	唫	减	一州
昆	永	度	常	唐	逃	礼	文	廓	三州 / 二方
大	灶	遇	迎	应	法	居	盛	晬	二州
强	敛	亲	密	众	装	毅	断	更	一州
事	务	争	乐	夷	格	释	进	从	三州 / 一方
徯	哭	交	达	锐	增	童	差	羡	二州
狩	干	上	戾	少	闲	礥	周	中	一州

《太玄》方图

251

附录二

《易》与中医

一、论中国的象数学[*]

中国文化史中有一种独特文化,就是"象数学"。"象数学"简称"象数",在社会上流传,至少已有三千年历史。自清末发现殷墟甲骨文后,对中国古代的文化,自然有比较正确的认识。仅以象数论,在约有十万片的甲骨文之中,已有天干地支表。此干支表的发现,对中国象数的认识,至少可提前一千年。本来认为阴阳五行等象数发生在战国时,事实上民间传说黄帝时大挠造甲子之事,很有可能。象数可以认为是文字的基础,最简单的开始就是计物数数,如三棵树、二头牛等等。今日全人类基本用十进制,追溯其最初的原因,就在人身有十个手指和十个足指。然而在中国有一种特殊的进位制,能根据人身对称的原则,凡二手二足各自可重合,而为二五两种进位制。这两种进位

   ＊ 本文是作者拟写的同名小册子的总论,此书拟目如下:第一章 总论 第二章《周易》与象数学的比较 第三章 东西方象数学的比较 第四章 初论天干地支的结合 第五章 阴阳五行与五运六气 第六章 参天两地与三才整体 第七章 论河图洛书的形成 第八章 论五行生克的变化 第九章 论八卦的次序与方位 第十章 论龟卜蓍筮的稽疑 本篇以外的其余诸篇均未写成。——整理者

制,可云是中国"象数学"的特色,后人即以"阴阳"、"五行"名之,迄今尚有神秘感。今究其原,亦未尝有神秘。以现代自然科学而论,电子计算机用二进制,发挥了前所未有的作用,对中国早就重视阴阳的二进制象数,自莱布尼兹起已经加以注意。至于五进制的作用,所谓五行生克的问题,百余年来一直认为是迷信,今从纯数学角度论已不可不加重新考虑,何况尚有其他方面如中医理论、具体计数如珠算的应用价值。除十进制分成"阴阳"、"五行"两种进位制外,更有十二进位制的形成。十二进位制当然后于十进制,其间可分析成二进制与六进制,六进制又可分析成二进制与三进制。故既有天干十进位制、地支十二进位制之前,在中国早已有二进制、三进制、四进制、五进制、六进制。此外自然可发展七进制、八进制与九进制。在中国的象数学中,其特色就在能考察各种进位制及结合各种进位制之间的变化关系。

据考古所得数字的发现,已有六七千年的历史,其后合诸十与十二,另加名字,即后人所谓天干地支。

凡十数名:

甲、乙、丙、丁、戊、己、庚、辛、壬、癸(名之曰天干)

十二数名:

子、丑、寅、卯、辰、巳、午、未、申、酉、戌、亥(名之曰地支)

所谓天干地支,具体的作用是记录时间。凡十天干是记日,每日(即地球自转一次)用一天干。今甲骨文中已有"旬"字,旬就是十日,且更有"小旬"之名。殷代人民早已并观日月,凡月之朔望盈虚与潮汐密切联系,故计日的段落可合诸一月之朔望,大体一月三十日,就是上、中、下三旬,比较合于实际。如果尚不满三十日,故自然有以九日为阶段,取"小旬"之名。此见当时观察月的周期,已相当正确。更以寒暑论,约须经过六个月而反复,凡经过六个月寒将成暑,再过六个月暑又将变寒。十二位进制,名之曰地支者,就是取经过十二个月当寒暑一周(即地球公转一次)。此又为大体言,事实上十二个盈虚月不是一次公转,尚须有闰月,于"三年一闰,五年再闰,十九年七闰"的规律,在殷周之际或已能知之,其考另详。此外仅以干支的象数论。

凡此干支的应用,古代埃及、巴比伦,亦已能应用十二进位制,直至流传及英语文化系,于十一(eleven)、十二(twelve)有特殊的文字,及十二称一打(dozen)的专门单位。在中国的古书《尔雅》中,又记载有:"太岁在甲曰阏逢,在乙曰旃蒙,在丙曰柔兆,在丁曰强圉,在戊曰著雍,在己曰屠维,在庚曰上章,在辛曰重光,在壬曰玄黓,在癸曰昭阳。太岁在寅曰摄提格,在卯曰单阏,在辰曰执徐,在巳曰大荒落,在午曰敦牂,在未曰协洽,在申曰涒滩,在酉曰作噩,在戌曰阉茂,在亥曰大渊献,在子曰困敦,在丑曰赤奋若。"这二十二个名字非常像译音,在四五千年前天干地支的形成,极可能中国与埃及、巴比伦曾经有过交流。到底由中国外传,或由埃及、巴比伦传入中国,今已难得确切证明。然不论传出或传入,亦可能各自独立发现。其间有一个极重要问题,就是埃及、巴比伦也有文化传入希腊、罗马,辗转传入今日的欧洲,而本身已中断。唯中国的各种进位制自有其特色,至少三四千年来一直能保存,非但未中断,并且在发展,今日仍有其研究价值。其间有较原始的,有历代增入的,有具备科学价值的,也有穿凿附会而并无意义的。至于确属迷信的,则必须加以纠正。

此一小册子,说明中国在原始文化中已具有的象数学,约从东周(前770)起已相当复杂化,究其根宜从卜筮谈起。

今得殷墟约十万片的甲骨文,其本皆属卜辞。卜用龟甲,初于龟甲上钻一小孔,然后于小孔处加以火炙,则龟甲即于小孔旁发生裂纹,主其事者即卜者,能视其裂纹以定五行之象。此五种形象《尚书·洪范》尚留有其名字,即"雨、霁、蒙、驿、克"。除卜五行外,更有筮者。筮用若干根蓍草,信手两分之,以数其奇偶数而认定其属阴属阳及阴阳的变化，《尚书·洪范》中所谓"曰贞、曰悔"。此七者即中国由十进制化成阴阳五行后为卜筮者所利用的象数学。观其火炙龟甲以得五行之象，与信手中分得其奇偶之变而定阴阳之数，莫不属于偶然性，以科学论之，最多具有或然率的价值，决不可能推得肯定的答案。此与利用天干地支之数，详察日月运行的规律，已有原则的不同。此两种不同的情况，在中国就产生了《周易》一书，此书有其独特的价值，能兼顾上述两者之间的不同情况而有以会通之。故自有《周易》以来，龟卜不期而消灭，而五行之理已包括在《周易》之中。然读《周易》者，又产生两种截然不同的角度，其一仅知《周易》所发挥之理论，尤其是注意阴阳而完全不知五行；其二则尚能保存并理解阴阳五行的象数，而全部忽视偶然与必然之间的联系。以目录学论，同一易学的名著，或入"经部"或入"子部"，壁垒森严，不可越雷池一步。在此分裂的事实下，《周易》一书，已失其最宝贵的整体性，能兼通者实不易多得，故中国的象数学始终未能得到正常的发展。凡确定经学易者，何可不知象数，自认研究阴阳五行的象数者，又何可不知经学易之理论。此下详论两者的会通，愿中国的象数学，能直继西方现代自然科学理论，而有以启迪今日全人类的思维方法。

二、论《周易》与中医及自然科学理论的关系

自序

此论的宗旨在阐明吾国哲学著作《周易》,其哲理本与吾国中医理论相结合,且与现代自然科学理论有密切关系。

凡医以养生治疾,此为中西医所同。对象是人,虽有民族的不同,于人体结构基本相似。然中西医所用的方法,有完全不同的观点,此在东西方各由其历史条件、地理环境及哲学理论造成。今须结合中西医而一之,当参考历史地理的发展条件从理论入手,不然仅从表面现象的配合,决不能深入而得中西医理论的汇合点。

观西医理论的发展,基本平行于西方自然科学理论的发展。现代化的西医,当然在逐步吻合现代化的自然科学理论。自然科学理论永远有现代化,故西医理论亦永远在进化。至于吾国的中医理论主要在《内经》,二三千年来,一直在《内经》的指导下以发展中医。可见中西医理论的来源,有明显的不同。由是以西医视中医,可认为中医理论尚是原始的,根本未经科学实验的证明,难以置信。反之,以中医视西医,亦可认为西医理论尚在探索阶段,根本未了解整个人体的结构。此二方面的基本观点,略可显示结合中西医的症结所在。故以中医论,须经科学实验证明;以西医论,则须了解整体概念。合而言之,见树叶而不见树木,见树木而不见森林者,未足以喻中医理论的基础;或徒见森林而未对一树一叶加以分析者,亦未足以见西医具体实验的效果。由是推原西医的理论,当深究西方自然科学的理论;推原中医的理论,当研究《内经》理论所自出的《周易》一书。能以《周易》的理论相通于现代的自然科学理论,既为贯通东西方的文化,亦为结合中西医

256

的理论基础,故此论的总纲以下式示之:

《周易》(自然科学部分) ⟺ 西方自然科学理论

↓ ↓

《内经》(中医理论) ⟺ 西医理论

以下将论及四大类学问之间的关系。于西医理论之属于西方自然科学理论已不待言,此西医所以早已科学化;而于中医理论的主要典籍《内经》,除有临床的具体价值外,更有整体的哲学理论。此一整体的哲学理论,不仅医药方面适用,其他的自然科学亦适用,而其根源实在于《周易》。要而言之,如五行生克、五运六气、十二经络、五脏六腑等等原理,莫不相通于《周易》的象数,故进一步当以《周易》的哲理加以说明。然一般中医以临床为主,对《内经》所述的理论,尚有以为是多余的而不加深究,何况《周易》。西医虽亦非深通其他各种自然科学理论,然能时时注意理论的发展,以期运用于医疗方面,则与不关心理论的中医就大不相同,此所以造成今日的中医,虽有疗效而缺乏理论。此论于《周易》与《内经》的关系,拟作较详细的说明。

考诸中医史,历代注意易医结合者早有其人,以今日观之,是否合于现代的自然科学理论仍有疑问。主要关键是吾国最重要、最复杂的《周易》一书,是否含有迄今仍有现实意义的哲理,是否能说明现代的自然科学理论,进而了解是否能对科学有指导作用。此论的目的,就要说明这几方面的问题。全论目次如下:

一、《周易》与自然科学的分类

二、《周易》与宇宙演化

三、《周易》与物质结构

四、《周易》与生命起源

五、《周易》与中医理论

六、结论

潘雨廷书于华东师范大学古籍研究所

一九八〇年八月

一、《周易》与自然科学的分类

现代的自然科学对所认识的客体,归结为三大类,一曰宇宙演化,二曰物质结构,三曰生命起源。西方文化于此三大类的认识,由科学知识的积累,已极深邃。尤其自二十世纪起有突变的趋势,惟彻底解决困难尚多,仅知循科研道路前进,定有可观。

至于认识客体的方法,可归结为六大类,一曰天文,二曰地质,三曰物理,四曰化学,五曰生物,六曰数学。此六大类又有极细的分科,每一分科足以穷大量学者毕生的精力。诺伯特·维纳(Norbert Wiener)有感于此,于《控制论》中说:"莱布尼兹以后,似乎再没有一个人能够充分地掌握当代的全部知识活动了。"于科学的分类不可不细,唯细方能深入而有独到的见界。然于整个科学的全貌又不可不知,否则势将孜孜于本科中的一点,而不知此点于其他分科中早已解决。因术语不同而互不通气,枉用精力,殊觉可惜。此以逻辑言,当兼顾演绎与归纳,庶能分合相应。

今合认识客体的方法于所认识的客体,则主要以天文地质明宇宙演化,以物理化学明物质结构,以生物明生命起源及其进化。而以数学一科,为认识客体的工具。

以上为西方自然科学的基本分类,更合《周易》以观之,则"兼三才而两之"的原理,恰可不谋而合。于三才中的天道,所以明宇宙演化;三才中的地道,犹明物质结构;三才中的人道,犹明生命起源。两之者盖当方法。曰天文者,当天道之阳;曰地质者,当天道之阴;曰物理者,当地道之刚;曰化学者,当地道之柔;曰生物以究生命起源者,当人道之仁;以究生物进化者,当人道之义。若地质不属于地道而属于天道之阴者,因地球之为物,实天体之一。广而言之,任一天体皆属天道之阴。由宇宙航行的发展,地质学内容已有大变,今后的事实,将分卫星地质学、行星地质学、恒星地质学、银河地质学、星云地质学等等,凡此同属天道之阴。唯明天体间运行变化之象,方属天道之阳。吾国古名曰星辰者,星即天道之阴,辰即天道之阳。且本《周易》的象,早取阳大阴小,是犹宏观微观之义。故天文地质,同属天道而宏大,物理化学,方属地道而微小。小而一之,成量子之象可当地道之刚,因有量子之能,自然产生化学键而元素可结合,故化学当地道之柔。观此天地的变化,大则天体的运行聚散,小则基本粒子的生灭化合,即时与空的各一无限,其唯天地相合而得中乃有生命。生命起源以当人道之仁者,仁属生物之元,以别于无生物。由生命力的无穷,生物进化亦无穷,以当人道之义者,又训宜,得中于时空之象。

考察《周易》已往发展的历史事实,可测今后的发展趋势,则于内容庞杂的历代易著中,正可取此三才六爻的科学内容而创新之。故下分三部分讲述——《周易》与宇宙演化,《周易》与物质结构,《周易》与生命起源。以现代自然科学论,莫不有据于数学。而在吾国,惟《周易》的象数足以当之。以下诸讲中将随处应用《周易》所固有的象数,要在卦爻变等法,须建立现代数学运算,然尚是初步认识,深盼有志于此者共同努力。

二、《周易》与宇宙演化

《周易》备三才之道,天地人各分为二,天道的阳,犹今之天文学;天道的阴,犹今之地质学。天道阴阳的变化,犹今曰宇宙演化。

《洪范》分九畴,其四为五纪,一曰岁、二曰月、三曰日、四曰星辰、五曰历数,犹今之天文学。又其八为庶征,曰雨、曰旸、曰燠、曰寒、曰风,犹今之气象学。气象当然与天文有关,而吾国于三千年前已知分别研究。唯气象的未能肯定,故须随时注意其"休征"、"咎征",以使与五纪发生关系,视五纪为庶征的坐标,可视为吾国天文学的特点。此一原则迄今仍在应用且有发展,故于方法的改进必须自强不息以日新其德,唯此可贵的整体性原则实不可忽视。

至于五纪的一曰岁,犹地绕日一周,以成四时十二月,《尧典》所谓"期三百有六旬有六日,以闰月定四时成岁"。以《周易》言是名爻辰,使十二地支与《周易》发生关系,另详《爻辰释义》。岁以步戌言,指木星之绕日,凡一岁一宫,亦有爻辰之义。

二曰月,犹月绕地一周,以成月相的盈虚圆缺。以《周易》言是名纳甲,即以十天干与《周易》发生关系。凡纳甲爻辰的方式,西汉京房已用之。实先秦本有,文献除《周易》的卦象外,古籍已少佐证,此易象之所以可贵。迨东汉末魏伯阳《参同契》即用此以喻其养身之道,主要变化另详《虞氏易注》提要。

三曰日,犹地之自转,以成昼夜十二时的变化。此与爻辰密切相关。凡乾坤用九用六十二爻,既可当木星运行的十二宫,一岁的十二月,又可当一日的十二时。三千年前的《洪范》,早已能分辨。惜读易者每等视爻辰而未能发挥其作用,此或与《乐经》失传有关。凡乐律的变化皆出于爻辰,先秦音乐的发达,屡有实物可证,不禁叹为观止,乐由天作,殊非空言。另详《玄数解》、《论乐律》。

四曰星辰,所以出太阳系而入于恒星世界。吾国的二十八宿成象极早,盖据赤道而取,今本岁差之理推之(另详《皇极经世书》提要),约当公元前 2300—4300 之间,已定此朱雀、玄武、青龙、白虎之象,时约当确立农业时代。至于此二十八宿关系,《史记·天官书》"杓携龙角,衡殷南斗,魁枕参首"十二字已可概括,诚要言不烦。若银河的形象,吾国亦早已注意,《诗经·大雅·云汉》:"倬彼云汉,昭回于天。"正指银河言。以之合于恒星,盖起讫于青龙玄武间,故汉末《参同契》有言:"始于东北,箕斗之乡。"《内经》以五气配五行,用甲己化土的形象,所谓天门地户就是垂直于箕斗,故此可视为先秦旧说。今必须重视者,箕斗之间正是现代天文学所实测的银河系中心。以之为零度,银经银纬已可确定,故银河系的情状亦略可了解,乃与河图的象数殊同。或更外推曰河外星系,即星云世界,已知约有二万个,其状况如何今尚未知。是皆属五纪的历数,以大小言达百亿光年。且由类星体的发现,其红移等特征与其他星系差异甚大,故不能以光度法知其距离。又观察星云的背景,仍有绝对温度2.7°,尚见有各向同性现象,此非今日的工具,或不加以时间的累积所可理解。故对整个宇宙(universes a whole)的理解,自然有种种模型,可视为今后深入研究的参考方向。于此又将归诸多种几何图形,如球形空间、椭圆空间、准欧几里得空间、混控式(mix master)空间等等。以可见的星云言,迄今仍可以赫罗图为准则,此图尚是丹麦天文学家赫兹普隆(E. Hertzsprung)与美国天文学家罗素(H. N. Russell)于1905—1913年间开始使用。于水平方向取O. B. A. F. G. K. M. 诸光谱型,自然相应于温度;于垂直方向取绝对星等,则与亮度对应。由是每颗星依其光谱型与绝对性等,有其唯一的光标点。结果星点的分布形成两群,第一群在主对角线上是通常的矮星,星的数量特别多,故有"主星序"的名字。上角的星只有G_5型到M型,都在绝对星等为零的附近,这些星比太阳亮100倍,名之为巨星,再上更有超巨星。至于下角的星极少,又因绝对星等不容易测准,故星的对应点相当弥散。然皆为白矮星,有些密度达100万,即一立方厘米内有物质100吨。或更以原子构造理论视之,如使原子核相互接触,还可有比白矮星大几亿倍的密度。然则以原子论,白矮星的原子核仍相隔很远,还像气体的分子,于是又知当有黑洞的存在。凡观察到的事实不期而需要由大转小,且物理理论亦将以宏观验之而由小转大,宏观与微观何可分而为二。乃于天体的数学模型,须论及微观实体而再加评论。

三、《周易》与物质结构

《周易》备三才之道,天地人各分为二。地道的刚犹今之物理学,地道的柔犹今之化学。地道柔刚的变化,犹今曰物质结构。

《周易·系辞下》曰:"远取诸物。"又曰:"乾坤其易之门耶? 乾,阳物也;坤,阴物也,阴阳合德而刚柔有体。"此语简理深,明刚柔物质有体,当本天道的阴阳合德。宏观微观确宜相通,故地道与天道又成相对的阴阳,是犹数学概念对偶(dual)。

今以自然科学论,牛顿于 1704 年出版《光年》一书,逐步建立十八世纪的物理学。二百年的发展,完全在牛顿力学的范围中。1869 年门捷列夫(Менделéев,1834—1907,俄)提出化学元素周期律,对化学元素的性质,既具预见性,又有总结的作用。至于物理化学的进一步结合,以改变对物质的认识,乃由二十世纪的量子论与相对论所造成。以下分三方面叙述对物质结构的认识。

一、时空方面 ——于相对论前,西方对时与空视为并不相关,时间存在于物质之外。而相对论的伟大成就,即在发现四维时空连续区,则时间就在物质之中。这就是在数学方面能理解非欧几何和多维空间的重要性,另详论几何学的发展。

二、光子与光波方面 ——由相对论的四维时空连续区,已取光速为极限,空即四维时空连续区的极限。然光的性质,二百余年来一直有不同的见界。牛顿主张微粒论,同时有惠更斯(Huygens,1629—1695,荷兰)则主张光波说。其后百余年一般从牛顿取微粒说,至 1873 年麦克斯韦(Maxwell,1831—1879,英)出版《电和磁》,既已发现了电磁论,乃波动说占优势。未久量子论发现,爱因斯坦即提出光量子的概念。而玻尔(Bohr,1885—1962,丹麦)以干涉现象的存在,仍主张光波理论。于 1923 由康普顿(Compton,1892—1962,美国)在 X 射线散射实验中发现波长改变的效应,对光量子理论为一有决定性的实验事实。由是玻尔亦接受光量子理论,而对波动说仍坚持。实则波动是广延于大空间的连续分布,粒子是局限于小空间的不连续的点状分布。故光的波长大于所通过的仪器的线度时,显示波动性;反之光的波长小于所通过的仪器的线度时,就显示粒子性。故波长减小,就波动性减弱而粒子性增强;波长增大,则波动性增强而粒子性减弱,故知物质波本身,已具有波粒统一的普遍性。由是又产生个别粒子系统之间的因果关系。于1927年海森堡提出测不准关系以成立新量子论,由是只能掌握几率,爱因斯坦虽不同意,然亦无法解决。故哥本哈根学派成立,而爱因斯坦研究的统一场论,受此发展的影响至死未能完成。以下即述统一场论的变化事实。

三、统一场论方面 ——自发现电磁波,场的概念逐步确立,爱因斯坦自1923年起直至1955年去世,主要精力完全花在建立统一场论。需要统一的就是引力场与电磁场。用四维黎曼几何——对应于引力与电磁,更有以对称为引力场,不对称为电磁场,且自然有封闭与不封闭的几何形象。凡封闭四维体,不期而成五维体。爱因斯坦因未能得五维的物理概念,故不能取封闭四维的形象。归诸宇宙演化,就由四维封闭式发展成膨胀式,此膨胀式的数学模型未能明确,故福克以为:"爱因斯坦显然对局部研究的不够与边界条件的重要性考虑不够。"(《空间、时间和引力的理论》,3页)而卡鲁查(Th. Kaluya)的五维理论就是封闭四维体,然仍从爱因斯坦的原则,五维无物理意义,故不立五维中心。而于局部与边界的关系已加研究,故福克的结论,引用四维时间,实质亦在立五维坐标。如曰:"当引力场存在时,四维加速度矢量 W^v 就是除引力加速度之外的加速度。"(同上,303页)此 W^v 就有五维现象,且曰:"当质点在重力场中作自由运动时,这个矢量等于零。"理更清楚,这就是卡鲁查可不并立五维坐标中心。依此发展的理论,已有上推至6—15维的几何,然而无相应的物理概念,徒增计算之繁琐,终未显其用。而实验事实的深入发展,基本粒子的层出不穷,逐渐发现问题,于客观世界的描述是否黎曼空间可尽? 故薛定谔(Schrödinger, 1887—1961)又取扭曲加弯曲几何,则又增拓扑学的概念。直至1959年海森堡另创统一场论,除光速 c,量子 h 外,增一常数

$l_0 (l_0 = 10^{-13}$厘米)。有此三个常数成量子化的统一自旋场,有基本时间 $t_0 = \dfrac{l_0}{c}$,此一场论方成封闭的时空连续区,可视之明确建立五维坐标中心。由是海森堡有取于柏拉图体,实以量子视之。进而面对基本粒子的实验事实,力既有四种(除引力与电磁,又发现强弱相互作用力),场论必须兼顾之以成大统一理论。今有杨-米尔斯场乃取于群论,即对易性的阿贝尔规范场。主要分对称性为二,1. 整体对称性,无关于时空坐标,就是五维坐标中心。2. 局部对称性,同时空坐标有关,就是四维坐标中心。以整体观之,就是胞腔中心。由整体不变到局部不变,须引入新场,是名规范场。此种规范场理论同拓扑学上的纤维丛概念又宜联系,则物理与几何的结合更为密切。而夸克模型正由此发展,群用 $SU(N)$,取 $N^2 - 1$ 个粒子,可与元素周期表用 $2N^2$ 个元素,各有自然之理。然元素 N 取自然数列,夸克数似可取奇数序列。

更以整体对称性言,相对于强弱相互作用力,自然有超引力的存在。如太阳系之间为引力作用,银河系之间或已有其他引力,若河外星系之间的引力,肯定有超引力存在,类星体的红移问题即可深入研究。此微观宏观的对偶研究,仍为一则由实验而得,一则由理论推测。今由《周易》象数的启发,非有意于附会,实自有其契合。若整个场论,非但包括超引力,且宜加入生物以讨论。要在由对偶而得其自对偶,详下论《周易》的象数。

由上三方面,物质的结构原理基本已具,微观之宏观之,其有极乎? 无极乎? 凡有极即成粒子,无极即成相对之连续是犹波。粒子与波,于易书的语言,谓之阴物阳物,发挥变动而合德有体,盈天地之间者唯万物。若易中之象,古皆以宏观之事物当之。实则象可微观,如曰"知微知章",义极明显,又曰"君子几"、"几者动之微",皆指阴阳物之微观。故《易》以阴阳柔刚之符号,代入微观与宏观,实无以异。而有卦爻之大小以当其对偶,考诸大象当卦,小象当爻,其名殊切,故以六十四卦、三百八十四爻之合德,实可兼观微观宏观之万物结构。

四、《周易》与生命起源

《周易》备三才之道,天地人各分为二,人道的仁犹今曰生命起源,人道的义犹今曰生物进化。故人道仁义的变化,犹今曰生物学。虽然,吾国《周易》所谓人道,已兼社会组织的社会科学言,此仅以自然科学论。人类亦为生物之一,故仁与义同属于生物学,凡生物皆有仁义,以别于无生物之阴阳刚柔而已。

《易·系辞上》曰:"生生之谓易。"《系辞下》解释损卦六三爻又曰:"天地絪缊,万物化醇;男女构精,万物化生。易曰:三人行则损一人,一人行则得其友,言致一也。"盖易道重在消息变化,凡变化必起于二。有二者之生生,是之谓易。此二者于自然界是谓天地。由天地絪缊万物乃化醇,此明从无生物变为有生物之情状。今以时空言,天犹时间,地犹空间。吾国哲理必以"天地"合言,归诸时空又以"世界"、"宇宙"合言。唯有二者之变而合,合而变,庶有一切变化。爱因斯坦相对论,即以时空相对而名一切变化为时空连续区之象,因更无物理意义,故维数止于四,义亦可取。然由万物化醇而有生命现象发生,此生物现象的意义,决非物理意义所可尽,故合于数学语言是名五维。目前世界科学研究的方向,正由物理转向生物,是犹四维至五维的数学变化。吾国的古代文化,早有阴阳五行之说。今阴阳之说,已有科学的相对论而不之疑,若五行之说,仍以为不科学,归属形而上学的范畴。在中医治病时尚有保存,然亦未知其重要而深入研究。对古传之说,每多不了解,遑论发展。实则合诸自然科学理论,所谓五行说,就是现在的五维空间。故于生命起源问题,以数学语言说,是由时空连续区的四维流行为边界,遇边界密合而成五维连续区,是即生命现象。至于生物的进化,要在雌雄由同体而异体,即生物体本身又分阴阳,此即阴阳五行之说。以数学语言而论，就是有相对的二个五维体。吾国有名的河图形象，就包含此内容。

以下观察西方研究生物学及其发展的状况。1859 年达尔文发表《物种起源》，始对生物界有一进化的全貌。人从类人猿所进化，引起宗教家的不满，殊觉可笑。庄子早有人出入于几的幻想（见《至乐篇》），至于由进化而推原于生命起源，当时的科学尚无所见。未久孟德尔（Mendel，1822—1884，奥地利）于 1866 年发现遗传学两基本定律，惜未引起同时人注意。直至 1900 年德弗里斯（de Vries，1848—1935，荷兰）等三人重新发现，始为世人重视。后有摩尔根（T. Morgan，1866—1945，美）继之，于 1926 年发表基因论，可谓开现代化生物学的序幕。后有玻尔、薛定谔二人皆亲见现代物理学的精微，有通乎生物学的必要。流风所及，有华生（J. D. Watson，1928—，美）、克里克（Crick，1916—，美）* 于 1953 年根据 X 光衍射资料，提出 DNA 双螺旋结构模型，始建立分子生物学而为现代生物学的起点，由是略备讨论生命起源的条件。莫诺（Monod，1910—1976，法）于 1970 年出版《偶然性和必然性》一书，对生命起源能有进一步认识。如仅以分子排列次序论，则遗传密码的方式，由生命发生起遗传至今，实未进化。莫诺说："回到了知识本身的源泉时，才为科学的第二个时期。"此科学的第二个时期就是生物进化。

吾国利用五行生克的数学语言，正可说明生物界的生灭情况。以几何图形示之，三维主方体，先秦早有"六合"之名。又《大学》曰："所恶于上毋以使下，所恶于下毋以事上，所恶于前毋以先后，所恶于后毋以从前，所恶于右毋以交于左，所恶于左毋以交于右，此之谓絜矩之道。"此上下前后左右就是三维六合，与柏拉图悬几何图形于教室之门，义亦相似。而吾国不限此三维空间，其上又曰："上老老而民兴孝，

---

*　整理者按：克里克于 2004 年去世。

上长长而民兴悌,上恤孤而民不悖,是以君子有絜矩之道也。"更以上一辈平辈下一辈的过去现在未来三时,当絜矩之道的三维六合。凡三维六合以时,即移动三维体成四维空间。另以投影法示之,三画八卦的八个方位,一方为一个六合的三维体。《说卦》曰:"天地定位,山泽通气,雷风相薄,水火不相射,八卦相错。"正指此八卦。或更以人事当之,《说卦》又曰:"乾天也故称乎父,坤地也故称乎母,震一索而得男,故谓之长男;巽一索而得女,故谓之长女;坎再索而得男,故谓之中男,离再索而得女,故谓之中女;艮三索而得男,故谓之少男;兑三索而得女,故谓之少女。"亦同此四维的形象。然易象非限于三画,必本六画的六十四卦,是即成五维空间。此由十个四维空间所围成,而十天干的每一天干,就指一个四维空间。吾国的太极图,经河图数以绘成的象,能合相对的阴阳而一之,所以增加一维,否则必成逻辑的悖论。而此 $n+1$ 维的几何图形是自对偶的,生命起源宜取其象。其象由相互对偶成自对偶,必经 ∞ 维,故生物进化实亦无穷。至于无穷的概念,以数学论,《周髀算经》中所谓"圆方"与"方圆",吾国所谓规矩,其间"毁方而为圆"或"破圆而为方",即有无穷之义。今人每以吾国的天圆地方为不科学,然以气质言之,则有质之球仍可名方;直行之气不碍名圆。天文地质的名实既变,吾国天圆地方之说,亦可在另一含义下重新显其作用,尤其在多维空间的对偶问题上。凡相互对偶者必有凹凸,是之谓方。合阴阳刚柔而生物自对偶,斯之谓圆。既合天地而有生命,所以立五维之本,又本方圆而进化无穷,所以明自对偶之重要,曰反身、曰自省,皆为自对偶的表现。西方生物学,今渐知对人类本身的知识了解得不够,就是只知互为对偶的阴阳而尚未知阴阳相合的整体太极。太极者,非仅视生物之本身,尚须合生物所处的自然环境,此三才兼两而一之,方为吾国的易理。故欲了解易道,非包括自然科学,决不能明其蕴,就是《大学》亦始于格物。以历史言,吾国于明亡后有忽于此,而西方正在此时期科学大进。故今日之人类文化,吾国学者正宜知此整体而钻研自然科学,则东西方文化之交流今尚方兴未艾,而此生物学实最为重要云。

五、《周易》与中医理论

中医理论贵在得整体性的概念,然一般理解整体性乃指全身言,仅别于头痛医头,脚痛医脚。此当然属整体性,尚有最重要的整体性,实指人与自然环境的相应。相应相得,庶可以人身合乎自然,此已推得生命起源之际,斯当中医理论的基本出发点。由是医理宜合于易理,盖《易》兼三才之道,本以人合天地言。医理者得此而更近取诸身,不啻以自身为实验室。即以自身气质之变化,验诸自然界;又以天地阴阳刚柔之变化,反观自身之气质。气质者自身之阴阳刚柔,由是人身又继天地人三才而有三部九候,是当洛书九畴之象。以今日之数学名之,属封闭性的五维空间,与河图属开放性的五维空间相对。凡封闭性的洛书属五行相克,开放性的河图属五行相生。相生相克而益以制化,其变化之道自然合于螺旋曲线与圆周循环,此二者又为相对变化。更推而广之,乃成五行颠倒的变化,则以五行生克之理视之属逻辑悖论。实宜增加一维,且不立六维中心,则仍为五维胞腔中心,此方为五行学说的究竟。而由五运而六气生,准五运六气之变,自然有六十种不同的变化。以今日的数学语言而言,就是一个六维十二胞腔的希尔伯特空间中,内含六十个四维八胞腔的希尔伯特空间,而中医理论所运用的象数模型盖尽于此。此象数模型亦是《周易》所本,此易理医理所以能汇通。张景岳(1563—1640)于万历壬子(1612)著《类经附翼》,一卷为医易,于医易相通之理言之已详。然《易》备三才之道,不可不详究三才之实,吾国整体性理论之所以可贵,全在乎以理而兼收并蓄,终始条理,严辨毫忽,此之谓知几其神乎。故西方自然科学之发展,愈发展愈能充实整体性的内容,识此整体性之能包容现代的自然科学理论,此方为中医理论之可贵,亦是医理所以必须通过易理的原因。

若此整体性的形象,在天文学中正在寻找黑洞,在物理学中正在研究 $SU_{(N)}$ 群的夸克结构,在生物学中正在研究黑箱的内幕,实则 $n+1$ 维的自对偶图形正可喻之。此以拓扑学言,由二、三维际的摩比斯带,三、四维际的克莱因瓶,更推而上之,洛书即是四、五维际的整体形象,河图即是 n、$n+1$ 维际的整体形象。《易》本河图为体,医本洛书为用,体用一元,故发展吾国的哲理,当从医理的实用价值开始。贵人尊生,人类所同,岂有古今中外之辨。因吾国自古有此河图洛书五行八卦天干地支等数学模型的哲理,中医取而用之三千年未变,然以人身合于外物时空四维而成的五维原理,早已知其然而不知其所以然,此所以仅存整体性辩证治疗的疗效而不能明其理。

至于人身三部的象,由道教加以变化而成三丹田,三丹田的内容亦变化多端。要而言之,上丹田性宫其数九六,下丹田命宫其数七八,中丹田黄庭其数五。若其变化,九九八十一为洛书飞宫,黄钟数取之;九而八,五声之起于宫而穷于角,八八六十四为卦象之数;八而六,当六十四卦之反复成三十六卦,所以生四陆之二十八宿,六者三才兼两,远出至变之数,六爻取之;六而七,出入无疾反身而复,以立生物之象,是当天地和合之中心,七七四十九著数取之。七犹五声加二变而为七声,分成勾股弦而成五五二十五,为中丹田黄庭之数;七而九,《庄子·齐物论》中所谓"五者圆而几向方矣"。此五者指道言仁廉勇,实即五行即黄庭。黄庭或实或虚,是谓八卦九畴相为表里。虚即著圆卦方之象,故庄子继之曰:"故知止其所不知,至矣。"此莫诺所以归生命起源于偶然性。而曰:"孰知不言之辩,不道之道,若有能知,此之谓天府。"曰"天府"者,犹 n 维之封闭性模型。又曰:"注焉而不满,酌焉而不竭,而不知其所由来,此之谓葆光。"曰"葆光"者,简而言之犹克莱因瓶,广而言之即 $n+1$ 维的自对偶形象。由是而三丹田一之,《易》与医道之理,岂有二哉。

六、结论

由上诸讲略述最基本之理,博而不返,势将茫然无归,此不可不以结论约之。且亦不待更言,为表二帧,一览而喻,曰物、曰人。若人之关系,将发展成社会科学。而以自然科学所得之理,为人类服务,是属应用科学。至于医理之应用,临床之实验,尤以养生为主,治于未病,庶为中医之最高理想,愿与有志于斯道者共勉之。

三、初论中西医理论的结合

中西医各有其发展源流及认识过程,今本已成的事实,分辨其最基本的不同原则,准此原则以相互交流,庶能自然结合而提高疗效,且可进一步认识生物而造福人类。今观中西医的最大分歧有三方面,其一理论方面,其二治疗方面,其三药物方面,此文仅以理论方面言。

一切理论皆由积累各方面的知识而成。医理者,始于生(妇产科)而终于死(无疾而终者为数极少),于人生的关系最重,于各方面影响最多,需考虑各方面的知识也最复杂。吾国于先秦已综合成一完整的理论体系,主要在《内经》一书,秦后的发展皆未动摇其基本医理。反观西医的理论,本诸文艺复兴的影响,打破千来年的黑暗时代,凡事莫不以科学实验为主。直至二十世纪的量子论、相对论出,作用尤大。经玻尔、薛定谔的提倡,由物理理论推及生物理论,迫华生、克里克证实双螺旋结构模型而确立分子生物学,进而发展量子生物学,此直接影响西医的基本医理,还原论正在大显其威力,确宜步步深入。今西方生物学家正大力研究脑神经组织,尚头绪纷纭,未闻有完整之说。故西医的理论,正方兴未艾。今本此事实,以论中西医对医理的认识及其结合的方法。

凡中医者,医人而及病;西医者,医病而及人。中医对任何人先有一整体概念,分析从人开始,包括每人所处的历史事实,主要在时令与地域两方面。盖病在人身,其因殊多,故同一病生在某种不同类型的人身,而施行的治法不同,用药亦不同。所谓"辩证治疗",实有辩证的理论基础。而西医不同,分析从病开始,肯定病因所在而治之。故西医的研究中心,先由种种化验以寻求各病的特征,使每种病各有其明确的概念,继之研究治此病的特效药。今日西医的研究病因,已深及遗传基因的结构,正在了解细胞核内脱氧核糖核酸(DNA)的排列规律,及与核糖核酸(RNA)的复制遗传等。如种种先天病的基本病因,皆在排列次序有误,故治病法用种种对应的酶,以切割 DNA 而使恢复正常排列。当改变排列时,主要在量子的跃迁,此由分子生物学以及量子生物学。对病理生理的认识如此精深,吾国的中医如不从西医入手,可以说绝对不能了解其科学实验精神的伟大。然以整体概念辩证治疗而论,中医迄今仍有其特色,且足以启发西医深入研究的方向。

四、论五行

五行指金木水火土五者的关系,计有生克二种。取此五行生克之理,可推及一切自然现象与社会现象,此在吾国历史上远在三千年前早已形成,及春秋战国时有大发展。在中医理论中重要的应用,每取五行生克的关系,作为辩证治疗的推理方法。今须研究其实质,此五行生克的变化,是否合乎现代的科学思维。这一问题可根据各种观点加以分析,此文仅就近代的数学概念说明之。

数学的内容基本分二大类,吾国名象数,希腊名几何代数。凡数与代数相似,今人已知如《九章》等算经中,已有代数的算题与解法。唯象与几何相似,尚未引起学者注意,实则规矩成方圆的形象就是几何。天圜弄丸指球体,六合絜矩指立方,此三维立体几何的变化,先秦古籍中亦不时可见,惜未有欧几里得(Euclid,－330——275)在吾国出现,故除《墨经》外殊无专著,其时约当吾国庄子与邹衍之时。于希腊因有欧几里得的几何学出,在西方的思想家被其统治二千年,直至高斯(Gauss,1777—1855,德)虽知其平行线不可证明,然尚碍于社会影响而不敢发表。故非欧几何有罗巴切夫斯基(Лобачéвский,1793—1856,俄)与波约(Bolyai,1802—1860,匈牙利)同于1862年提出,由是几何方有划时代的进步。自跳出欧几里得几何后,乃见希腊时几何太盛行,妨碍代数的发展。必待非欧几何成立后,始有格拉斯曼(Grassmann,1809—1877,德)因研究多元代数而于1844年首次提出多维空间(hyperspace),未久由非欧几何结合多维空间,乃有黎曼(Riemann,1826—1866,德)建立一广泛几何理论的概念,今名黎曼几何,则与欧几里得几何有完全不同的面貌。这一段简单的西方数学发展史,对吾国数学史,尤其是阴阳五行的理论,有密切关系,今试加以说明。

五行生克之理,自邹衍起应用广泛,或认为创自邹衍则大误,其时恰近于欧几里得。此在希腊重点为几何,而在吾国五行犹多元代数。唯多元代数的独盛,亦妨碍几何的发展。且五行的多元代数,宜对应于多维空间,然多维空间的形象,绝不同三维立体可以用图形表示。所以五行生克的概念,难免有神秘感。再者《周易》的卦象,自然可象多维空间。然而在1844年前,西方的数学根本无多维空间的概念,吾国卦象所表示的抽象图案,除少数理解《周易》的学者外,基本亦非一般人所理解。此《周易》的卦象,所以更有其神秘性。今以五行论,宜从多元代数说起,其数五,犹五元代数,凡五数次序的变化,示如下式:

$$5! = 5 \times 4 \times 3 \times 2 \times 1 = 120$$

使五数环行,则可五种变化合成一环,又环有顺逆,又可减半,则变化仅十二种。若此十二环,必两两相对以当生克,故数犹十二地支,亦即乾坤十二爻以分阴阳。

此两两相对的六环皆生克相对,其本为纯生对纯克。此外五对各主一行,凡主水者出入土火,主火者出入水金,主木者出入金土,主金者出入火木,主土者出入木水。此所主者犹属某种类型,《内经》分五种类型之人,即本此象数。唯其间生克互变,此所以有反侮之象。或未观此象数,则不知辩证之原则,此所以难免有诡辩之诮。

上述两两相对之生克,恰当圆周与圆内五角星的互变,除纯生纯克外,自然有生克反复,此所以有出入。凡《洪范》序五行之次为:"一五行,一曰水,二曰火,三曰木,四曰金,五曰土。"今依出入观之,知其主水性,言天一生水,因吾国地处北半球,北方有极,确属根本的标准。又《内经》序五行之次为金、木、水、火、土(见《移精变气论》等),今依出入观之,知其主土性。土甘中和,治病之准则,且金木水火土之次,已成世俗所流行之次。又据杨雄《太玄经》之纳音,其次为火、土、木、金、水,仍依出入观之,知其主木性。木为五行中仅有的有生气之一行。

以上水木土三者于五行中属阳,洪范数为一三五。此外主火主金二行,于五行中属阴,洪范数为二四。此有主之五性,全由纯生纯克而来。《尚书·大禹谟》"水火金木土"的次序即依纯克言,则纯生已在其中。所谓出入者,由圆内五角星同成生克而变成圆周为出,由圆周同成生克而变成圆内五角星为入。且出入本身又互为阴阳,此更见阴阳相对之变化。凡出入二点相接,则其他三点之中者为主。出入二点相间者,其间一点者为主。此二种不同,即出入互变的阴阳变化所主仍同。即此五性庶成天地十数之象,此十数的结构,于宋起即名之曰"河图"。汉郑玄以天地生成数明其方位,其图形同,于《内经》中早用其象。今合以五行生克论,尤见阴阳五行之同源。凡十进位制而分阴阳,自然产生五进位制,是即五行的基本数学原理。于五进位制中,必须理解任一数与其他四数的关系,乃自然有二者同时出入,古以生克名之,所以分辨此二者。生克本身无是非,且此五者同时宜表示出与其他四者的相等关系,就决不能画出其图形。因三维空间的立体几何理有所穷,于希腊以几何为主,凡未能以立体图形表示者皆不信,此所以未能发展多元代数。而在吾国的情况恰相反,于理解六合后,早已思考六合以外的情形。《庄子·齐物论》有言:"六合之外,圣人存而不论。六合之内,圣人论而不议。"惟须考虑六合之外,此所以宜深入研究多元代数间之关系,惜此五行生克的关系,既不能以三维图形表示,自然有神秘性。近代始知用图解说明生克的关系,以圆周与五角星表示甚是。然仅用纯生纯克,尚不能说明生克的变化。若由出入五性以示之,仍有出入之限。故以五数的多元代数论,五点皆平等,与其他四点的关系皆对称。吾国古代本用此理,然仅能表示一点,即土位中央,则与其他四点皆等距离,其理极是。今画成圆周与五角星的关系,则任一点至其他四点未能等距,此实为大缺点。幸西方自认识有多维空间存在,逐步以投影法可画出多维空间的图形,则不能了解的多维形象今已可画出。乃知吾国古有的五行生克说,实指四维(dimension)

275

五胞腔(cell)言。自爱因斯坦相对论出,早已知第四维为时间,故五行的辩证实指时间,唯对时间概念未能有确切的认识,宜其不能深入研究五行的关系而得其旨。

至于此 4 维- 5 胞腔的图形,有彭加勒(Poincare,1854—1912,法)深入研究而得,故今有"彭加勒体"之名,属 $n+1$ 维类型的多维空间,亦就是拓扑学中的三角剖分。

五、论五运六气配干支法

五运指金木水火土五行的运行,六气指太阳寒水、厥阴风木、少阴君火、少阳相火、太阴湿土、阳明燥金六气的变化。其间之复杂情况,起于配入干支。因配入之法,用一动一静,然后观其五行生克,故非深入其本,较难掌握其辩证之标准。今试述其要,并论其故。

先论五运配天干法,分动静二种。

一、静的配法。凡天干十恰当五行的生成数,或不言数,仅以天干分阴阳以当五行相生,其实相同。使中央戊己位于西南作长夏论,即成十干顺次五行相生的五运,其间运行无已,虽动犹静,为天干配五行的基本方法。于五运中,可名之曰静的配法。

二、动的配法。此法本诸《素问·五运行大论》,原文曰:

> 览《太始天元册文》,丹天之气,经于牛女戊分;黔天之气,经于心尾己分;苍天之气,经于危室柳鬼;素天之气,经于亢氐昂毕;玄天之气,经于张翼娄胃。所谓戊己分者,奎壁角轸,则天地之门户也。夫候之所始,道之所生,不可不通也。

考《太始天元册文》,或系先秦之天文书,惜已失传。今本岐伯所引者观之,盖以建立天象五运之体,属五行家之说。此五运之气流行不息,医理有以取之。宋·刘温舒《素问入式运气论奥》卷中,已准此而绘成《五天气图》,后人之图莫不依之。今不用二十四向,仅以天干当之,更可见《太始天元册文》之原意,仍名《五天气图》*。

以天文言,吾国取赤道附近的星座二十八,名二十八宿,四方各七

---

* 整理者按:原稿未附图,可参考"《内经》七篇大论述义"二《五运终天图》。

宿。凡东方七宿名角、亢、氐、房、心、尾、箕,其象为青龙;北方七宿名斗、牛、女、虚、危、室、壁,其象为玄武;西方七宿名奎、娄、胃、昴、毕、觜、参,其象为白虎;南方七宿名井、鬼、柳、星、张、翼、轸,其象为朱雀。此由来极古,已得最早有二十八宿星名的古器,出于楚惠王五十六年(前433)下葬的曾侯乙墓,则定此二十八宿之位自然更在其前。今据《太始天元册文》,乃知以戊为天门,当奎壁而住于西北;己为地户,当角轸而住于东南。此天门地户之相对,垂直于箕斗与参井,与《周易参同契》"始于东北箕斗之乡"同义。魏伯阳有得于古籍《龙虎经》,岐伯览于《太始天元册文》,理实同源。因南斗之位,处于银河之终始点,此肉眼可见,故古人之见及此点未足为怪。能见之而重视之,且以之为极,乃生对称之天门地户,斯可见当时天文学家之关心银河。于箕斗二侧,一侧由牛女起丹天而及天门,其色红属火,火炎上以达天门。一侧由尾心起黔天而及地户,其色黄属土,土色本黄以应地户。更于丹天间起苍天于危室以及鬼柳,黔天间又起素天于亢氐以及昴毕,又取平行于天门地户之娄胃张翼间起玄天。此五天五色以当五行,是否有合乎光谱未可必,实由天火生地土而依次相生。然以银河为中心以分阴阳五行,有其认识客观事物之标准,二三千年前已有此标准殊觉可贵。今日之天文学亦重视银河,且已划定银河系的经纬度,其中心点基本相同。由是以五运论,天干之五行变成甲己土、乙庚金、丙辛水、丁壬木、戊癸火。此之谓动的配法。合诸六十花甲,即每运各十二年。《素问·天元纪大论》曰:"甲己之岁,土运统之;乙庚之岁,金运统之;丙辛之岁,水运统之;丁壬之岁,木运统之;戊癸之岁,火运统之。"是当每年之大运。凡大运每年变化,主运则年年不变,以木火土金水河图相生之次主五运。然十干不用静的配法而用动的配法,且五音分太少,太少五音犹男声部与女声部。期间太少相间,于阳干当太角,于阴干当少角,皆起于交大寒日。计一年五运,每运当七十三日又五刻,盖以 $365\frac{1}{4}$ 日为岁实,须四年而复。故申子辰年,初运角起于大寒日寅时初刻;巳酉丑年,初运角起于大寒日己时初刻;寅午戌年,初运角起于大寒日申时初刻;亥卯未年,初运角起于大寒日亥时初刻。此与今之回归历,逢申子辰年二月为二十九日完全同义。以此不变之主运配合每年变化之大运,大运又名客运,乃见五运变不变的生克关系。凡客运之太少相生,十干有十种不同形式。凡十年一周,周而复始,故五运中客运之变,犹河图十数之变。

有五运必有六气者,仍起源十数之分奇偶数,即天数地数之中数,有五与六的不同,示如下:

$$
\begin{array}{ccccc}
1 & 3 & 5 & 7 & 9 \\
\end{array} \quad\text{——}\quad \text{天数为五运}
$$
$$
\begin{array}{ccccc}
2 & 4 & 6 & 8 & 10 \\
\end{array} \quad\text{——}\quad \text{地数为六气}
$$

凡天数五分阴阳,即成十天干,又使地数六分阴阳,即成十二地支。其本五个天数、五个地数同为五,故十二地支与十天干,取义相同,仍须合于五行。以六气论,仍有动静二种配法。

一、静的配法。凡地支十二之当五行,即亥子水、寅卯木、巳午火、申酉金,此外辰戌丑未四支同属土,是当土旺四季之象。《内经》中或以土属长夏者,据天干言,或以土旺四季者,据地支言。此为地支配五行的基本方法,于六气中可名之曰静的配法。此出土的《楚帛书》为证,《月令》《吕氏春秋》亦同,乃春秋战国时早已应用,是谓静的配法。凡二天干各当七十三日又五刻,今于二地支亦当七十三日又五刻,唯辰戌丑未四地支同属土,故合当七十三日又五刻。然以十二月论,土占四月非所宜,奈五行配十二必多二,故动的配法使十二月六分成六气,每气当六十日又八十七刻半,则与《卦气图》的六日七分完全同义。由是以当五行,须化火成相火与君火为二,且法土配四季之理,凡相对两地支五行当同。

二、动的配法。凡六气之动,宜以《周易》之"周流六虚"加以说明。当八卦中阴阳相反之两卦相合,其他六卦自然有意义变化之消

279

息。《说卦》曰："天地定位,山泽通气,雷风相薄,水火不相射。"此四句皆本阴阳相反之两卦相合言,既相反相成而合一,其他六卦乃周流不已,其中以"水火不相射"为主,合诸《内经》即为三阴三阳之理。于《素问·天元纪大论》有言:"厥阴之上,风气主之;少阴之上,热气主之;太阴之上,湿气主之;少阳之上,相火主之;阳明之上,燥气主之;太阳之上,寒气主之。所谓本也,是谓六元。"此六元之本可合十二地支,于《素问·五运行大论》有言:"子午之上,少阴主之;丑未之上,太阴主之;寅申之上,少阳主之;卯酉之上,阳明主之;辰戌之上,太阳主之;巳亥之上,厥阴主之。"

准上二节之义,可见子午当少阴热气,丑未当太阴湿气,寅申当少阳相火,卯酉当阳明燥气,辰戌当太阳寒气,巳亥当厥阴风气。凡热气为火,以别于少阳相火而名君火,湿气为土,燥气为金,寒气为水,风气为木。此化辰戌丑未土以变成子午寅申火,实不得不然。唯土兼四支而合占五分之一之时间,火分君相而各当六分之一之时间,此为不同处。如必合成六步者,乃本《周易》消息以生六卦之象。

若六气之由静而动,仍取丑未土略当西南东北为主,由卯辰巳午而未,同酉戌亥子而丑,仍取五行相生,唯寅申又取相火,又本君相左右辅助,以火生土之象。此六气以气象言,《素问·六元正纪大论》曰"寒暑燥湿风火,临御之化"是其义。火两见者,重热能,丹天以通天门之象。静的配法土两见者,重所居,黔天以达地户之象。

凡厥阴为一阴巽(☴),少阴为二阴艮(☶),太阴为三阴坤(☷),少阳为一阳震(☳),阳明为二阳兑(☱),太阳为三阳乾(☰),是即周流六虚,水火不相射之消息。

一九八二年十二月

六、论中医的五脏坐标与
心肾交媾的气化理论

西方科学重实验，一切事物须经解剖。中国似重抽象思维，不重实测。或即认为此系中国文化不科学的症结所在，且亦有人误认为抽象思维反优于实测，其实非其然。至于中国之重视抽象思维，仍有其实测的基础。在实测的基础上，更须有巧妙的抽象思维，方能逐步创造人类的文明进化史。然因中国文化来源已古，至少有三千年未中断，故百余年前出土殷墟甲骨文后，基本仍能知其大义。即以三千年论，一般的实测或则已失其传，或则太简单化，或则实测有误。因有误的实测，加以抽象思维，其结论自然不科学。然确有虽较简单而极有真实性的实测，今日仍应注意。至于年久失传者，或虽有记载，已不为人所注意，且在此基础上所作的抽象思维，实有其极深刻的理论意义。此文专论中医的五脏问题，即存在极科学的实测。经实测后，经过五行间的抽象思维与心肾交媾的气化理论，自然形成《内经》中所记录五脏配五行的方位。

下先引《内经》原文：

> 黄帝问曰：天有八风，经有五风，何谓？岐伯对曰：八风发邪，以为经风，触五脏，邪气发病。所谓得四时之胜者，春胜长夏，长夏胜冬，冬胜夏，夏胜秋，秋胜春，所谓四时之胜也。东风生于春，病在肝，俞在颈项。南风生于夏，病在心，俞在胸肋。西风生于秋，病在肺，俞在肩背。北风生于冬，病在肾，俞在腰股。中央为土，病在脾，俞在脊。（《金匮真言论篇第四》）

> 肝见庚辛死，心见壬癸死，脾见甲乙死，肺见丙丁死，肾见戊

已死,是谓真藏见皆死。(《平人气象论篇第十八》)

上节说得很明白,就是邪气发病为五行相克。以下先说明五脏合于五行与天干的关系:

> 东方,属甲乙木,属春,脏属肝。
>
> 南方,属丙丁火,属夏,脏属心。
>
> 西方,属庚辛金,属秋,脏属肺。
>
> 北方,属壬癸水,属冬,脏属肾。
>
> 中央,属戊己土,属长夏,脏属脾。

且中国的文化,每为主要经典所固定。中医于五行配五脏的方位,二千数百年来,始终根据《内经》不变。而中医治病的理论正建立在五行生克的基础上,既有深邃的理论价值,宜有明显的疗效。然对何以肺属金等问题上,尤乏人研究,由是中医的理论,近百年来始终为人所疑惑。其间有二个主要问题,其一五行生克问题是否科学,其二五脏配合五行是否适合。这二个问题迄今未闻有彻底的研究。事实上这二个问题,以今日的认识水平,完全可利用数学原理加以科学的解释,然而整个医务界似未得到承认,即使中医界内部亦未能统一,仍多认为五行生克绝不科学,必须废除。由是五行配五脏的方位问题,更属次要,皮之不存,毛将焉附。故须说明五行生克的科学意义,这一问题似较复杂,其实是时间与空间的结合问题,早有专文说明之,本属整个中国象数学的一部分。以下专论五行与五脏的配合问题,据传统的五行方位以下表示之(表见下页):

观上表中的十天干早以东南西北的方位,合诸春夏秋冬的时间,此时空结合的整体理论。(下阙)

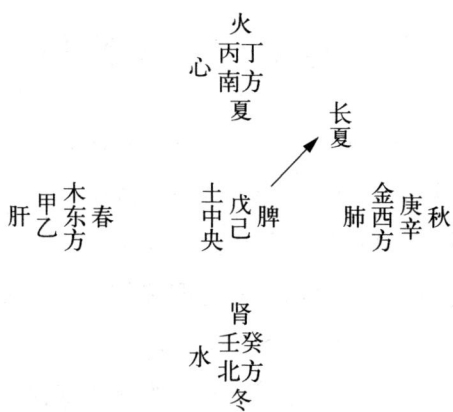

七、易学与人体修持

去年参加中日学术研讨会,讲了《易学的时空结构》。承蒙各位尚有兴趣,今年继续有兴听讲《易学与人体修持》。

《周易》一书是中国唯一突出的哲学名著,特点在卦爻辞外另有卦爻象。能理解卦爻的象数后,方能理解卦爻辞的义理,故通读《周易》者,必须把卦爻的象数与卦爻辞的义理合一。凡卦爻辞的文字中,关于时空结构的内容甚多,要而言之,卦辞就是时间,爻辞就是空间,可相应于种种不同的时空结构。最大的分辨,有客观的时空结构及主观的时空结构。去年讲的是客观的时空结构,也就是爱因斯坦所提出的四维时空连续区。今年继续讲易学与人体修持,是主观的时空结构,今名之曰"生物钟"。《庄子·逍遥游》:"朝菌不知晦朔,蟪蛄不知春秋,此小年也。楚之南有冥灵者,以五百岁为春,五百岁为秋;上古有大椿者,以八千岁为春,八千岁为秋。"此属不同种类的生活,自然有不同时空数量级的生物钟。更以相同的人类言,应有相同的生物钟,然在事实上,人的年纪及天生的长矮及胖瘦等亦相差甚多。中国在二三千年前,早已注意到了"同身尺"的问题,就是要使主观的时空有相同的概念。现在即从此谈起,也就是修持的基础。

《内经·灵枢·五十营第十五》:

黄帝曰:"余愿闻五十营奈何?"岐伯答曰:"天周二十八宿,宿三十六分。人气行一周,千八分,日行二十八宿。人经脉上下、左右、前后二十八脉,周身十六丈二尺,以应二十八宿,漏水下百刻,以分昼夜。故人一呼,脉再动,气行三寸,一吸,脉亦再动,气行三寸,呼吸定息,气行六寸。十息气行六尺,日行二分。二百七十息,气行十六丈二尺,气行交通于中,一周于身,下水二刻,日行二十五分。五百四十息,气行再周于身,下水四刻,日行四十分。二千七百息,气行十周于身,下水二十刻,日行五宿二十分。一万三千五百息,气行五十营于身,水下百刻,日行二十八宿,漏水皆尽,脉终矣。所谓交通者,并行一数也。故五十营备,得尽天地之寿矣,凡行八百一十丈也。"

《内经·灵枢·脉度第十七》:

黄帝曰:"愿闻脉度。"岐伯答曰:"手之六阳,从手至头长五尺,五六三丈。手之六阴,从手至胸中,三尺五寸,三六一丈八尺,五六三尺,合二丈一尺。足之六阳,从足上至头,八尺,六八四丈八尺。足之六阴,从足至胸中,六尺五寸,六六三丈六尺,五六三尺,合三丈九尺。蹻脉从足至目,七尺五寸,二七一丈四尺,二五一尺,合一丈五尺。督脉任脉各四尺五寸,二四八尺,二五一尺,合九尺。凡都合一十六丈二尺。此气之大经隧也。"

这二段所述即为同身尺,凡修持即需先自理解自己的同身尺。同身尺标准为全身长八尺,任何一人或长或矮,或胖或瘦,均以八尺计算。同身尺对全身有其明确比例:全身八分之一为一尺,此尺所有人相同,而具体比例则每个人并不相同。修持的人要先掌握自己同身尺,现在分别解释数个关键性问题。同身尺的比例:头顶至眼为大脑,最重要,为五寸。眼开始至脚跟长七尺五寸,内有二根脉名蹻脉,左足心至左眼,右足心至右眼,各长七尺五寸。人身的神秘处,在此二根平行的脉,早就不是欧氏几何,而是非欧几何。另外最重要的任督二脉,即是由头顶至会阴各长四尺五寸,二脉相通共九尺。气在这九尺的脉中运行,变化最多,基本认为是连续的,其实有无穷的间断。以几何概念说明,已不单单是阿氏几何,而是非阿几何。又有手三阳、足三阳、手三阴、足三阴十二脉,可对称成二十四脉。手三阳,从手至头长五尺,会阴的位置在手指上五寸,可见其作用。故手六阳脉共长三丈。手六阴,从手至胸三尺五寸,共二丈一尺。足六阳,从足至头顶八尺,六根是四丈八尺。足六阴,从足至胸六尺五寸,六根是三丈九尺。以图示之:

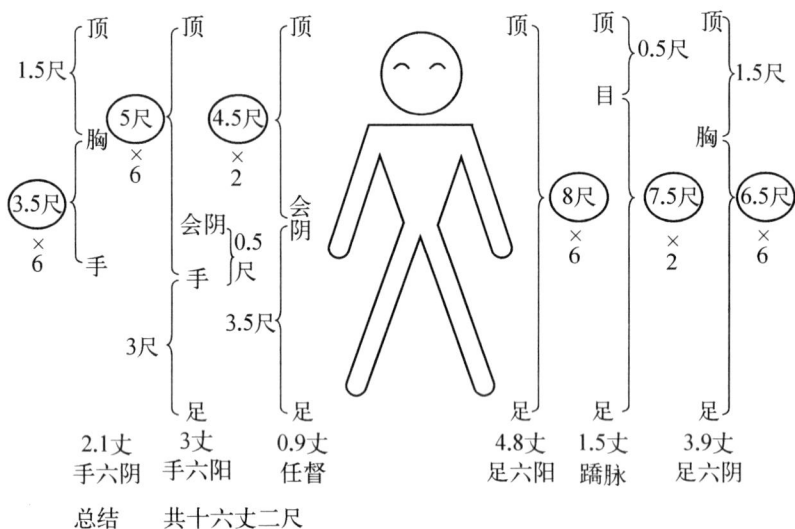

每个人共有十六丈二尺的脉,由气流通其间。据《内经》,气之速度一个呼吸走六寸,十个呼吸走六尺,二百七十个呼吸走完十六丈二尺。其数可写明如下:

$$1 \text{息} = 6 \text{寸}$$

$$10 \text{息} = 60 \text{寸},\text{或} 6 \text{尺}$$

$$270 \text{息} = 1\,620 \text{寸},\text{或} 16 \text{丈} 2 \text{尺}$$

手六阳、手六阴、足六阳、足六阴、任督二脉、足心至眼二脉,共二十八脉,以当天象二十八宿。

凡天周二十八宿,每宿三十六分,即天周当千八分,或 1 008 分。按实际二十八宿之间的距离并不等分,古代理解二十八宿有等分与不等分二种角度,《内经》此处按等分的角度。人气行一周,千八分同,亦即天人间相合之理。此 1 008 分所当之空间,以昼夜之时间观之,当百刻;以二十八宿合百刻平分昼夜之标准,属银河系;以 24 小时,每小时四刻共 96 刻昼夜相分的时间标准,属太阳系。两者之间尚有不同。以银河系的恒星时为准,合以太阳系和人身的时间,即属养生修持。以二十八宿为空间,百刻为时间,此一时空中的息之运行,即属人之生物钟。生物钟之最后,为尽天地之寿。而须五十营备,每五十营于同身尺当 810 丈,共须 13 500 息。而以 270 息,气行十六丈二尺,当一营。今据《内经》核准其间的数据如下:

$$28 \text{ 宿} \times 36 \text{ 分} = 1 008 \text{ 分}$$
$$270 \text{ 息} = 2 \text{ 刻} = (\text{日行})20.16 \text{ 分}$$
$$540 \text{ 息} = 4 \text{ 刻} = 40.32 \text{ 分} = 1 \text{ 宿又} 4.32 \text{ 分}$$
$$2 700 \text{ 息} = 20 \text{ 刻} = 201.6 \text{ 分} = 5 \text{ 宿又} 21.6 \text{ 分}$$
$$13 500 \text{ 息} = 100 \text{ 刻} = 1 008 \text{ 分} = 28 \text{ 宿}$$

以上百刻所用之时间,核准今之所用 24 小时所用的时间,此 270 息,气行一周所用之 2 刻,比分之 2 刻或半小时为稍短,基本可相当 28 分 48 秒。可列其数据如下:

$$24 \text{ 小时} = 96 \text{ 刻} = 144 \text{ 分} = 86 400 \text{ 秒}$$
$$86 400 \text{ 秒} \div 50 = 1 728 \text{ 秒} = 28 \text{ 分} 48 \text{ 秒}$$

从眼到足的二根脉,或称蹻脉,可相称三张洛书的变化,其图如下:

左眼　　　　　　　　　　　　　　　右眼

	4		9		2
	3		5		7
	6		1		8
	4		9		2
	3		5		7
	6		1		8
	4		9		2
	3		5		7
	6		1		8

左足心　　　　　　　　　　　　　右足心

　　任督二脉,可相称于十二辟卦的变化,其图如下:

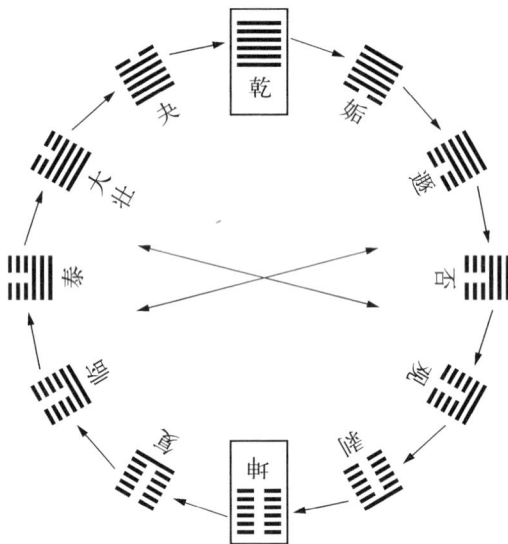

　　十二经络,可相称于坎离消息的变化,其图如下(图见下页):

　　此三组脉、任督和十二经络的各种关系已组成一个三维球,蹻脉在其间,当转动之轴,其间的周流有种种变化,故《庄子》早有"弄丸"之说。以卦象喻之,任督基本可当时,十二经络基本可当空,二者之联系

288

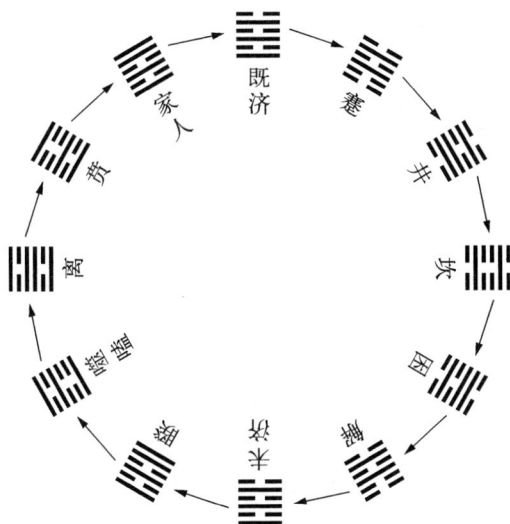

即为空时之互根。而二根蹻脉贯通其间,有种种奇妙的联系,此所以为非欧几何,而不是欧氏几何,故以洛书之间曲折联系喻其象。由足而眼,人之生气充盈与否,全在其眼眸显示,故《孟子》曰:"存乎人者,莫良于眸子。眸子不能掩其恶。胸中正,则眸子瞭焉。胸中不正,则眸子眊焉。"又曰:"观其眸子,人焉廋哉。"西洋人亦有"眼睛是心灵的窗户"之说,此与人之行动有直接关系。任督贯通躯干与头脑的联系,为修持者所重视。《庄子》所谓"缘督以为经",其间消息变化,历来以十二辟卦喻之。然其间养息,最主要是时间的断与续,此所以用非阿几何而不是用阿氏几何喻其理。《周易参同契》言"终坤始复,如循连环",即以言此,所以示其间的周期之变。现在一般均将此连环理解为循环,此为较大的疏忽。此于卦象则以"否泰反类"当之,亦即虞翻读魏伯阳《参同契》的心得。十二经络周通全身,为手足之活动,其间之状况均两两相对。四根一周流,在人体已转动 60 度。凡六组,共 360度。这就是奇经八脉中的带脉,此以坎离消息当之。坎离周流,就是乾坤之用,即既济未济。既济未济随时有变,故人亦须不断地调济,以求其适当。此亦为人对自然界的反馈和作用。

　　《易》之卦象爻数,既能标识客观时空,深入一步,又能标识主观时空。《易》在此与二十八脉经络时空的相会,可当人体修持的基础,又宜在修持中加以深入的认识。

1990 年 9 月 7 日

八、论人体经络

解剖人体与万物相同,仅具长阔厚的三维空间结构。然人与万物有分辨者,生物不同于无生物,且人在地球上较其他生物,更有高度的智力。吾国名"人"为"万物之灵",非贸然而言。

当观察客观万物,宏观如日月运行,微观如原子电子,本身莫不在有规律地变动,这就是时间。自爱因斯坦相对论出,已认识了四维时空连续区,则生物的自动能力是否亦同四维。薛定谔(Schrödinger)于五十年前,已用"四维模式"视生物。然生物比无生物复杂得多,故物理学与生物学未能合一,而物理生物的边际学科早已建立。自薛定谔的学生华生(Watson)偶然与克里克(Crick)合作,于1953年根据X光衍射资料,提出DNA一级双螺旋的分子结构模型,对生物学有划时代的进步。由分子生物学而量子生物学的发展,正在逐步阐明物理与生物的同异。且还原成DNA与RNA的分子结构,的确重要,然直接从人体而研究其内部结构,尤其不可忽视。

今以吾国的人体经络学说,说明吾国古代如何认识人体的内部结构。根据《内经》可得中医的理论基础在阴阳五行,而经络学说亦本此而来。近年于马王堆出土《足臂十一脉灸经》、《阴阳十一脉灸经甲本》二书,已略见经络学说的发展情况。十一脉者,凡臂五足六,是当"五藏六府"、"五运六气"的象数,亦即天地十数中分奇偶,而取其中数为天五地六。其后增加心包络经而成十二,全本十二地支及乾坤十二爻的象数原理。且气在经络中运行,有向心离心的顺逆。于《足臂》一书中,臂阴脉二为手至胸,臂阳脉三为手至头;足阴脉三为足至股腹,足阳脉三为足至头;同为由臂足四肢向心的运行。至于《阴阳》的十一脉中,肩脉(即手太阳脉)取由头至手,足太阴脉取由小腹至足,则已有离心的运行,其他九脉仍为向心。故向心离心的运行,尚未对称。至《内经》的《灵枢经脉篇》,于十二脉的运行为手阴脉三由胸至手,手阳脉三由手至头;足阳脉三由头至足,足阴脉三由足至胸。由是十二经络,已成周而复始的循环运行,络主要联系阴阳六经。故自完成十二经络学说,迄今二千余年,一直视为一身内气流的运行路线,亦为中医的理论基础。有此基本的十二经络,发展而益以"奇经八脉"及"络脉"等等,人体经络学说方能日趋完善。且见吾国有整体观的中医理论,亦在随时代而进步,而整体认识则始终未变。此整体观点确为研究生物的原则,虽宜分析解剖,最后必须总合局部而成一整体以观其行为。故吾国中医从整体认识人体,体验气流在体内运行的经络,这一数千年前的古老理论,今日仍有其重要的价值。

吾国的气功在先秦早已盛行。孟子善养"浩然之气",已由"孟施舍之守气",归诸"曾子之守约";由"曾子之守约"循孔子的"人之生也直"而"配义与道"。此所以能"直养""无害"而"塞于天地之间"。具体的方法为:"君子所性,仁义礼智根于心。其生色也,睟然见于面,盎于背,施于四体,四体不言而喻。"《周易》坤"六五黄裳元吉",《文言》释之:"君子黄中通理,正位居体。美在其中而畅于四支,发于事业,美之至也。"

上引《孟子》与《文言》,大义全同,谓守气约于心。其抽象名词为"黄中",由中及外而睟面盎背,以畅于四支,是犹一身内气周行于十二经络,"四体不言而喻",终能"塞于天地之间"。《抱朴子·至理篇》曰:"夫人在气中,气在人中,自天地至于万物,无不须气以生者也。善行气者,内以养身,外以却恶,然百姓日用而不知焉。"因身内的气与身外的气,同为一气。气的概念就是变动,变动势必产生在二者之间,吾国名之为"阴"和"阳"。以形象象阴阳二气的变动,就成为吾国独有的哲学名著《周易》中的八卦以及六十四卦符号。《易纬稽览图》中已有卦气图,用卦象表示阴阳气流的变化,既可示身外的日月运行,又可示身内的经络周流。于易道本可近取诸身而远取诸物,故中医的整体观非但了解全身的整体关系,更须理解人身与客观世界相应的整体关系。

　　庄子借孔子颜回的寓言,由"心斋"以达"坐忘",实与孟子的"浩然之气"相同。《人间世》:"回曰:敢问心斋?仲尼曰:若一志,无听之以耳,而听之以心。无听之以心,而听之以气。听止于耳,心止于符。气也者,虚而待物者也。唯道集虚。虚者,心斋也。"据《庄子》内七篇的连贯性而论,由《人间世》而《大宗师》,已由人人的关系而至人天的关系。故继之颜回由"心斋"而悟"坐忘",其言为:"颜回曰:回益矣。仲尼曰:何谓也?曰:回忘仁义矣。曰:可矣,犹未也。他日复见,曰:回益矣。曰:何谓也?曰:回忘礼乐矣。曰:可矣,犹未也。他日复见,曰:回益矣。曰:何谓也?曰:回坐忘矣。仲尼蹴然曰:何谓坐忘?颜回曰:堕肢体,黜聪明,离形去知,同于大通,此谓坐忘。仲尼曰:同则无好也,化则无常也,而果其贤乎!丘也请从而后也。"

　　此所谓"若一志",即孟子的"持其志无暴其气",由耳而心,由心而气,庶见经络的运行。能集虚待物,已得运行的中心而不自知其在运行。故由"心斋"而"坐忘",根于心的"仁义"与"礼乐"(乐犹智),不期忘而忘,乃能"堕肢体,黜聪明",亦即"吾丧我"而"离形去知",由离我之形、去我之知而化一己的小我,方能"同于大通"以"塞于天地之间",则生物之吾成矣。方可进一步讨论身内的气与身外的气之间的各种关系。

　　先论身外的气流,实即时间的变动。牛顿创万有引力而致疑于第一推动力,不得不信上帝,就是未解决时间如何开始的问题。麦克斯韦(Maxwell)发现电磁波,已见电磁感应的原则而电与磁非二,则时间与空间亦未可分,此直接刺激爱因斯坦发明相对论。故身外的气流已可归于四维时空连续区,而身内的气流亦未尝不是四维时空连续区,此薛定谔所以早以"四维模式"视生物。至于研究生物身内的气与身外的气的相互交流,已有生物的整体性与客观宇宙的整体性。故此二个四维时空连续区的关系,以象数而言,自然有五维空间的数学模型。在吾国古老的哲学著作《周易》中,早分天地人为"三才之道"。凡天为时间,地为空间,天地之间就是"世界",就是"宇宙",以相对论所用的数学名词言,就是四维时空连续区。人参于天地之中,以一人言,自生至死,自然成一个与天地相对的四维时空连续区。若能吾丧我而得生物的吾,则自宇宙演化与物质结构发展至某一阶段而有生命起源,此一生物的吾就迄今存在。故吾国中医理论,基于吾国天地人三才之道的古老哲理,于象数取于阴阳五行。以今日的数学名词而言,就成为五维三才连续区,于经络学说就用五维空间的象数。此维数概念吾国本有,然未用维数的名字,下据《黄庭内景经》加以说明。

《上有章》:"上有魂灵下关元,左为少阳右太阴,后有密户前生门,出日入月呼吸存。"即此四句,已见人身有上下左右前后的三维空间。此三维空间自然因生物而有日月出入的呼吸,则即为四维时空连续区。又身外的气为阳的四维,故曰出日;身内的气为阴的四维,故曰入月。《周易·系辞上》言"阴阳之义配日月",汉魏伯阳著《周易参同契》就本此而曰"日月为易"。至于呼吸的变化,"日"用十二地支的爻辰,"月"用十天干的纳甲。身内身外,阴阳互根,人体经络的认识基础在此。故魏氏即以三画八卦的消息为纳甲,六画十二辟卦的消息为爻辰,乃十二经络自然相应于乾坤用九用六的十二爻。凡三才的气相应于卦气的符号,有自然配合法。以三画卦言,即当阴阳各三脉,阳三脉为太阳、少阳、阳明,阴三脉为太阴、少阴、厥阴。至于三画上下的次序可任意变动,庶见六爻发挥之情。今取下画为太阴太阳以当两仪,中画为少阴少阳以当四象,上画为厥阴阳明以当八卦。凡阴阳六脉以分手足,就是十二经络(详见附图)。而此十二经络的运行于全身,犹《周易》的爻变,以今日数学名词言,当五维六胞腔,亦就是一个五维球。

更由十二经络而益以奇经八脉。庄子于《养生主》曰"缘督以为经",督即以督脉视之。合诸任脉,就成一圈,分左与右。他如带脉为又一圈,分腹与胸。十二经络同为分前与后的一圈,且六阳脉会于首为阳维,六阴脉会于胸为阴维。于十一经脉中,于足阴脉有足至股腹,当时腹与胸本已分开,然十二经络已发展从腹至胸,则另有带脉以辨上下。此首胸腹即气功中的三丹田,更有阳蹻、阴蹻以当太阳、少阴,皆起于足。庄子《大宗师》有言:"……其息深深,真人之息以踵,众人之息以喉。"此所谓踵,就有蹻脉贯通三丹田的现象。

总上所述,庶见经脉之气,当充沛于十二经络,乃能溢入奇经八脉,而有上下左右前后的日月呼吸。既有外内而一之,则美中畅外,人体的大用,今后更将大有发展。数千年前的经络学说,定将起作用于今日。

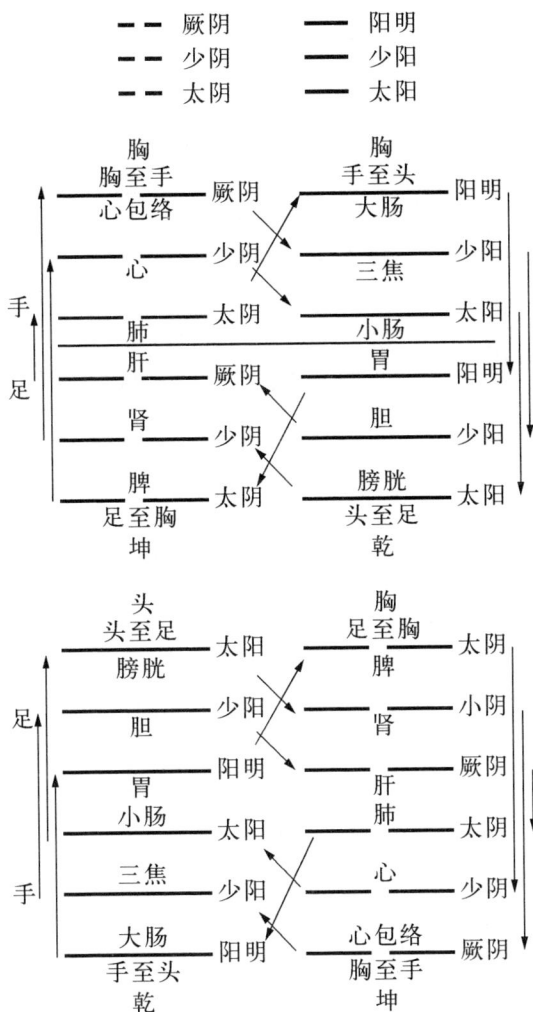

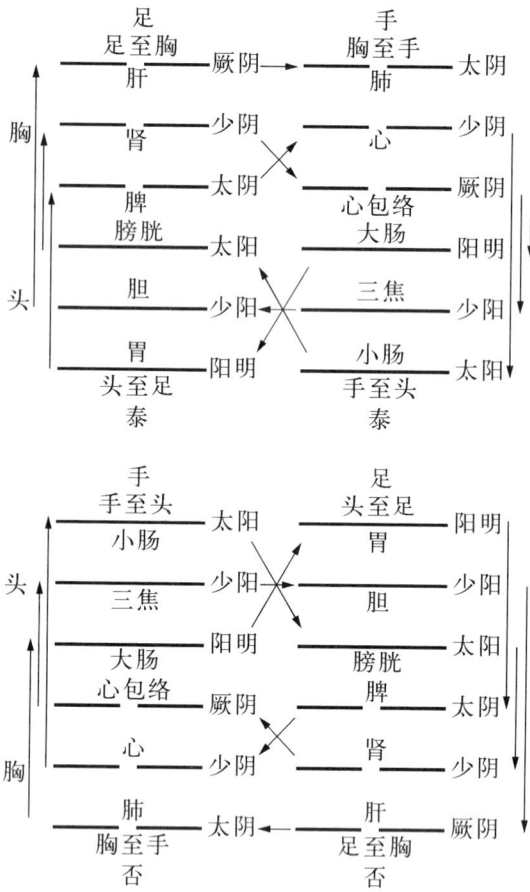

九、论五十营之时间

《灵枢》五十营第十五,论人之呼吸与周天之关系,其间有种种单位,读时较烦,以算式示之,实极简单。虽于周身之脉长,似未能直接测量,然以气动而言,一营约半小时。于修习内呼吸实有参考价值,何可贸然是非之。今先论其时间单位之转换:

一、恒星单位——以二十八宿周天当一昼夜,即平分周天为二十八,又一宿为 36 分,故周天凡 1 008 分。合诸今时一分,算式如下:

$$一昼夜＝28 宿＝28×36＝1 008 分$$

$$\frac{1\,440}{1\,008}＝1\frac{3}{7}(恒星 1 分,当今之 1\frac{3}{7}分)$$

$$\frac{1\,440}{28 宿}＝51\frac{3}{7}(恒星 1 宿,当今之 51\frac{3}{7}分)$$

二、漏水刻——以一昼夜分 100 刻,合诸今时一刻,算式如下:

$$\frac{96(今用刻)}{100 刻}＝\frac{24}{25}刻(漏水 1 刻,当今之\frac{24}{25}刻)$$

三、气行周身之距离化时间——周身脉长十六丈二尺为一营,一昼夜气行五十营;一呼一吸脉各行三寸,凡六寸为一息,一昼夜共 13 500 息,气共行 810 丈,算式如下:

$$1 营＝16.2 丈$$

$$一昼夜＝50 营＝16.2×50＝810 丈$$

$$1 息＝6 寸$$

$$1 营＝\frac{1620}{6}＝270 息$$

$$一昼夜＝\frac{81\,000 寸}{6 寸}＝13\,500 息$$

四、以气行合诸恒星时与漏水刻,算式如下:

$$一昼夜＝100 刻＝1\,008 分＝13\,500 息＝810 丈$$

$$一营＝2 刻＝20\frac{4}{25}分＝270 息＝1\,620 寸$$

$$水下一刻＝\frac{13\,500 息}{100}＝135 息＝810 寸$$

$$恒星一分＝\frac{13\,500 息}{1\,008}＝13\frac{11}{28}息＝80\frac{5}{14}寸$$

$$恒星一宿＝\frac{13\,500 息}{28}＝482\frac{1}{7}息＝2\,892\frac{6}{7}寸$$

五、气行合诸现代之时刻,算式如下:

$$一昼夜＝96 刻＝1\,440 分＝50 营＝13\,500 息＝810 丈$$

$$1 营＝1\frac{23}{25}刻＝28\frac{4}{5}分＝270 息＝16.2 丈$$

$$1 息＝6\frac{2}{5}秒$$

此文之主旨,明确一营一息当现代之时间。若其实际脉动距离,与周身之脉长,宜进一步研究。以一息当 $6\frac{2}{5}$ 秒论,殊合一般人之正常呼吸。初步调息,宜以之为准。至于人经脉二十八,以应二十八宿,则纯以象言。唯一营之当 $28\frac{4}{5}$ 分,于时间极适合。由调息而观内呼吸,正须一营之时。此凡修习气功者,能初步入门,每次时间,确须半小时许,方能比较醇静。然则 $28\frac{4}{5}$ 分之时间,或非偶然。

至于日行一宿之息,当为人气行一周十四分身之十一。《灵枢》卫气行第七十六,作"日行一舍,人气行一周十分身之八",则较便于计算,其数有误。虽然,五十营固然合二十八宿乎,每舍人气多行七十分身之一,其有意乎,无意乎,唯知内呼吸者可以语此。

后　记

　　这是一本重新整合而成的书,包括以下三种:一、《易则》。此书原来和《周易虞氏易象释》编在一起,上海古籍出版社于2009年出版。《周易虞氏易象释》经过补充修订后,单独成书,《易则》拆出进入本书。二、《神形篇》。此书根据手稿整理,首次发表。三、《〈内经〉七篇大论述义》。此书原来是《易与佛教　易与老庄》的附录,上海古籍出版社于2005年出版。本次修订,《易与佛教　易与老庄》增添了新的内容,而《述义》从附录中解放了出来,以独立的面貌生存于世。

　　当年整理者的工作思路是,珍惜每一次难得的机会,尽可能地把手稿变成纸质书保存下来,以免流失,同时也使读者尽早从这些著作中获益。《易则》的原稿是油印本和手抄本,《述义》的原稿仅有油印本,整理时部分字迹已经模糊。当时将两份稿子列入出版,多少带有抢救的性质。本次重新编纂,终于调整到更恰当的位置。

　　《易则》书名取《文言》的“乾元用九,乃见天则”,此书透彻解析河图洛书,是此一领域达到的最新成就。书末的《易范合论》阐发《易经》八卦和《洪范》九畴的关系,对传统《尚书》学是重要的贡献。其中“七稽疑”的象数内容,可供研究现代决策论者参考。《神形篇》完成于

1958 年(戊戌)，是以五进制撰写的"拟经"。此书潘先生自抒胸臆，是他彻底理解《易经》的标志，足以和《太玄》、《潜虚》、《灵棋经》并列，彪炳史册。《〈内经〉七篇大论述义》，原来收入《易与佛教、易与老庄》，可见黄老和老庄的关联。现在抽出单行，生气通天，既明确标示"《易》与中医"这一向度，也关涉《易经》"近取诸身"的应用层面。

本书的两种附录，有些特殊性。附录一《论太玄象数》对应《神形篇》，形成三进制和五进制的比较。此稿内容精深，分析谨严，然而没有最后写定。原件是听课人用蓝印纸抄写的副本，抄写质量并不好，而且无他本核对。整理者作了多次校改，还是似有脱漏，暂且收录于此，留待将来订正。附录二《易与中医》对应《〈内经〉七篇大论述义》，作为进一步发挥。整理者在旧有存稿中搜寻了九篇论文(其中有几篇未完成)，集中了相关的论述。这些文章看起来比较零碎，却也呈现出共同的指向：一、《论中国的象数学》。这是一本未完成的小册子的总论，移过来作为此附录的总论。象数学是易学的基础，也是中医的基础。二、《论〈周易〉与中医及自然科学理论的关系》。将《周易》和中医的整体关系，厘定于自然科学的框架中。三、《初论中西医理论的结合》。现代中医的发展，必须和西医互相比较。四、《论五行》。阐发五行的生克制化，此为中医理论的核心。五、《论五运六气配干支法》。两者配合有动静四法。六、《论中医的五脏坐标与心肾交媾的气化理论》。未完成之文，五藏坐标由外而内，已涉及养生。七、《易学与人体修持》。从《灵枢》中提炼出修持理论。回忆当年整理者受潘先生委托对日本关西代表团宣读此文，往事历历，犹在目前。八、《论人体经络》。论经络与易象，此为气行之路线。九、《论五十营的时间》。此文的专门计算，应该是为第七篇所作的准备。《易与中医》是潘先生最重视的学术方向之一，他毕生从事的易学史和道教史的关联在此。

最后，整理者根据部分资料，尝试介绍《神形篇》作序者之一金其源。金其源(1889—1961),字巨山,宝山人。南社成员,与柳亚子、高吹万来往密切,著有《诸子管见》(部分收入严灵峰《无求备斋诸子集成》)、《读书管见》(其中有《易经管见》)。他在民国时曾任江苏省议员,1956年成为上海文史馆馆员。此人工书法,和吴湖帆、马一浮有笔墨唱和。《茹经先生年谱续编》记载,1951年他向唐文治介绍了潘先生,使潘先生成为唐的晚年弟子。

本书的整理,得到了黄德海先生和另外一位谦让而不肯具名友人的协助。

张文江

2012年12月22日